Hermann Kirchhoff / Friedrich Sanders

Der erste Weltkrieg zur See

Hermann Kirchhoff / Friedrich Sanders

Der erste Weltkrieg zur See

ISBN/EAN: 9783954271078
Erscheinungsjahr: 2012
Erscheinungsort: Bremen, Deutschland

© maritimepress in Europäischer Hochschulverlag GmbH & Co. KG, Fahrenheitstr. 1, 28359 Bremen. Alle Rechte beim Verlag und bei den jeweiligen Lizenzgebern.

www.maritimepress.de | office@maritimepress.de

Bei diesem Titel handelt es sich um den Nachdruck eines historischen, lange vergriffenen Buches. Da elektronische Druckvorlagen für diese Titel nicht existieren, musste auf alte Vorlagen zurückgegriffen werden. Hieraus zwangsläufig resultierende Qualitätsverluste bitten wir zu entschuldigen.

Hermann Kirchhoff / Friedrich Sanders

Der erste Weltkrieg zur See

Der erste Weltkrieg zur See

Von

Vizeadmiral z. D. Hermann Kirchhoff

und

Friedrich Sanders-Bremen

1916

Askanischer Verlag G. m. b. H., Berlin

Inhaltsverzeichnis.

Seite

I. Einleitung. — Erste Kämpfe an der Ostsee. — Die „Königin Luise". — Beginn des U-Boot-Krieges. — Seegefecht bei Helgoland 3

II. Beginn des Kreuzerkrieges. — Erste Erfolge der „Dresden" — „Nürnberg" — „Königsberg" — „Karlsruhe". — Weddigen vernichtet mit „U 9" drei englische Panzerkreuzer. — Vier deutsche Torpedoboote verloren. — Untergang des „Audacious" 7

III. Unsere Auslandskreuzer. — Das Ende der „Emden" und der „Karlsruhe" — „Königsberg" — „Berlin" — „Prinz Eitel Friedrich" — „Kronprinz Wilhelm" 11

IV. Der Sieg des Grafen Spee bei Coronel. — Die Seeschlacht bei den Falklandinseln 17

V. Die Heldenfahrt der „Emden"-Mannschaft unter Kapitänleutnant von Mücke. — „Ayesha" und „Choising" 23

VI. Der Fall Tsingtaus 25

VII. Churchills Ruhmredigkeit. — Die Beschießung der englischen Ostküste durch deutsche Kreuzer. — „Formidable" versenkt. — Erster Zeppelinangriff auf Yarmouth, Cromer, Sherringham. — Das Gefecht bei der Doggerbank 26

VIII. Beginn des planmäßigen Unterseebootkrieges. — Die englischen Gewässer als Kriegsgebiet erklärt. — Englischer Flaggenschwindel 33

IX. Der Notenwechsel mit den Vereinigten Staaten wegen der Kriegsgebieterklärung. — Die Torpedierung der „Gulflight". — Untergang der „Lusitania". — Weitere Notenwechsel. — Die Versenkung der „Arabic" 46

X. Weddigen †. — Die „englische" Seeschlacht bei Bergen. — Die Behandlung der deutschen U-Boot-Gefangenen in England . . . 80

XI. Der Seekrieg im Mittelmeere. — Leutnant Lerch mit dem k. u. k. U-Boot 12. — Leutnant von Trapp versenkt den „Léon Gambetta". — Italiens Eintritt in den Krieg. — Verlust des „Benedetto Brin" 87

XII. Der Seekrieg in der Ostsee. — Untergang des „Albatroß". — Schlacht bei Gotland. — Deutsche Seestreitkräfte im Rigaischen Meerbusen. — „Prinz Adalbert", „Undine", „Bremen" versenkt 92

		Seite
XIII.	Der Seekrieg der Türken. — Scharmützel im Schwarzen Meere. — Die Kämpfe an den Dardanellen. — Churchill als Prophet. — Deutsche Unterseeboote im Mittelmeer. — Endgültiger Sieg der Türken über die Verbündeten	101
XIV.	Die Bewaffnung der englischen Handelsschiffe. — Englische Bestien: der Fall „Baralong". — Die Verurteilung des Kapitäns Fryatt	116
XV.	Die Heldenfahrt der „Möwe" mit Korvettenkapitän Graf Dohna. — Die „Appam"	127
XVI.	Bewaffnete Handelsschiffe, englische Freischärler zur See. — Die Haltung der Vereinigten Staaten. — Die Entschließung Deutschlands. — Verabschiedung des Staatssekretärs von Tirpitz	131
XVII.	Der ruhmreiche Untergang des „Greif". — Neue Beschießung der englischen Ostküste	155
XVIII.	Die deutschen Zeppelinangriffe auf England im weiteren Verlaufe des Jahres 1915	160
XIX.	Luftkrieg gegen England im Jahre 1916. — Die Schandtat des „King Stephen"	163
XX.	Fortgang des U-Bootkrieges	171
XXI.	Kämpfe in der Ostsee 1916	174
XXII.	Kämpfe im Mittelmeere 1916. — Österreichische Marineflieger an der Arbeit	176
XXIII.	Die Seeschlacht vor dem Skagerrak. — Untergang des Lord Kitchener mit der „Hampshire"	181
XXIV.	Die Fahrten des Handels-U-Boots „Deutschland" unter Kapitän Koenig	202
XXV.	Deutsche U-Boote an der amerikanischen Küste. — Das Tauchboot „U 53". — U-Boote im Eismeere. — Norwegens Schande. — Neue Zeppelinangriffe auf England. — Deutsche Torpedostreitkräfte im englischen Kanal	210

Der bisherige Verlauf des gewaltigen Völkerringens hat den Beweis erbracht, daß der stärkste und erbittertste Feind Deutschlands jenseits der Nordsee sitzt. Es sind in erster Linie wirtschaftliche Interessen, welche die Haltung Englands bestimmen — den jungen, stolz aufstrebenden Mitbewerber auf dem Weltmarkte zur Bedeutungslosigkeit herabzudrücken, ist das Ziel der englischen Politik, die somit auch des idealen Schwunges entbehrt, den nationale Gesichtspunkte den Völkern und den Regierungen zu verleihen pflegen. Der Krieg ist für England eine unter manchen anderen geschäftlichen Maßnahmen, und seine Flotte ist dabei ein Hilfsmittel, welche der Geschäftssinn der Briten ebenso einschätzt wie etwa die Bank von England.

Anders in Deutschland! Die stolze Entwicklung der deutschen Flotte ist ein sichtbares Zeichen für den Aufstieg der deutschen Nation, die in ihrer Lebensbetätigung längst über die Grenzen des im Feuer des Deutsch=Französischen Krieges zusammengeschmiedeten Reiches hinausstrebt. Nur eine starke Flotte konnte diesen Bestrebungen Schutz und Nachdruck gewährleisten. Den Zusammenhang zwischen der Weltmachtstellung Deutschlands und der deutschen Flotte klar erkannt zu haben, ist das unsterbliche Verdienst unseres Kaisers, der in Tirpitz den unvergleichlichen Mann gefunden hat, der die Schöpfung der gewaltigen Seerüstung allen widerstrebenden Kräften zum Trotze durchzusetzen verstanden hat.

Zu der ungeheuren politischen und vaterländischen Bedeutung unserer Flotte gesellt sich die nicht nur in Norddeutschland, sondern ebenso in Mittel= und Süddeutschland tief im Volke wurzelnde Liebe zum Meere. Die Seefahrt erscheint jung und alt mit dem Schimmer der Poesie umwoben, und die Schrecken des Meeres und seiner Stürme dienen nur dazu, den Seehelden eine um so tiefergehende Bewunderung zu sichern. So hat denn das ganze deutsche Volk mit fiebernder Erregung den Leistungen der Flotte entgegengesehen, und fürwahr, es ist nicht enttäuscht worden, trotzdem der Kampf so ungleich wie möglich stand.

Auch zur See hat sich die heilige Waffenbrüderschaft zwischen Deutschland und Österreich-Ungarn und weiterhin den Türken und Bulgaren bewährt. In einer Darstellung, welche es sich zur Aufgabe macht, den Heldenkampf der deutschen Flotte im Zusammenhange vorzuführen, dürfen die Taten der verbündeten Kriegsflotten nicht fehlen.

I.

Der Kriegserklärung an Rußland folgte mit verblüffender Schnelle ein kühner Handstreich zweier unserer kleinen Kreuzer, deren Tätigkeit im ersten Abschnitte des Seekrieges so bedeutsam hervortritt: Am 2. August 1914 schossen die „Augsburg" und die „Magdeburg" unter den Kommandanten Fischer und Habenicht den russischen Kriegshafen Libau in Brand, gleichzeitig versenkten die Russen fünf deutsche Dampfer vor den drei Einfahrten von Libau und setzten die dortigen Kohlenvorräte in Brand; Libau hatte damit die ihm zugedachte Rolle bei der Beförderung russischer Landungskorps nach Pommern ausgespielt. Zwei Tage darauf erschienen der Schlachtkreuzer „Goeben" und der kleine Kreuzer „Breslau" vor den algerischen Hafenstädten Philippeville und Bone, um durch Zerstörung der Hafenanlagen die Verschiffung des XIX. französischen Armeekorps nach Europa zu erschweren. Nach vollbrachter Arbeit liefen sie, verfolgt von englischen und französischen Streitkräften, nach Messina, wo sie aus deutschen Dampfern kohlten. Trotzdem der Hafen von zahlreichen Feinden bewacht war, wurde bei Nacht der Durchbruch unternommen, und es gelang ihnen, nach heftigem Gefecht ihren Angreifern zu entkommen und sich in türkische Gewässer zu retten, wo sie später ihre die ganze Welt verblüffende Umwandlung in türkische Kriegsschiffe vornahmen.

Bereits am 5. August bekam auch das stolze Albion die Faust unserer blauen Jungen zu kosten. Der als Minenleger ausgerüstete Seebäderdampfer der Hamburg-Amerikalinie „Königin Luise" machte sich an der Themsemündung durch Auslegen von Minen verdient, als er von einer Zerstörer-Flottille unter Führung des modernen kleinen

Kreuzers „Amphion" angegriffen und, da Kapitän Biermann die Flagge zu streichen ablehnte, in Grund geschossen wurde; unmittelbar darauf stieß der „Amphion" auf eine Mine und sank. Inzwischen begannen die deutschen U=Boote ihre Tätigkeit, die für den weiteren Verlauf des Krieges eine so große Bedeutung gewinnen sollte. Unaufhörlich hat die deutsche Admiralität an der Ausbildung dieser modernsten Waffe gearbeitet, und wenn zu Anfang des Krieges selbst Fachleute der Ansicht waren, daß der Aktionsradius der Tauchboote nur ein verhältnismäßig geringer sei, so ist binnen eines Zeitraumes von noch nicht zwei Jahren die Welt vor die Furcht und Staunen erregende Tatsache gestellt, daß die deutschen Unterseeschiffe bis nach Konstantinopel und Baltimore gelangen können. Vorerst erregte es schon gewaltiges Aufsehen, daß deutsche Unterseeboote eine Erkundungsfahrt an die englische und schottische Ostküste bis zu den Shetlandinseln hinauf unternahmen, von der sie unversehrt zurückkehrten. Das Unterseeboot „U 15" freilich fiel beim Auftauchen in der Nordsee dem englischen kleinen Kreuzer „Birmingham" zum Opfer, und mit ihm fand die ganze Besatzung, 23 Mann, den Heldentod in den Fluten. Aber die Vergeltung folgte auf dem Fuß. Am 18. August vernichtete der kleine Kreuzer „Straßburg" an der englischen Küste ein englisches Tauchboot, während ein zweites entkam. Gleichzeitig stieß der kleine Kreuzer „Stralsund" auf ein Geschwader feindlicher Zerstörer und Unterseeboote und beschädigte drei Zerstörer schwer. Es war dies ein schöner Erfolg der seitdem systematisch betriebenen Vorstöße der Deutschen in die Nordsee, die in der Absicht unternommen wurden, den Feind zu rekognoszieren und zu beunruhigen. Zugleich wurden nach Kräften an der englischen Küste Minen ausgelegt, eine Tätigkeit, deren Erfolg sich durch zahlreiche Schiffsverluste den Engländern fühlbar machte.

Damals ahnte die Welt noch nicht, wie die englische Seekriegstaktik in der Tat beschaffen war. Man war überzeugt, daß die englischen Admirale im Bewußtsein ihrer Überlegenheit so bald wie möglich eine Begegnung mit den deutschen Seestreitkräften herbeizuführen suchen würden. Daß sich lange Monate hindurch diese Erwartung nicht erfüllen sollte, daß die Hauptmacht der englischen Flotte in sicherem Gewahrsam irgendwo zwischen den Orkneyinseln saß, konnte damals niemand ahnen. Die öffentliche Meinung in England aber verlangte nach einer Betätigung der Flotte, und so kam es zu dem ersten größeren Zusammenstoße bei Helgoland am 28. August, bei dem auf englischer Seite sechs der neuesten Schlachtkreuzer, fünf große Panzerkreuzer, acht kleine Kreuzer und mehr als dreißig Zerstörer und Unterseebote aufgeboten wurden. Die Absicht war zweifellos, unsere Hochseeflotte aus der Jade herauszulocken. Der Verlauf des Gefechtes entsprach aber in keiner Weise den Erwartungen, wobei das unsichtige Wetter mit in Rechnung zu stellen ist. Zunächst bekamen die deutschen auf Vorposten liegenden Torpedoboote mit den von Westen vorstoßenden englischen Kreuzern und Zerstörern Fühlung. Das deutsche Torpedoboot „V 187" wurde dabei lahm geschossen und von seiner Besatzung durch Sprengung zum Sinken gebracht. Nachher griffen die deutschen kleinen Kreuzer in das Gefecht ein, der englischen Übermacht erlagen S. M. S. „Ariadne", „Cöln" und „Mainz", die zum Teile mit ihrer ganzen Besatzung in den Fluten versanken. Erst später erfuhr man, daß die englischen Schiffe zum Teil schwere Havarien erlitten hatten.

Die Russen hatten inzwischen der Zerstörung des Hafens in Libau die Vernichtung des finnischen Hafens Hangö folgen lassen. Am 27. August traf den bei Libau so erfolgreich tätig gewesenen kleinen Kreuzer „Magdeburg" ein bedauerliches Mißgeschick. Bei einem Vorstoß im Finnischen Meerbusen lief das Schiff im Nebel bei der Insel Odensholm auf und wurde, hilflos wie es war, von russischen Streitkräften angegriffen. Da ein Abbringen mißlang, und andere Schiffe bei dem dicken Wetter keine Hilfe leisten konnten, wurde der Kreuzer in die Luft gesprengt. Ein großer Teil der Besatzung wurde unter dem feindlichen Feuer vom Torpedoboote „V 26" geborgen.

Mitte August hörte man zum ersten Male von der Tätigkeit der österreichisch-ungarischen Flotte. Der österreichische kleine Kreuzer „Zenta" erliegt an der montenegrinischen Küste dem Angriffe zahlreicher englischer Streitkräfte. Ein französisches Geschwader hat inzwischen bei Korfu, ein anderes, aus Panzern und zehn Torpedobooten bestehend, bei Ankona Aufstellung genommen.

Die deutsch-österreichische Waffenbrüderschaft zur See fand bald darauf eine herzerhebende Bestätigung. Am 19. August hatte Japan in einem Ultimatum die sofortige Zurückziehung der deutschen Kriegs=

schiffe aus den japanischen und chinesischen Gewässern oder die Abrüstung dieser Schiffe, ferner bis zum 15. September die bedingungslose Übergabe des gesamten Pachtgebietes von Kiautschou an die japanischen Behörden und die unbedingte Annahme dieser Forderungen bis zum 23. August gefordert. Die deutsche Reichsregierung hatte dieses Ansinnen mit der gebührenden Verachtung zurückgewiesen, und der Kommandant von Kiautschou, Meyer-Waldeck, sandte dem deutschen Kaiser das berühmt gewordene Telegramm: „Einstehe für Pflichterfüllung bis zum Äußersten." Der österreichische Kreuzer „Kaiserin Elisabeth" auf der ostasiatischen Station erhielt jetzt den Befehl, sich an der Verteidigung von Kiautschou zu beteiligen.

Der Krieg gegen die afrikanischen Kolonien Deutschlands hatte bereits am 11. August mit der Beschießung des offenen Hafens von Daressalam durch englische Streitkräfte begonnen; die Zerstörung des dortigen Funkenturms wurde als ein kriegerischer Erfolg der Engländer hingestellt.

II.

Mit dem Seegefecht bei Helgoland scheint sich die Aktionsfähigkeit der englischen Hochseeflotte bis auf weiteres erschöpft zu haben. Es tritt eine gewisse Stagnation auf allen Flottenkriegsschauplätzen ein. Trotzdem ist der etwa mit Anfang September beginnende Zeitabschnitt an Erfolgen und Ehren für die deutsche Marine überreich — war es doch die Zeit, da die Namen Weddigen und von Müller, die Ruhmestaten der Tauchboote wie der Kreuzer „Emden", „Karlsruhe" und „Dresden" die Welt erfüllten. Am 5. September versenkte Kapitänleutnant Hersing, derselbe, dem später als erstem die Fahrt durch die Meerenge von Gibraltar gelang, mit seinem „U 21" den englischen geschützten kleinen Kreuzer „Pathfinder" an der Mündung des Firth of Forth, eine Leistung, die in England peinlichste Bestürzung erregte. Bald darauf war den Engländern der Erfolg beschieden, daß unser kleiner Kreuzer „Hela" unweit Helgoland durch ein englisches Unterseeboot versenkt wurde. Am 6. Oktober wurde dann S. M. Torpedoboot „S 116" in der Nordsee durch das englische Tauchboot „E 9" vernichtet — die beiden einzigen Erfolge der englischen Unterseeboote gegen Deutschland. Daß an der englischen Küste fünf Dampfer, darunter das alte Kanonenboot „Speedy" auf Minen liefen, machte drüben den denkbar schlechtesten Eindruck.

Zugleich kamen unheimliche Meldungen über die Tätigkeit unserer Kreuzer auf dem Weltmeere. Gleich bei Beginn des Krieges hatte die „Dresden" ein englisches Handelsschiff bis Halifax gejagt. Unsere Panzerkreuzer „Scharnhorst" und „Gneisenau" hatten Kiautschou, dessen Schicksal sie doch nicht abwenden konnten, verlassen und waren im September vor Papete auf Tahiti erschienen, wo sie das französische Kanonenboot „Zelee" vernichteten. Weniger vom Glücke begünstigt war zuerst die Arbeit unserer Hilfskreuzer. Als erstes Opfer dieser Schiffsklasse fiel der große Dampfer des Norddeutschen Lloyd „Kaiser Wilhelm der Große". Als er an der afrikanischen Küste einen aus Südafrika kommenden Passagierdampfer aufgebracht hatte, wollte er zunächst die Reisenden an der Küste ausschiffen und das Schiff versenken, stand aber aus Rücksicht auf die zahlreichen Frauen und Kinder von dieser Absicht ab und gab ihn wieder frei. Wahrscheinlich ist es dadurch in England bekannt geworden, daß er in der spanischen Kolonie Rio del Oro Kohlen ergänzen würde. Dort wurde er bei dieser Tätigkeit von dem geschützten Kreuzer „Highflyer" überrascht und trotz Hinweis auf die Neutralität des Platzes zum Kampfe gezwungen. Ein Treffer hatte die vordere Munitionskammer überflutet, und als die Munition der hinteren verschossen war, blieb Fregattenkapitän Reymann nichts übrig, als sein Schiff selbst zu versenken und die Mannschaft an Land zu bringen, um sie der Gefangenschaft zu entziehen.

Großes Bedauern erregte auch die an der brasilianischen Küste erfolgte Versenkung des prachtvollen Hilfskreuzers „Cap Trafalgar" durch den englischen Hilfskreuzer „Carmania", nachdem er nur kurze Zeit erfolgreich tätig war. Die Besatzung des Hilfsdampfers wurde gerettet.

Der kleine Kreuzer „Nürnberg" machte sich dadurch nützlich, daß er die Kabel Nagasaki—Schanghai abschnitt, also die Kabelverbindung zwischen Japan und China lahmlegte. Der kleine Kreuzer „Königsberg" versenkte den kleinen Kreuzer „Pegasus", der, von Sansibar aus wirkend, Daressalam sowie das dort aufgelegte alte Vermessungsschiff „Möve" zerstört hatte. Während „Pegasus" vor Sansibar lag und Kessel reinigte, erschien morgens früh die „Königsberg", machte zunächst mit wenigen Schüssen ein englisches Wachtboot kampfunfähig und lief dann mit großer Geschwindigkeit auf den Ankerplatz des „Pegasus" zu, den er in 15 Minuten zum Sinken brachte.

Auf der westamerikanischen Seite versenkte der kleine Kreuzer „Leipzig" einen englischen Dampfer und in den chilenischen Gewässern einen wertvollen Öldampfer.

Auf der ostamerikanischen Station gelang es dem kleinen Kreuzer „Karlsruhe", eine Reihe für den Feind wichtiger Schiffe aufzubringen, ein Erfolg, der bei der Abhängigkeit Englands von der argentinischen Weizeneinfuhr hoch eingeschätzt werden mußte. Vor allem aber waren es die Leistungen der „Emden" unter ihrem hervorragenden Kommandanten von Müller, welche die Feinde in Schrecken setzten. Bereits am 4. August hatte die „Emden" ein Schiff der russischen freiwilligen Flotte genommen und es, den „Rjäsan", in den Hilfskreuzer „Cormoran" umgewandelt. Bald teilte die englische Admiralität mit, daß Kapitän von Müller am Golf von Bengalen sechs wertvolle Dampfer aufgebracht, davon fünf versenkt, die gefangenen Besatzungen mit dem sechsten nach Kalkutta geschickt habe. Wenige Tage später tauchte er vor der Stadt Madras auf, wo er zwei Ölbehälter, die für die englische Flotte von großer Wichtigkeit waren, in Brand schoß. Und wieder vier Tage später meldete der Telegraph sein Erscheinen vor der französischen Kolonie Pondichery. Wie geschickt er sich seinen Verfolgern zu entziehen wußte, zeigte die bald folgende Nachricht, daß er vier weitere englische Dampfer versenkte und ein Kohlenschiff für seinen eigenen Bedarf weggenommen hatte, während er die englischen Besatzungen mit einem anderen Dampfer nach Colombo sandte. Kein Wunder, daß der Dampferverkehr im Golf von Bengalen immer mehr eingestellt wurde, und die Reiszufuhr nach Indien aus Hinterindien ins Stocken geriet.

Gleichzeitig mit der Meldung über die schneidigen Taten der „Emden" überraschte uns die Freudenbotschaft, daß der junge Kapitänleutnant Otto Weddigen, der Führer des „U 9", drei englische Panzerkreuzer von je 12 000 Tonnen zu den Fischen befördert habe.

Bei Tagesanbruch am 21. September sichtigte Weddigen die drei Schiffe, die sich in Dwarslinie auf ihn zu bewegten. Kurz entschlossen tauchte „U 9" unter und steuerte, nur geleitet durch das Bild im Sehrohr, zum Anlauf auf das mittelste der Schiffe, den „Abukir", auf den es einen Torpedoschuß abgab. Wahrscheinlich traf dieser auf eine Stelle, die in der Nähe einer Munitionskammer lag, denn die Explosion war eine gewaltige und brachte das Schiff bald zum Sinken. Als nun die beiden anderen zur Hilfe herbeieilten, wurde auf den „Hogue" ein weiterer Schuß abgegeben. Aber noch gab sich der Kommandant des „U 9" nicht zufrieden. Es gelang ihm, auch auf den „Cressy" zum Schusse zu kommen, und er brachte ihn durch zwei Torpedos zum Kentern. Dann wurde ganz untergetaucht und der Rück= zug angetreten. Wie schwierig ein solcher ist, bedarf keiner Be= gründung. Es gelang, obgleich das Boot bei Terschelling von feind= lichen Torpedobootszerstörern gejagt wurde. Die kühne Tat weckte nicht nur in Deutschland, sondern in der ganzen Welt die höchste Be= wunderung. Der herrliche Erfolg der mit rücksichtsloser Energie durch= geführten Aktion ließ die Hoffnung zu, daß es uns gelingen werde, das ungünstige Zahlenverhältnis zwischen der deutschen und der eng= lischen Flotte im Wege des Unterseebootkrieges zu verbessern. Wenige Tage später reihte Weddigen seiner Heldentat einen weiteren Erfolg an: er vernichtete in der Nordsee den großen englischen Kreuzer „Hawke", während der „Theseus", den er gleichfalls angriff, entrinnen konnte.

Schlag auf Schlag folgen jetzt die Meldungen über die Arbeit unserer Unterseeboote.

Ein schöner Erfolg war auch die Vernichtung des englischen Unterseebootes „E 3" vor Helgoland. Auch am Kreuzerkriege beteiligten sich unsere Unterseeboote. Südwestlich von Skudenäs in Norwegen brachte ein solches den englischen Dampfer „Glitra" auf, versenkte ihn und brachte die Besatzung desselben auf norwegisches Gebiet. Es war dies die erste Vernichtung eines feindlichen Handelsdampfers durch ein Unterseeboot, der eine so glänzende Reihe ähnlicher Taten folgen sollte.

Einen empfindlichen Verlust erlitt unsere Flotte am 17. Oktober an der holländischen Küste. Dort gerieten die Torpedoboote „S 115", „S 117", „S 118" und „S 119" in ein Gefecht mit den an Armierung und Geschwindigkeit wesentlich überlegenen englischen Zerstörern „Lance", „Lennox", „Legion" und „Loyal" sowie dem modernen eng= lischen kleinen Kreuzer „Undaunted", denen sie nach zweistündiger, sogar von den Engländern als heldenmütig bezeichneten Gegenwehr ruhmvoll erlagen. Nur 31 Überlebende kamen kriegsgefangen nach England. Die Boote sanken.

Bei diesem Anlaß leisteten sich die Engländer wiederum eine schamlose Verletzung des Völkerrechts. Das deutsche Lazarettschiff „Ophelia" war zur Rettung der im Wasser treibenden Leute entsandt. Der englische Kommandant aber beschlagnahmte das Schiff unter dem Vorwande, die „Ophelia" sei ein verkappter Minenleger.

Diese belanglosen und wenig ehrenvollen Erfolge der Briten wurden Ende Oktober durch ein für sie höchst fatales Ereignis wettgemacht: an der Nordküste von England lief das Linienschiff „Audacious" auf eine Mine und versank. Im September war auf unaufgeklärte Weise bereits der Hilfskreuzer „Oceanic" an der Nordküste von Schottland verlorengegangen, bald darauf hatte die Admiralität den Verlust des Schulschiffes „Fisgard II" bekanntgeben müssen. Die Versenkung der „Audacious", eines Großkampfschiffes von 23 400 Tonnen Wasserverdrängung und einer Besatzung von 900 Mann wurde dagegen streng geheimgehalten und amtlich bis jetzt nicht eingestanden. Der letzte Tag des Oktobers brachte den Engländern noch den Verlust ihres Kreuzers „Hermes", eines Mutterschiffes der Marineflieger, der auf der Rückfahrt von Dünkirchen durch das deutsche Unterseeboot „U 27" versenkt wurde.

III.

Verfolgen wir jetzt zunächst die Tätigkeit unserer Auslandkreuzer. Am 5. September kam die Nachricht, daß der kleine Kreuzer „Dresden" an der brasilianischen Küste den englischen Dampfer „Holmwood" versenkt habe; tags darauf wird gemeldet, daß der Kreuzer „Karlsruhe" mit englischen Kreuzern ein Gefecht bestanden habe. Der kleine Kreuzer „Leipzig" versenkte an der Nordküste von Peru den englischen Dampfer „Bankfields" und in den chilenischen Gewässern das englische Ölschiff „Elsinore". Am 29. September hörte man wieder von der „Emden". Sie war am 24. September in Pondichery gewesen und war dann verschwunden. Nach einer Mitteilung der englischen Admiralität hatte der Kreuzer „Emden" die englischen Dampfer „Tymeric", „King Lud", „Ribera" und „Foyle" versenkt sowie ein Kohlenschiff weg genommen. Die Bemannungen der Schiffe hatte er mit dem gleichfalls genommenen Dampfer „Gryfevale" nach Colombo geschickt. Die „Emden" hatte, um sich unkenntlich zu machen, einen vierten Schornstein aufgesetzt und glich damit dem englischen Kreuzer „Yarmouth". In dieser Vermummung gelang ihr ihre an Abenteuern und Erfolgen überreiche Fahrt durch die Meere, die den Feinden Furcht und Schrecken einflößte, ihr aber auch unverhohlen Anerkennung für ihre glänzenden Leistungen und gleichzeitig für das ritterliche Verhalten des Kommandanten einbrachte. Der erste Offizier der „Emden", Herr von Mücke, der die Kreuzfahrten seines Schiffes beschrieben hat, sagt darüber:

„Ich gehe wohl nicht zu weit, wenn ich sage, daß die „Emden" Ende 1914 das beliebteste Schiff in Ostindien war. Die Engländer hatten im allgemeinen überhaupt kein Verständnis für den Krieg. Er ist bei ihnen nicht das, was er bei uns ist, ein Volkskrieg, sondern sie stehen ihm meistenteils ganz gleichgültig gegenüber und schätzten die Errungenschaften von Freund und auch von Feind lediglich vom Gesichtspunkte des sportlichen Interesses. So konnte es geschehen, daß unser Kommandant und sein Schiff mit Sang und Klang von den englischen Zeitungen Indiens gefeiert wurden. Der Gentlemancaptain hieß unser Kommandant, und die Zeitungen schrieben: „He played the game and was playing it well." („Er meisterte sein Spiel vorzüglich")."

Da der „Fliegende Holländer", wie die „Emden" bald nur noch genannt wurde, die Schiffahrt im Golf von Bengalen nahezu völlig unterbunden hatte, beschloß Kapitän von Mueller, den Gegner direkt anzugreifen. Es war ihm gelungen, im Hafen von Diego Garcia, einer kleinen englischen Insel im südlichen Teile des Indischen Ozeans, bis zu der die Meldungen über den Kriegszustand noch nicht gelangt waren, sein Schiff instand zu setzen, und da er sich unausgesetzt verfolgt wußte, so wollte er den Löwen in seiner Höhle aufsuchen. Die „Emden" nahm Kurs auf Penang, wo nach den Zeitungen, die man auf den gekaperten Schiffen fand, die französischen Panzerkreuzer „Montcalm" und „Dupleix" sich öfter aufhalten sollten. Am 28. Oktober erkannte der Kommandant den russischen Kreuzer „Jemtshug" im Hafen von Penang. Mittels zweier Torpedoschüsse wurde das Schiff versenkt, bald darauf sank auch der französische Zerstörer „Mousquet". Von Penang aus ging die „Emden" südwärts, zunächst in der Absicht, weitere Prisen zu machen, dann aber, da vor der Sundastraße keine Schiffe mehr erschienen, um die Funken- und Kabelstation auf den Keelinginseln, die letzte telegraphische Verbindung Australiens mit England, zu vernichten. Am 9. November lag die „Emden" vor Port Refuge, dem Ankerplatz der Schiffe. Unter Führung des Kapitänleutnants von Mücke wurde ein Zug von 50 Leuten gelandet, um das Zerstörungswerk auszuführen, als die „Emden" plötzlich aus dem Hafen lief. Der australische Kreuzer „Sidney", der „Emden" in Panzerung und Bestückung beträchtlich überlegen, hatte das deutsche Schiff gestellt. Die unvermeidliche Schicksalsstunde der „Emden" hatte geschlagen.

„Bald hatten, so schildert Mücke anschaulich den Kampf, sich beide Schiffe im laufenden Gefecht auf etwa 4—5000 Meter Abstand miteinander verbissen. Von Bord zu Bord wurden mit vollen Breitseiten die eisernen Grüße gewechselt. Anfangs schien es, als ob der Gegner erheblich litte. Gleich die ersten Salven der „Emden" saßen volltreffend in seinem Vorschiff. Die Schießkunst der Engländer stand nicht auf besonderer Höhe. Als unser Schiff schon längst eingeschossen war, hatte er noch keinen einzigen Treffer zu verzeichnen. Dann aber schlug eine gutsitzende Salve in das Achterschiff der „Emden" ein. Die Wirkung des großen Kalibers auf der ungepanzerten „Emden" war außerordentlich. Es entstand unter der Hütte ein gewaltiger Brand. Die Flammen schlugen 20 bis 25 Meter hoch eine Viertelstunde lang aus dem Achterschiffe heraus. Die grauschwelende Wolke war von weißem Dampfe durchzogen, ein Zeichen, daß auch Dampfrohrleitungen der Steuerbordseite beschädigt sein mußten. Die schwere Verletzung hielt die „Emden" aber nicht ab, dem Gegner energisch zu Leibe zu rücken. Sie drehte mit hart Ruder direkt auf ihn zu und nahm ihn an. Unaufhörlich spien die Buggeschütze ihre Granaten aus. Der feindliche Kreuzer drehte einige Minuten nach dem Vorstoße der „Emden" ebenfalls nach Steuerbord ab und zog sich vor unserem Schiffe zurück. Da inzwischen verschiedene Treffer auf ihm beobachtet worden waren, war bei uns an Land die leise Hoffnung vorhanden, daß er irgendeine tödliche Verletzung erlitten hätte. Scheinbar ist dies aber nicht der Fall gewesen. Mit höchster Fahrt entfernte er sich zwar, drehte aber bald darauf wieder auf. Ihm lag wohl nur daran, die Gefechtsentfernung zu vergrößern, damit er sein bedeutend überlegenes Kaliber ohne besondere eigene Gefährdung durch die leichten Geschütze der „Emden" zum Tragen bringen konnte." Inzwischen waren auf der „Emden" weitere erhebliche Beschädigungen eingetreten. Beim Zudrehen riß eine Granate den vorderen Schornstein ab. Er lag quer wie ein riesiger Block vorn auf dem Vorschiffe. Fast gleichzeitig fegte ein weiterer Treffer den Fockmast über Bord. Schließlich verschwanden beide Schiffe brennend am Horizont. Als der Kommandant erkannte, daß der ungleiche Kampf für ihn verloren war, ließ er die „Emden" unter Volldampf auf die Riffe am Nordstrande der Keelinginsel auf= laufen; aber von dieser Stellung aus wurde bis zuletzt auf den Gegner gefeuert, der ebenfalls schwere Schäden erlitt. Von der Besatzung der „Emden" fielen 135 Mann, der Rest wurde gefangen und nach Sidney, später nach Malta, gebracht.

Aufrichtige Trauer herrschte in ganz Deutschland um das prächtige Schiff und seinem heldenmütigen Kommandanten. Die tiefempfundenen Worte, die Helmuth von Mücke seiner geliebten „Emden" widmete, mögen hier wiedergegeben sein:

Schiff ohne Hafen, Schiff ohne Ruh',
Fliegende, fliegende „Emden" du.
Deutscher Lorbeer um Mast und Bug,
Hinter dir her der englische Fluch.
Schiff um Schiff in den Grund hinein,
Und das Meer, und das Meer, und das Meer war dein.

Schiff ohne Hafen, Schiff ohne Ruh',
Herrliche, herrliche „Emden" du.
Wärst nun getroffen von feindlicher Hand?
Wärst nun vergangen im lodernden Brand?
Wärst nun versunken im weiten Meer?
Wärst nun gestorben? Nein, nimmermehr, nimmermehr.

Schiff ohne Hafen, Schiff ohne Ruh',
Unvergeßliche „Emden" du.

Kannst ja nicht sterben. Es jagt daher,
Ewig dein Schatten über das Meer.
Ewig dem Feinde zu Fluch und Leid.
Ewig in deutscher Unsterblichkeit.

Die gewaltige Leistung der „Emden", die sie in der kurzen Zeit vom 4. August bis zum 9. November ausführte, kommt am besten darin zum Ausdrucke, daß sie — abgesehen von dem „Jemtshug" und „Mousquet" — 17 Schiffe (1 russisches und 16 englische) mit zusammen 73 895 Registertonnen aufbrachte, außerdem noch drei weitere englische Dampfer mit einem Tonnengehalt von 14 590 Tonnen und den griechischen Kohlendampfer „Pontoporos", die wieder freigelassen wurden.

In den Gewässern des mittleren Atlantischen Ozeans wirkte gleichzeitig mit gleichem Erfolge der Kreuzer „Karlsruhe", der unter seinem Kommandanten Koehler in der Zeit vom 18. August bis 26. Oktober ebenfalls 17 englische Schiffe mit 76 609 Registertonnen aufbrachte, deren Wert auf über 100 Millionen Mark beziffert wird. Erst nach zwei Jahren hat die Welt durch ein kleines Buch, das der Kapitänleutnant Aust nach seinem Kriegstagebuch geschrieben hat, näheres über die Fahrten der „Karlsruhe" erfahren. Am 4. November, auf 10° 7' Nordbreite und 55° 25' Westlänge ist die „Karlsruhe" von einem Torpedo getroffen worden. Eine gewaltige Detonation, so schildert Aust die letzten Augenblicke des Kreuzers, hatte S. M. S. „Karlsruhe" in zwei Stücke gerissen. Der Ort der Detonation und seine unmittelbare Umgebung, der Teil des Schiffes von der Back bis zum vordersten Schornstein, damit auch die Kommandobrücke und der Fockmast, mußten in Atome zersplittert worden sein. Das Vorschiff mit dem größeren Teile der Besatzung sank nach wenigen Minuten. Nur vereinzelte Leute, die zum Teil weit weg über Bord geschleudert worden waren, konnten vom Hinterschiff und von Booten aus gerettet werden. Sie trugen alle mehr oder weniger starke Verbrennungen oder Verstümmelungen. Das Hinterschiff, in dem sogleich alle Schotten geschlossen worden waren, hielt sich noch etwa 20 Minuten über Wasser. Diesem Umstande, der unserem Schiffsmaterial und dem deutschen Schiffbau ein glänzendes Zeugnis ausstellt, verdanken die Über lebenden in erster Linie ihre Rettung. Zwei Begleitdampfer hatten die Katastrophe, die sich ihnen durch eine etwa 100 Meter hohe Feuersäule angekündigt hatte, sofort in ihrem ganzen Umfange erkannt; sie eilten mit höchster Fahrt in die unmittelbare Nähe des sinkenden Kreuzers und setzten alle Boote aus. Auch die eigenen Boote kamen schnell zu Wasser und suchten mit den Dampferbooten die Unglücksstelle nach Überlebenden ab. Nachdem der 1. Offizier mit dem wachhabenden Ingenieur durch die unteren Schiffsräume gegangen war und festgestellt hatte, daß sich kein Lebender mehr darin befand, setzte das letzte Boot mit den Offizieren ab. Es mochte kaum 100 Meter entfernt sein, da richtete sich das Heck des Schiffes jäh aus dem Wasser auf, so daß Schrauben und Ruder frei sichtbar wurden. Aus den Booten, die immer noch nach Schwimmenden suchten, scholl dem schnell in die Tiefe schießenden Reste S. M. S. „Karlsruhe" und den Kameraden ein dreifaches „Hurra!" nach.

Der Kreuzer „Dresden" konnte 4 Engländer und 1 Franzosen mit 16 080 Tonnen, die „Leipzig" 3 Schiffe mit 12 149 Tonnen, die „Königsberg" den englischen Dampfer „City of Winchester" mit 6800 Tonnen kapern. Der bereits erwähnte Hilfskreuzer „Kaiser Wilhelm der Große" hatte, bevor er dem völkerrechtswidrigen Handeln der Engländer zum Opfer fiel, zwei englische Dampfer mit 10 458 Tonnen gekapert. Bis Februar bzw. März 1915 brachten die Hilfskreuzer „Kronprinz Wilhelm" bzw. „Prinz Eitel Friedrich" 13 bzw. 10 Schiffe mit 53 659 bzw. 30 049 Tonnen auf. Diese Leistungen verdienen um so größere Anerkennung, als die Schwierigkeiten, mit denen die Führer der Auslandkreuzer zu kämpfen hatten, ganz außerordentlicher Art sind. Nicht nur die Ergänzung von Kohlen, Lebensmitteln u. a. bereiteten den Kommandanten schwerste Sorge, sondern auch die fast gänzliche Unmöglichkeit, ihre Maschinen und Kessel den notwendigen größeren Unterhaltungsarbeiten zu unterziehen, und in Docks die Schiffsböden reinigen lassen zu können. Das unausbleiblich nach einigen Monaten eintretende Bewachsen derselben mindert die Schiffsgeschwindigkeit sehr, kostet viele Kohlen und ist auch aus Sicherheitsgründen erforderlich. Solche vielseitigen Arbeiten lassen sich nicht innerhalb 24 Stunden in einem neutralen Hafen ausführen, und eine längere Wartezeit ist nach dem internationalen Seerechte nur bei ganz besonderen Vorfällen gestattet, die im allgemeinen nicht vorlagen. Das Vorbedenken aller Kriegsmöglichkeiten im Frieden hat sich hier wieder in glänzendster Weise bewährt. Demgegenüber denke man sich die vorteilhafte Lage der Gegner, die über sichere Häfen, Kohlenplätze, Vorräte in Hülle und Fülle und Kabelverbindung mit allen Plätzen der Erde verfügten.

Unseren Kreuzern brachte die Kriegslage nur eine gewisse Erleichterung: für den Schutz der eigenen Schiffahrt brauchten sie nicht zu sorgen, da die sämtlichen deutschen Kauffahrteischiffe zu ihrer Sicherung sofort neutrale Häfen aufsuchten. Die deutsche Handelsflotte blieb für die Dauer des Krieges von den Ozeanen verschwunden; eines der Ziele, das zu einem dauernden zu machen, das eigentliche Bestreben Großbritanniens in diesem Kriege war.

Daß die Außergefechtsetzung unserer Auslandkreuzer nur eine Frage der Zeit sein würde, darüber war sich die deutsche Marineleitung völlig im klaren. Nach dem Hilfskreuzer „Kaiser Wilhelm der Große" und nach der „Emden" traf zunächst die „Königsberg" ihr Schicksal. Sie wurde am 30. Oktober im Rufidjifluß in Deutsch-Ostafrika eingeschlossen, nachdem das letztere Schiff zuvor noch den englischen geschützten Kreuzer „Pegasus" lahmgeschossen, der, wie berichtet, die Fernsprechleitung in Daressalam zerstört hatte. Wiederholte Angriffe auf die eingeschlossene „Königsberg" scheiterten, und erst am 11. Juli 1915 gelang es einer fünfzehnfachen Übermacht, das Schiff vollständig wrackzuschießen. Vor dem Verlassen sprengte die Besatzung den Kreuzer und schloß sich dann der deutsch-ostafrikanischen Schutztruppe an.

Das seit dem 15. Oktober 1914 im Hafen von Honolulu liegende Kanonenboot „Geier" war am 9. November genötigt, abzurüsten. Am 18. November mußte der Hilfskreuzer „Berlin" Drontheim anlaufen, um einen Maschinenschaden auszubessern, konnte aber den Hafen nicht rechtzeitig verlassen und mußte ebenfalls abrüsten. Am 10. Februar 1915 lief der Hilfskreuzer „Prinz Eitel Friedrich" in Newport News ein und wurde am 8. April interniert, ebenso erging es in dem gleichen Hafen dem Hilfskreuzer „Kronprinz Wilhelm" am 20. bzw. 27. April.

IV.

Die „Emden" hatte zu dem Kreuzergeschwader gehört, das unter dem Oberbefehl des Vizeadmirals Grafen Spee stand und sich bei Kriegsbeginn auf einer Kreuzfahrt in der Südsee befunden hatte, während sie sonst in der Hauptsache in Ostasien stationiert war. Zu dem Geschwader gehörten die beiden Panzerkreuzer „Scharnhorst" und „Gneisenau" und drei kleine Kreuzer. Davon war die „Emden" von dem Geschwaderchef in den Atlantischen Ozean entsandt, um den Kreuzerkrieg zu führen; die „Nürnberg" war seit Jahresfrist an der Westküste von Mexiko tätig gewesen, jetzt aber zu dem Geschwader gestoßen; außerdem hatte Graf Spee es verstanden, die „Leipzig" und die bis dahin in Westindien und an der Ostküste Südamerikas wirkende „Dresden" mit sich zu vereinigen. Mitte September war Graf Spee vor der Reede von Apia bei den Samoainseln erschienen — eine neue Kunde, die Kunde von einem bedeutsamen Siege der Deutschen, überraschte Anfang November die Welt.

England hatte durch die Magelhaensstraße einige Panzerschiffe nach dem Westen Amerikas entsandt, die gemeinsam mit den von Nordwesten herankommenden Japanern die Meere von den deutschen Schiffen „reinfegen" sollten. Ein Geschwader unter dem Befehl des Kontreadmirals Craddock fuhr die chilenische Küste entlang; es bestand aus den beiden Panzerkreuzern „Monmouth" und „Good Hope", dem geschützten Kreuzer „Glasgow" und dem Hilfskreuzer „Otranto". Eine Stunde vor Sonnenuntergang liefen am 1. November die „Monmouth" und der „Otranto" aus Coronel aus. Draußen wehte schwerer Nordsturm. Sofort griff Graf von Spee den Gegner an und legte sein Geschwader derart auf südlichen Kurs, daß eine langsame Annäherung beider Linien stattfinden mußte. Seine Panzerkreuzer eröffneten schon auf 9000 Meter das Feuer auf das mit Volldampf herankommende Flaggschiff des englischen Admirals, wobei sie, mit der Sonne im Rücken, eine gute Beobachtung der Schießergebnisse ermöglichen konnten. Schon die ersten Schüsse der schweren Geschütze saßen, und auch die Mittelartillerie war wirksam, während sie auf dem schwer rollenden Engländer durch den hohen Seegang behindert wurde. Eine Breitseite der deutschen Panzerkreuzer traf den „Good Hope" unter dem Panzergürtel. Bald war er so beschädigt und in Brand gesetzt, daß er sich zurückzog und sank. Auch „Monmouth" wurde bald so zugerichtet, daß er kenterte und sank. Der kleine Kreuzer „Glasgow" wurde gleichfalls schwer beschädigt, konnte aber mit Einbruch der Dunkelheit seinen Verfolgern entgehen. Die schwere See und die Dunkelheit verhinderte jedes Rettungswerk. Auf deutscher Seite waren nur zwei Leute leicht verwundet.

Die große taktische und artilleristische Leistung der deutschen Schiffe war nur möglich gewesen, weil ihr Führer, der Geschwader= chef Vizeadmiral Graf von Spee, sich als geschickter Stratege erwiesen hatte. Unter den schwierigsten Verhältnissen hatte er es fertig gebracht, seine beiden großen Panzerkreuzer mit einem dritten, gleich den anderen von der ostasiatischen Seite des Großen Ozeans herübergekommenen Kreuzer zu vereinigen. Auch ein vierter, dem Verbande zugehöriger kleiner Kreuzer war rechtzeitig aus dem höchsten Norden des Pazifik herangezogen worden, und schließlich hatte es Graf Spee noch möglich gemacht, einen im Atlantischen Ozean tätigen fünften kleinen Kreuzer sich anzugliedern. Eine Aufgabe war gelöst worden, zu deren Erfüllung unerhörte Schwierigkeiten zu überwinden waren. Über Tausende von Seemeilen hinweg hatte er sich mit seinen Kreuzern in Verbindung zu setzen gewußt, trotzdem eine Funkenstation — auf neutralem Boden willkürlich von dem skrupellosen England eingerichtet — sämtliche Schiffe des Gegners über die Bewegungen der deutschen Kreuzer unter= richtete.

So konnte es geschehen, daß nach mehr denn einem Jahrhundert ein britischer Schiffsverband in offener See von seinem Gegner in kurzer Zeit vollständig besiegt wurde. Von einem Gegner, der, weit von seinen Heimathäfen entfernt, keine Stützpunkte besaß, der nur unter großen Schwierigkeiten das zeitige Übernehmen von Kohlen be= werkstelligen konnte, und dessen Bewegungsfreiheit auf mannigfache Weise vom Feinde gestört wurde.

In einem Briefe vom 2. November an seine Gattin spricht Graf Spee von einem Glückstag und berichtet, daß der Gegner bei den er= forderlichen Manövern vor Beginn des Kampfes so liebenswürdig war, ihn nicht dabei zu stören. Und weiter heißt es: „Ich weiß nicht, welche vielleicht unglücklichen Umstände beim Gegner vorgelegen und die ihm jeden Erfolg genommen haben. Die Begeisterung unserer braven Leute, ihre Siegeszuversicht konnte ich oft beobachten. — — — Du kannst Dir kaum vorstellen, welche Freude überall bei uns herrscht, so haben wir doch jedenfalls etwas zum Ruhm unserer Waffen beitragen können, wenn es auch für das Ganze und bei der ungeheuren Zahl der englischen Schiffe wenig bedeuten mag."

Daß ein englischer Schiffsverband in offenem Seetreffen von einem deutschen vollständig geschlagen worden war, erregte in aller Welt begründetes Aufsehen. Dem Ansehen britischer Allmacht zur See war ein empfindlicher Stoß versetzt worden, und in den Tagesblättern der Vereinigten Staaten wurde manche höhnische Bemerkung laut über die Minderwertigkeit der englischen Ausbildung und dergleichen mehr. Eine junge tatkräftige Flottenmacht hatte aller Welt vor Augen geführt, daß die allgewaltige englische Armada doch nicht unbesiegbar sei. Der Nimbus der Unverletzbarkeit schwand dahin, und die Erkenntnis griff um sich, daß nicht nur England einen Platz an der Sonne auf dem Weltmeere zu beanspruchen habe.

Durch die in Übersee fast vogelfreien Auslandkreuzer hatte die deutsche Marine bewiesen, daß Admiral und Kommandanten, Offiziere und Besatzungen der Schiffe es mit dem mächtigsten Gegner nicht nur aufnehmen können, sondern auch ihn niederzuzwingen imstande sind, dank ihrer besseren Führung und gründlicheren Ausbildung auf allen Gebieten. Das ist die dauernde Bedeutung des Tages von Coronel.

Am 3. November lief das Kreuzergeschwader mit drei Schiffen in Valparaiso ein, wo es zuerst für die siegreichen Engländer gehalten wurde. Mit großem Jubel wurde Graf Spee bei seiner Landung, behufs Meldung bei den Behörden, sowohl von den Deutschen als auch von unzähligen Chilenen freudig begrüßt, und die Besichtigung der Schiffe bewies neben anderen bestimmten Nachrichten über den Untergang der englischen Schiffe, die bald eingingen, welch glänzender Sieg errungen sei. Bescheiden lehnte der deutsche Admiral alle besonderen Huldigungen ab, nur auf eine Stunde kam er in den Deutschen Klub, und auf dem Hinwege zu seinem Flaggschiffe nahm er einen Rosenstrauß aus der Hand einer Dame entgegen. Nach Auffüllen seiner Vorräte verließ er den Hafen, gemäß den internationalen Bestimmungen vor Ablauf der gesetzlichen Frist von 24 Stunden.

Es war zu erwarten, daß der wuchtige Schlag bei den Engländern grimmige Rachegefühle auslösen würde. Wie schwer die Stellung des deutschen Geschwaders war, das wußte wohl niemand besser als Graf Spee. In Valparaiso hatte er zu einem Bekannten gesagt: „Sie müssen nicht vergessen, daß ich ganz heimatlos bin. Nach Deutschland kann ich nicht, irgendeinen sicheren Hafen sonst auf der Welt besitzen wir nicht, ich muß mich so durch die Weltmeere hindurchschlagen und soviel Schaden anrichten, als ich kann, bis uns an Bord die Munition ausgeht oder bis mich ein an Machtmitteln weit überlegener Feind zu packen kriegt. Aber — hat er noch ingrimmig hinzugefügt — es soll die Kerle Opfer kosten, ehe sie mich unterkriegen." Von den chilenischen Gewässern fuhr er um Kap Horn nach Osten, wohl um die Fleischzufuhr von Argentinien nach Großbritannien zu behindern und weiterhin gegen Australien sich zu wenden. Am 8. Dezember war Graf Spee in der Nähe der Falklandinseln, 250 Meilen östlich der argentinischen Küste, als die vorausgeschickten kleinen Kreuzer die Meldung sandten, daß eine aus zahlreichen Schiffen bestehende feindliche Streitmacht im Anzuge sei. Trotzdem Graf Spee bald feststellen konnte, daß der Gegner in bedeutender Übermacht war, ging er der Schlacht nicht aus dem Wege. Vizeadmiral Sturdee war mit seinem Geschwader erst 21 Stunden vorher im Hafen von Port Stanley, dem Haupthafen der Falklandinseln, eingetroffen. Er hatte bei sich die beiden vom Mittelmeere gekommenen Großpanzerkreuzer „Invincible", „Inflexible", das Linienschiff „Canopus", die Panzerkreuzer „Carnarvon", „Cornwall" und „Kent" sowie die geschützten Kreuzer „Glasgow", „Bristol" und einen Hilfskreuzer. Die beiden größten Schiffe hatten jedes nahezu 20 000 Tonnen Gehalt, waren mit je acht 30,5-cm-Geschützen ausgerüstet, das ältere, 13 000 Tonnen große Linienschiff „Canopus" hatte vier dieser Geschütze, der 11 000 Tonnen große Panzerkreuzer „Carnarvon" war mit 19-cm-Geschützen und die beiden kleinen Panzerkreuzer sowie die beiden geschützten Kreuzer waren schwächer armiert. Es standen also den sechzehn schweren 21-cm-Kanonen der Unsrigen zwanzig 30,5-cm- und vier 19-cm-Geschütze gegenüber, also abgesehen von der großen Überzahl an mittleren und leichteren Geschützen.

Das Feuer wurde frühmorgens von dem „Canopus" eröffnet,

der über eine Landzunge wegschoß, während die beiden Großkampf= schiffe noch im Hafen lagen, um erst später in das Gefecht einzugreifen. Graf Spee gab den kleinen Kreuzern Befehl, sich nach Gutdünken zu retten, er selbst nahm die ihm nachfolgenden beiden Panzerkreuzer und einen großen Kreuzer unter Feuer. Die „Dresden" konnte noch den „Cornwall" außer Gefecht setzen.

Nun vereinigte sich das ganze schwere Feuer der Engländer auf das deutsche Flaggschiff „Scharnhorst", das mit der bei Santa Maria schon gezeigten Tapferkeit und Schießkunst antwortete. Mehr als zwanzigmal wurde der „Invincible" getroffen. Vernichtend war das Feuer der englischen 30,5=cm=Geschütze auf dem schwachgepanzerten deutschen Kreuzer. Das Schiff sank. Das war um 1 Uhr. Als nach weiteren fünf Stunden auch „Gneisenau" sank, brachte die Besatzung die letzten Hurras auf den obersten Kriegsherrn aus.

Der geschützte Kreuzer „Glasgow" kämpfte mit dem kleinen Kreuzer „Leipzig". Als dieser, in Flammen gehüllt, im Begriff war, unterzugehen, fuhr das englische Schiff dicht an ihn heran und ließ Rettungsboote herab. Ein Geschützführer der „Leipzig" scheint dies nicht erkannt zu haben und feuerte noch einmal sein Geschütz ab, dessen Geschoß auf dem Oberdeck des „Glasgow" zerbarst. Nun feuerte dieser nochmals eine Breitseite auf seinen Gegner ab, der schnell sank. Die übrigen englischen Schiffe holten nun den kleinen Kreuzer „Nürnberg" ein und forderten ihn zur Übergabe auf, und als er sich gleichfalls weigerte, schossen sie ihn mit vereinten Kräften in den Grund. Während die Engländer die Überlebenden des „Nürnberg" zu retten suchten, gelang es dem kleinen Kreuzer „Dresden" und dem Hilfskreuzer „Prinz Eitel Friedrich" zu entkommen.

Mit heroischem Mute haben die Deutschen sich gegen die englische Übermacht gehalten, wie echte Helden haben Offiziere und Mann= schaften den Tod in den Fluten gefunden, mit dem Admiral Grafen Spee zwei seiner Söhne.

Noch drei Monate hat die „Dresden" den Kreuzerkrieg im süd= lichen Teile des Stillen Ozeans fortgesetzt und Handel und Schiffahrt der Gegner schwer schädigen können. Erst Anfang März 1915 wurde der Kreuzer bei den chilenischen Juan=Fernandez=Inseln überrascht, wo er mit Maschinenschaden in einem neutralen Hafen vor Anker lag. Drei englische Schiffe, die Kreuzer „Kent" und „Glasgow" und der Hilfskreuzer „Orama" griffen das wehrlose deutsche Schiff in neutralen Gewässern an. Auf den signalisierten Protest des Kapitäns Lüdeke antwortete der Gegner, er habe Befehl, die „Dresden" zu vernichten, wo und wie er sie treffe. Die „Dresden" wehrte sich heldenhaft, bis fast alle Geschütze außer Gefecht und das Schiff lichterloh brannte, und wurde schließlich vom Kommandanten, nachdem die Besatzung in die Boote gegangen war, in die Luft gesprengt.

V.

Der Landungszug der „Emden", der unter Führung des Kapitänleutnants von Mücke in Port Refuge auf den Keelinginseln verblieben war, als die „Emden" dem überlegenen Kreuzer „Sidney" zum Opfer gefallen war, gelangte auf einer ebenso abenteuerlichen wie heldenmütigen Fahrt in die deutsche Heimat. Im Hafen von Port Refuge lag ein kleiner Schoner namens „Ayesha", ein noch leidlich seetüchtiger Segler. Dieser wurde klar gemacht, und Mücke und seine Leute verließen bei einbrechender Dunkelheit die Insel. Zum Weiterkommen von Keeling gab es drei Wege: nach Batavia, nach Padang oder nach Afrika. Am 23. November gelangte die „Ayesha" in den Seaflower Kanal, 80 Seemeilen von Padang entfernt, und ein paar Tage darauf lief der Schoner, der durch die Mitnahme der von der „Emden" an Bord gebrachten Maschinengewehre vollständig die Gestalt eines Kriegsschiffes erhalten hatte, in den Hafen von Padang, in holländisches Gebiet ein. Kapitänleutnant von Mücke verließ Padang nach 24 Stunden wieder, nachdem ihm bei der Beschaffung einiger notwendiger Ausrüstungsgegenstände wie Seekarten peinliche Weiterungen gemacht waren. Als Mücke darauf beharrte, auch ohne Karten zu fahren, wurde ihm erwidert, daß er ja doch beim Auslaufen abgefangen werden müßte, weil in der ganzen Umgegend zahlreiche japanische und englische Kreuzer sich aufhielten. Er wäre nur durch einen Zufall glücklich hereingekommen, würde beim Auslaufen aber sicher abgefaßt werden. Die „Emden" hätte genug geleistet, kein

Mensch würde es verübeln, wenn das aussichtslose Unternehmen aufgegeben würde.

Die „Ayesha" fuhr von Padang westwärts in der Absicht, sich auf einem bestimmten Punkt in See aufzuhalten. Dort hoffte Mücke einen deutschen Dampfer zu treffen. Mit den in Padang liegenden deutschen Schiffen hatte Mücke zwar keine bestimmte Verabredung treffen können; wohl aber wußten die Kapitäne aus den von Bord zu Bord geführten Gesprächen, welchen Kurs die „Ayesha" fahren wollte. Mücke nahm an, daß irgendeiner der Dampfer folgen würde, um den Emden-Leuten die Weiterfahrt zu erleichtern. So trieben sie sich fast drei Wochen in See herum. Am 14. Dezember 1914 kam die „Choising" in Sicht, ein unter Kapitän Meyer fahrender Dampfer des Norddeutschen Lloyd. Tags darauf nahm die „Choising" die Mannschaft der „Ayesha" auf, das Gallionsbild des Schoners, die Lieblingsfrau des Propheten Muhammed darstellend, wurde nebst dem Ruderrad als Erinnerung, ebenso wie sämtliche Waffen an Bord der „Choising" gebracht, dann — am 16. Dezember — wurde die „Ayesha", die fast anderthalb Monate die Heimat der „Emden"-Mannschaft gewesen, zum Sinken gebracht. Die „Choising" gelangte in der Verkleidung eines italienischen Dampfers Anfang Januar 1915 in die Perimstraße, und am 9. Januar landete Kapitänleutnant Mücke in Hodeida, einer türkischen Hafenstadt Südarabiens. Die türkische Garnison holte die deutschen Seeleute feierlich ein. Von Hodeida aus, dessen Mutessarif sich ebenso wie der Oberst des dort stehenden Regiments in liebenswürdiger Weise der Deutschen annahm —, gelangte Kapitänleutnant von Mücke, nach einem Abstecher nach Sanaa, der Hauptstadt des Yemen, auf einem an Gefahren reichen Zuge die arabische Küste entlang über Jabana, Limfidda und Sidda Dschedda. Kurz vor Dschedda hatte der Zug einen Überfall von einer in englischem Solde stehende Beduinentruppe zu bestehen, bei dem der Leutnant zur See Schmidt tödlich verwundet wurde.

Am 1. April verließ Mücke Dschedda wieder, erreichte am 28. April Sherm Munaiburra und nahm von dort ab den Landweg über El Weg nach Ula, von wo ab ein Sonderzug der Hedschasbahn ihn und seine Leute über Damaskus und Aleppo durch Kleinasien nach Konstantinopel brachte. Am Pfingstsonntag nachmittags, so schildert Mücke das Ende seiner denkwürdigen Fahrt, hielt der Zug auf dem Bahnhofe Haidar-Pascha, der asiatischen Endstation der Bahn. Den Leuten waren die langersehnten deutschen Uniformen schon vorher entgegengeschickt worden, und auch den Offizieren war es gelungen, sich einigermaßen so auszurüsten, wie die europäische Kultur, in deren Arme wir jetzt wieder kamen, es verlangt.

Der Chef unserer Mittelmeerdivision und gleichzeitige Chef der türkischen Flotte Admiral Souchon hatte es sich nicht nehmen lassen, den Emdenleuten bis Haidar-Pascha mit seinem Stab entgegenzukommen. Die Mannschaft trat schnell an, die Flagge, die auf dem Marsche nunmehr zehn Monate vorangeweht hatte, am rechten Flügel. Einige kurze Kommandos, deren Ausführung zeigte, daß das monatelange Räuberleben den militärischen Trimm nicht hatte vertreiben können, dann senkte sich Mückes Degenspitze vor seinem Vorgesetzten:

„Melde gehorsamst, Landungszug der „Emden" in Stärke von fünf Offizieren, sieben Unteroffizieren und siebenunddreißig Mann zur Stelle!"

VI.

Am 7. November 1914 fiel nach heldenmütigem Widerstande Tsingtau, die Hauptstadt unserer herrlich aufblühenden Kolonie Kiautschou. Die Besatzung bestand unter dem Oberbefehle des Gouverneurs Kapitän zur See Meyer-Waldeck aus Matrosenartillerie und Marineinfanterie sowie aus Abteilungen der Matrosen und Werftdivisionen nebst Teilen des ostasiatischen Marinedetachements — insgesamt höchstens 4500 Mann. Dazu traten noch deutsche Reservisten Ostasiens, Kriegsfreiwillige sowie die örtliche Polizeitruppe.

Tapfer haben sie alle sich gewehrt, sieben Wochen lang hatten feindliche Truppen Festung und Stadt belagert und nach neuntägigem schwersten Bombardement dann im Sturme genommen. Aber dem Feinde gelang es, durch Herbeischaffen von schweren Steilfeuergeschützen, durch Herstellung von Sappen für einen Infanterieangriff und andere Maßnahmen den Tag herbeizuführen, an dem der Gouverneur Kapitän zur See Meyer-Waldeck mit seiner ganzen Besatzung kapitulieren mußte.

Ein kraftvoll durchgeführter Ausfall wurde wenige Tage vor der Übergabe unternommen und den Belagerern erhebliche Verluste zugefügt, wie diese sie auch bei allen vorhergegangenen Sturmangriffen erlitten hatten. 23 000 Japaner und 1400 weiße und farbige Engländer hatten dem kleinen Häuflein Deutscher gegenübergestanden, und während bei uns 176 Tote und 600 Verwundete waren, soll der Gesamtverlust des Gegners sich auf 2500 Mann belaufen haben. Geschaffen und entstanden durch die Stellung unserer Flottenmacht, war es auch in der Hauptsache der Marine am Lande vergönnt, bis zum letzten Augenblick einzutreten und zu kämpfen für diesen Teil des neuen Deutschland zur See.

Daß die Kolonie in Feindeshand fallen konnte, ist nur der Mitwirkung Japans zuzuschreiben. Man darf behaupten, daß die Engländer, Franzosen und Russen allein diesen Erfolg nicht hätten erringen können. Freilich haben die Japaner beträchtliche Verluste an ihrem Flottenmaterial zu verzeichnen. Am 4. September war der Torpedobootszerstörer „Shirotaye" vor der Kiautschoubucht gestrandet. Am 17. Oktober durchbrach S. M. Torpedoboot „S 90" die feindliche Blockadelinie, versenkte den japanischen Kreuzer „Takatschio", wurde dann aber, nachdem die Besatzung geborgen, auf Strand gesetzt und in die Luft gesprengt.

Als der Feind endlich in Tsingtau eindringen konnte, fand er nur zerstörte Forts und vernichtete militärische Anlagen vor. Die im Hafen lagernden Kanonenboote „Iltis", „Luchs", „Tiger", „Jaguar", „Cormoran", das Torpedoboot „Taku", der österreichisch-ungarische Kreuzer „Kaiserin Elisabeth" und das große Schwimmdock waren vorher gesprengt worden. Am 11. November geriet noch das japanische Torpedoboot „N 33" in der Kiautschoubucht auf eine Mine und ging verloren. —

VII.

In den heimischen Gewässern hatten nach dem Seegefechte bei Helgoland am 28. August die Hochseeflotten kaum Gelegenheit gehabt, sich zu betätigen. In England begnügte man sich ersichtlich mit der Wirkung einer Fleet in being, das heißt mit der Wirkung, die aus dem bloßen Bereitsein einer starken Flotte hervorgeht, und wollte unter keinen Umständen so viele Streitkräfte aufs Spiel setzen, daß nach Beendigung des Krieges eine andere Flotte, etwa die der Vereinigten Staaten, der englischen überlegen wäre. Nur unter dem Drucke der öffentlichen Meinung würde man, das war die Ansicht der Marinesachverständigen, einen Kampf mit der gesamten deutschen Flotte suchen, und auch dann nur im Bereiche der englischen Küste, deren Hilfsmittel die Erfolgsaussichten des deutschen Gegners noch weiter vermindern würden. Eine Entscheidungsschlacht in der deutschen Bucht aber, mit ihren Inseln und Schlupfwinkeln und vor allem mit ihrem starken Bollwerk Helgoland, suchte man auf alle Fälle zu vermeiden.

Um so unverschämter und großmäuliger war angesichts dieser Erscheinung die Äußerung des englischen Flottenministers Winston Churchill, der sagte, daß die Engländer die deutsche Flotte „ausgraben würden wie eine Ratte aus ihrem Loche!" Für unsere Hochseeflotte war es eine harte Nervenanspannung, Tag für Tag auf eine Gelegenheit zur Betätigung warten zu müssen, während täglich die großen Erfolge der Schwesterwaffe das ganze Erdenrund erfüllten. Erst die Seeschlacht vor dem Skagerrak hat die sehnsüchtigen Wünsche der deutschen Hochseeflotte in Erfüllung gebracht!

Inzwischen legte England große Minenfelder an seinen Küsten aus, die oft genug der neutralen Schiffahrt verhängnisvoll geworden sind und vielleicht auch das eine oder das andere Schiff der eigenen Flotte vernichtet haben.

Am 3. November wurde England auf das peinlichste durch die Tatsache überrascht, daß deutsche Kreuzer einen Vorstoß nach der englischen Küste unternahmen, plötzlich vor Yarmouth erschienen und die dortigen Küstenwerke eine Zeitlang mit gutem Erfolge beschießen konnten, ohne selbst irgendwie beschädigt zu werden. Einige englische Vorpostenfahrzeuge waren sofort vertrieben worden. Auf der Rückfahrt versuchte das englische Unterseeboot „D 5" unseren Kreuzern zu folgen, geriet aber auf eine deutsche Mine und versank in den Fluten, ebenso wie zwei englische Minensucher, die sich dem Tauchboote angeschlossen hatten.

In die Freude über diesen Angriff auf den Boden Albions mischte sich leider die Kunde über den Unfall des deutschen Panzer kreuzers „York", der tags darauf bei der Einfahrt in die Jade bei dichtem Nebel auf eine Mine lief und mit 382 Mann in die Tiefe versank.

Daß das englische Kanonenboot „Niger" am 12. November auf der Reede von Deal, wo es verankert lag, durch ein deutsches Unterseeboot am hellichten Tag angesichts der englischen Küstenbatterien versenkt werden konnte, erregte um so mehr Erstaunen, als vor Deal ein ungeheures Minenfeld ausgelegt war. Die nervöse Stimmung in England wurde durch die Explosion des Linienschiffs „Bulwark" am 26. November im Kriegshafen von Chatham-Sheerneß, wobei 700 Mann umkamen, noch gesteigert, sie erreichte aber einen bedenklichen Grad, als am 16. Dezember deutsche Kreuzer abermals einen Vorstoß auf die englische Küste unternahmen, der diesmal in der Beschießung der befestigten Küstenplätze Hartlepool, Whitby und Scarborough gipfelte. Wiederum hatten unsere Schiffe die ganze Nordsee durchquert, ohne den Gegner anzutreffen. Die wildesten Gerüchte durcheilten England — ein Beweis, welche Aufregung dieser Vorstoß erregt hatte. Ganz unerwartet konnte er übrigens nicht gekommen sein. An der englischen Ostküste wurden seit Anfang Dezember ausgedehnte Vorbereitungen gegen einen deutschen Angriff getroffen. Jedes Dorf hatte einen Ausschuß gebildet, der sich mit den zu ergreifenden Maßnahmen beschäftigen sollte, um die Folgen eines deutschen Einfalles abzuschwächen und die Zivilbevölkerung zu schützen. Man glaube zwar nicht, so hieß es, daß eine Landung der Deutschen an dieser Stelle möglich sei, halte es jedoch für gut, für alle Fälle vorbereitet zu sein.

Der englische Kriegsminister teilte über den Angriff folgendes amtlich mit: „Es waren offenbar zwei Schlachtschiffe und ein Panzerkreuzer, die bei Hartlepool in Sicht kamen. Sie begannen um 8 Uhr früh die Beschießung. Um 8 Uhr 15 Minuten kam ein Bericht von der Küstenbatterie, daß feindliche Schiffe getroffen und beschädigt worden waren. Diese dampften um 8 Uhr 50 Minuten weg. Kein britisches Geschütz ist getroffen worden. Eine Granate fiel in die Reihen einer Abteilung von Genietruppen, einige andere fielen in die Reihen des 18. Bataillons der leichten Durhamer Infanterie. Die Verluste der Truppen betragen 7 Tote und 14 Verwundete. Die Stadt erlitt einigen Schaden. Die Gasfabrik wurde in Brand geschossen. Von der Bevölkerung, die sich auf den Straßen drängte, wurden ungefähr 22 Personen getötet und 50 verwundet. Gleichzeitig erschienen ein Schlachtschiff und ein Panzerkreuzer vor Scarborough. Sie lösten 50 Schüsse, die beträchtlichen Schaden anrichteten. In Scarborough gab es 13 Tote. Nirgends ist eine Panik entstanden. Die Haltung der Bevölkerung war so gut, als man nur wünschen konnte." Tatsächlich ist der Verlust ein ganz gewaltig stärkerer gewesen, mehrere Hunderte Personen sind getötet und verwundet worden.

Dementsprechend berichtete die englische Presse, daß die Beschießung von Scarborough bei vielen den bereits gefaßten Plan zur Ausführung gebracht habe, sich bei einem Einfall in Sicherheit zu bringen. Die Bahnzüge von Scarborough hatten viel mehr Passagiere als gewöhnlich. Ein Augenzeuge erzählte einem Berichterstatter, daß in Scarborough Tausende aus den Häusern auf die Straßen strömten und nach der Eisenbahnstation und in der Richtung der Hauptstraßen nach dem Innern des Landes zogen. Die wenigsten hatten irgend etwas bei sich. Die meisten verließen den Zug in York. Vom Zug aus konnte man den ganzen Auszug der Menschen auf der Hauptstraße wahrnehmen, die nach dem Innern des Landes zogen, mit Kindern auf Karren und allen möglichen anderen Fahrzeugen.

Es konnte natürlich nicht ausbleiben, daß die Engländer die Beschießung der drei englischen Küstenplätze als völkerrechtswidrig hinstellten. Den Deutschen wurde vorgeworfen, daß sie offene Plätze ohne vorherige Ankündigung beschossen und dadurch den Tod zahlreicher Zivilpersonen herbeigeführt hätten. Dazu wurde deutscherseits amtlich ausgeführt: „Zunächst unterliegt es keinem Zweifel, daß wir bei der Beschießung durch Seestreitkräfte an völkerrechtliche Vertragsbestimmungen nicht gebunden sind. Gleichwohl haben sich die deutschen Seestreitkräfte streng an die Bestimmungen des Haager Abkommens gehalten. Nach Artikel 1, 2 unterliegen der Beschießung alle verteidigten Plätze sowie alle militärisch verwendbaren Einrichtungen in unverteidigten Plätzen. Diese Voraussetzungen treffen bei den von unseren Seestreitkräften beschossenen englischen Küstenplätzen zu. Hartlepool gehört nach der amtlichen britischen monthly army list zu den „coast defences", den Küstenbefestigungen, die in Friedens- und Kriegszeiten von britischen Landstreitkräften besetzt sind; diese haben auch die an=

greifenden deutschen Schiffe aus ihren Batterien beschossen. Scarborough ist zwar nicht in der britischen Armeeliste ausdrücklich als befestigter Küstenplatz verzeichnet; doch befindet sich hart am Nordrande der Stadt eine durch einen Drahtverhau geschützte, von der See aus deutlich erkennbare Schanze mit einer nach der See gerichteten Batterie von sechs 15-Zentimeter-Schnelladekanonen, ferner auf Scarborough Rock eine Kasernenanlage und am Südrande der Stadt eine amtlich verzeichnete Funkenstation. Whitby hat eine Küstenwacht- und Signalstation, die in Krieg und Frieden von der britischen Marine bedient wird; die deutschen Seestreitkräfte haben nur auf diese Station geschossen, wie dies auch britischerseits zugegeben wird. Daß die im Artikel 2 Abs. 1, Artikel 6 des Haager Abkommens vorgesehenen Ankündigungen der Beschießung ohne Gefährdung des Erfolges nicht ergehen konnten und daher auch nach den angeführten Bestimmungen nicht zu ergehen brauchten, ergibt sich ohne weiteres aus der militärischen Sachlage. So bedauerlich es ist, daß den Angriffen der deutschen Schiffe auch Zivilpersonen zum Opfer gefallen sind, so nachdrücklich muß betont werden, daß diese Angriffe sich durchaus in den Grenzen der völkerrechtlich erlaubten Kriegführung gehalten haben."

Als Gegenstoß setzte die englische Admiralität am ersten Weihnachtstage einen Vorstoß auf die deutschen Nordseeflußmündungen an. Unter dem Schutze von Kreuzern und Zerstörern wurden einige Wasserflugzeug-Mutterschiffe bis nach Helgoland geleitet, und von hier aus stiegen in der Frühe des 25. Dezember neun Flugzeuge auf, um auf die Marineanlagen von Cuxhaven, die Luftschiffhallen und Schiffe Bomben abzuwerfen. Aber ein kombinierter Gegenangriff von zwei Zeppelinen, Marinefliegern, Torpedo- und Unterseebooten schlug die Briten zurück, die dabei sechs Flugzeuge verloren.

Als ein furchtbarer Schlag wurde der in der Silvesternacht 1914 erfolgende Verlust des englischen Linienschiffes „Formidable" empfunden, das durch das Unterseeboot „U 24" versenkt wurde. Vierzehn Tage später mußte die englische Admiralität erklären, daß sie den Hilfskreuzer „Viknor" als verloren betrachte.

In der Nacht vom 19. zum 20. Januar 1915 erfolgte der erste Angriff deutscher Marineluftschiffe auf Yarmouth, Cromer, Sherringham und Kings Lynn.

Welchen Eindruck dieser Luftschiffangriff in England machte, zeigen die Berichte der holländischen Presse: In London, so schrieb der „Rotterdamsche Courant", hatten die Leute allmählich den Glauben verloren, daß wirklich die „Zeppeline" kommen würden, aber nun sind sie doch hier gewesen und haben Bomben geworfen. Die Nacht war dunkel und still. Die Leute erzählen, daß, während Yarmouth von Explosionen erzitterte, niemand ein Luftschiff sehen konnte. In London wurden die Vorsichtsmaßregeln sofort verdoppelt. Die Hilfsschutzleute wurden aufgeboten, aber kein Luftschiff erschien, obwohl der „Daily Telegraph" versichert, daß eins an demselben Abend über Gravesend gesehen wurde. Zwei Luftschiffe fuhren gegen 8 Uhr 30 Minuten über Cromer. Sobald die Behörden Bericht erhalten hatten, daß Luftschiffe über Yarmouth flogen, ordneten sie an, daß alle Lichter ausgelöscht werden sollten, so daß die ganze Stadt im Dunkel lag. Die Luftschiffe flogen, wie es schien, rund um die Stadt und verschwanden, ohne in Cromer Bomben abzuwerfen. Um 8 Uhr 45 Minuten flog ein Luftschiff über Sherringham. Es beschrieb einen Bogen um die Kirche und war sichtbar geworden, als es eine Bombe abwarf. Diese traf ein Haus und schlug durch das Dach bis ins Erdgeschoß durch, ohne zu explodieren. Die Luftschiffe verschwanden, nachdem sie die Bomben abgeworfen hatten, seewärts. In Runton wurde ein „Zeppelin" von fast der ganzen Bevölkerung deutlich gesehen, die bei dem Geräusche der Motoren auf die Straßen lief. Es heißt, daß das Luftschiff in einer Höhe von 2600 Fuß flog. —

Unter Befehl des Kontreadmirals Hipper, des Befehlshabers der Aufklärungsschiffe der Hochseeflotte, hatten die drei Groß-Panzerkreuzer „Seydlitz", „Derfflinger" und „Moltke", nebst dem Panzerkreuzer „Blücher", sowie vier kleine Kreuzer und zwei Torpedobootsflotillen von einundzwanzig Torpedobooten am Abend des 23. Januar die heimischen Häfen verlassen und steuerten nachts mit Nordnordwestkurs auf die Doggerbank in der Mitte der Nordsee zu, den Hauptsammelplatz von Fischern. Dort stießen sie bei nebligem Wetter um 9 Uhr vormittags, etwa 120 Seemeilen von Helgoland entfernt, auf ein Geschwader von fünf englischen Schlachtkreuzern, mehreren kleinen Kreuzern und sechsundzwanzig Torpedobootszerstörern unter der Führung des Vizeadmirals Beatty.

Die Schlachtkreuzer waren die Dreadnought-Panzerkreuzer „Lion", „Tiger" und „Prinzeß Royal" von je 30 000 Tonnen Gehalt sowie die 20 000 Tonnen großen Panzerkreuzer „Indomitable" und „New-Zealand". Sowohl an Größe und Geschwindigkeit waren die Panzerkreuzer und Zerstörer unseren gleichartigen Streitkräften überlegen, vor allem war dies aber mit der Bewaffnung der Fall. Den 24 34,3-cm- und 16 30,5-cm-Geschützen der Engländer befanden sich nur 8 30,5-cm- sowie 18 28-cm- und 12 21-cm-Geschütze auf unserer Seite gegenüber, deren Übergewicht in keiner Weise durch die größere Zahl mittlerer Geschütze, 12 15-cm-Kanonen bei den Engländern gegenüber 44 auf unserer Seite, ausgeglichen werden konnte. Die englischen Schiffe liefen 2 bis 5 Knoten mehr als der „Blücher", der im Jahre 1908 vom Stapel gelaufen war. Damit war an Zahl und Kampfkraft auf englischer Seite eine große Übermacht vorhanden, abgesehen von dem in weiterer Entfernung befindlichen Linienschiffsgeschwader.

Infolgedessen machte Admiral Hipper mit seiner ganzen Streitmacht kehrt und schwenkte mit seinen in Kiellinie dampfenden Panzerschiffen auf Südwestkurs, um den Gegner in die Nähe der eigenen Küste mit ihren Hilfsmitteln von Unterseebooten und Minen heranzuziehen. Die Kleinen Kreuzer ließ er nebst den Torpedobootsflotillen an Steuerbord aufdampfen und vor seiner Linie Stellung nehmen. Admiral Beatty ging mit seinen Schlachtkreuzern unter Volldampf auf parallelen Kurs und zog seine leichten Kreuzer mit den Zerstörern ebenfalls seitlich zurück. So entwickelte sich bald ein laufendes Gefecht zwischen den beiden Kiellinien der großen Panzerkreuzer.

Die Engländer eröffneten das Feuer zuerst und hatten sich bald auf das deutsche Schlußschiff, den Panzerkreuzer „Blücher", eingeschossen. Nach einiger Zeit antworteten unsere Schiffe auf eine Entfernung von 16 bis 18 Kilometern. Während ein englischer Treffer eines schweren Geschützes an dem starken Panzer unseres „Derfflinger" erfolglos abprallte, fügte ein gleicher Treffer dem Flaggschiff „Seydlitz" Mannschaftsverluste zu. Das Schiff blieb jedoch vollständig gefechtsfähig.

Dem schwächeren „Blücher" wurde dagegen ernstlicher zugesetzt. Ein Schuß in die Maschinen machte das große Schiff bald manövrierunfähig, das außerdem starke Schlagseite bekam, seitwärts ausscher und zurückblieb. „Blücher" kämpfte nach Möglichkeit hartnäckig weiter, war aber bald von vielen Zerstörern umgeben, die er sich noch längere Zeit vom Leibe zu halten wußte und von denen zwei durch sein Feuer vernichtet wurden. Schließlich wurde er von zwei Torpedoschüssen getroffen und sank mit seiner Besatzung. Von seinen 550 Mann wurden etwa 300 gerettet und gefangen genommen, unter ihnen der Kommandant, Kapitän zur See Erdmann, der einige Wochen später in der Gefangenschaft verstarb.

Aber auch den englischen Schiffen wurde hart zugesetzt. Der Schlachtkreuzer „Lion" wurde bewegungsunfähig geschossen und mußte aus der Linie ausscheiden. Admiral Beatty leitete dann von der „Prinzeß Royal" die Schlacht weiter. Der „Lion" wurde von dem „Indomitable" in einen Hafen geschleppt. Auch der „Tiger" hatte hart unter dem deutschen Feuer zu leiden. Die englische Admiralität behauptete, daß die Beschädigungen nicht ernstlich gewesen seien und daß das Schiff binnen kurzem wiederhergestellt sein werde. Dagegen steht fest, daß ein Torpedo dem „Tiger" durch zwei wohlgezielte Torpedoschüsse den Rest gegeben hat: Unser Kreuzer „Moltke" und ein Luftschiff haben das Sinken des großen Schiffes genau beobachtet. Die englischen amtlichen Berichte behaupten dagegen, daß alle britischen Kriegsschiffe, die an der Seeschlacht teilgenommen haben, zurückgekehrt wären. Der Kreuzer „Lion" und der Zerstörer „Meteor" seien beschädigt. Die englischen Verluste hätten 23 Tote und 29 Verwundete betragen.

Tatsächlich sind — abgesehen von dem untergegangenen „Tiger" — zwei Schlachtkreuzer und zwei kleine Kreuzer beschädigt und drei Zerstörer verloren gegangen, während die deutschen Verluste den „Blücher", die Beschädigung des „Seydlitz" und eines kleinen Kreuzers betragen, ein Ergebnis, welches angesichts der unbestrittenen zahlenmäßigen Überlegenheit des englischen Geschwaders doppelt erfreulich war.

VIII.

Mit Ende Januar 1915 beginnt ein neuer bedeutsamer Abschnitt in der deutschen Seekriegführung: der systematische Unterseebootkrieg.

Das deutsche Unterseeboot „U 21", Kapitänleutnant Hersing, hatte vor Liverpool, über 1000 Seemeilen vom heimischen Stützpunkt, an einem Tage drei englische Dampfer versenkt. Das Reutersche Bureau meldete darauf am 31. Januar: „Das deutsche Unterseeboot 21 hat gestern früh den Küstendampfer „Ben Cruachen" aus North Shields durch Torpedoschuß versenkt. Der Kommandant ließ der 21 Mann starken Besatzung 10 Minuten Zeit, um in die Boote zu gehen. Die Leute wurden später von einem Fischerboot aufgenommen und in Fleetwood an der Irischen See gelandet. Dasselbe Tauchboot fing gegen Mittag den Dampfer „Linda Blanche", der sich auf der Fahrt von Manchester nach Belfast befand, genau westlich von Liverpool ab. Die aus 10 Mann bestehende Besatzung erfuhr die gleiche Behandlung wie die des „Ben Cruachen". Ein gestern abend in Liverpool eingetroffener Dampfer berichtet, er habe beobachtet, wie das Unterseeboot noch einen dritten Dampfer vernichtete."

Diese Heldentat erregte nicht nur in England, sondern namentlich auch in Frankreich das unliebsamste Aufsehen. Die Presse tröstete das Publikum mit dem Hinweise, daß nur wenige Unterseeboote eine derartige Leistung vollbringen könnten, welche von der Besatzung große Kühnheit und von dem Boote große Leistungsfähigkeit verlange. Gustave Hervé erklärte in der „Guerre Sociale": Die Deutschen sind stark, sie besitzen Initiative und Kühnheit und könnten sogar uns Verbündeten davon abgeben. Sie hätten seit Kriegsbeginn in allen Dingen die Initiative ergriffen: die Verbündeten müßten sie jetzt nachahmen. Die Deutschen hätten sogar England, der Beherrscherin des Meeres, Lehren gegeben. „Figaro" schrieb: Das Auftauchen deutscher Unterseeboote in der Irischen See ist ein Anzeichen, daß die Ausführung des Programms beginnt. Wir werden sehen, wieweit es ausgeführt werden kann. Die „Liberté" fragte: Kann die Irische See nicht besser bewacht werden? Konnten die französischen Torpedoboote bei Havre nicht schneller zur Stelle sein? Man muß einen Überwachungsdienst einrichten, welcher unsere Küsten von den abscheulichen Räubern säubert. Ihnen gegenüber sind alle Mittel gut und alle Repressalien berechtigt. Das „Echo de Paris" erkannte die Kühnheit der Unterseeboote an, welche auf geheimnisvollem Wege bis in die Irische See gelangten, glaubte aber, daß solche Fahrten nur von besonderen Booten und

Mannschaften ausgeführt werden können. — Die englische Admiralität veröffentlichte ein Entrüstungs-Kommuniqué gegen die deutsche Seekriegführung, in dem es hieß, daß die deutsche Flotte offenbar entschlossen sei, das Völkerrecht bewußt und systematisch zu verletzen. — Dagegen hatte die „Daily Chronicle" die Unparteilichkeit zu schreiben: „Daß der deutsche Unterseebootdienst ebenso wagemutig wie tüchtig ist, braucht nicht erst bewiesen zu werden, man kann es überall von britischen Seeoffizieren hören. Es ist um so angenehmer das zu sagen, als die Offiziere und Mannschaften der deutschen Unterseeboote stets vornehm und sportsmännisch vorgegangen sind."

In ihrer Verlegenheit fanden die Engländer kein anderes Mittel, als die Anweisung, daß die englischen Handelsschiffe neutrale Flaggen hissen und sich durch Aufstellen von Geschützen und Maschinengewehren sowie durch Rammen gegen die deutschen Unterseeboote schützen sollten. Es verlohnt, den lahmen Rechtfertigungsversuch niedrig zu hängen, den die Briten für ihr völkerrechts- und seekriegsrechtswidriges Verhalten aufzubringen versuchen. Der Flottenkorrespondent der „Times" schrieb: Über den Gebrauch der neutralen Flagge durch Handelsschiffe wird viel Unsinn geschrieben. Es bestand keine Notwendigkeit für die Admiralität, eine Order darüber auszugeben, und ich glaube nicht, daß sie ausgegeben worden ist. Unter gewöhnlichen Umständen hat ein Kauffahrer kein Recht, die neutrale Flagge zu benutzen, aber Seegewohnheit und viele Präzedenzfälle lassen dies zu, wenn er versucht, dem Feinde zu entgehen. Jede Nation, die eine Handelsmarine von einiger Bedeutung besaß, wird Beispiele dafür in ihrer Geschichte finden. England selbst erkannte dieses Recht vor einigen Jahren an, als es selbst neutral war, und informierte dementsprechend seine Vertreter im Auslande. Wenn unsere Handelsschiffe die neutrale Flagge benutzen, um der Aufmerksamkeit eines feindlichen Tauchbootes zu entgehen, so haben sie das Recht auf ihrer Seite!"

Die deutsche Admiralität erließ demgegenüber folgende epochemachende Erklärung:

1. **Die Gewässer ringsum Großbritannien und Irland** einschließlich des gesamten englischen Kanals werden hiermit als Kriegsgebiet erklärt. Vom

18. Februar 1915 an wird jedes in diesem Kriegsgebiet angetroffene Kauffahrteischiff zerstört werden, ohne daß es immer möglich sein wird, die dabei der Besatzung und den Passagieren drohenden Gefahren abzuwenden.

2. Auch neutrale Schiffe laufen im Kriegsgebiet Gefahr, da es angesichts des von der britischen Regierung am 31. Januar angeordneten Mißbrauchs neutraler Flaggen und der Zufälligkeiten des Seekrieges nicht immer vermieden werden kann, daß die auf feindliche Schiffe berechneten Angriffe auch neutrale Schiffe treffen.

3. Die Schiffahrt nördlich um die Shetlandinseln, in dem östlichen Gebiete der Nordsee und in einem Streifen von mindestens 30 Seemeilen Breite entlang der niederländischen Küste ist nicht gefährdet.

Zur Erläuterung dieser Bekanntmachung wurde den Verbündeten, den neutralen und den feindlichen Mächten die nachstehende Denkschrift über Gegenmaßnahmen gegen die völkerrechtswidrigen Maßnahmen Englands zur Unterbindung des neutralen Seehandels mit Deutschland mitgeteilt:

„Seit Beginn des gegenwärtigen Krieges führt Großbritannien gegen Deutschland den Handelskrieg in einer Weise, die allen völkerrechtlichen Grundsätzen hohnspricht. Wohl hat die britische Regierung in mehreren Verordnungen die Londoner Seekriegsrechts-Erklärung als für ihre Seestreitkräfte maßgebend bezeichnet; in Wirklichkeit hat sie sich aber von dieser Erklärung in den wesentlichen Punkten losgesagt, obwohl ihre eigenen Bevollmächtigten auf der Londoner Seekriegsrechts-Konferenz deren Beschlüsse als geltendes Völkerrecht anerkannt hatten. Die britische Regierung hat eine Reihe von Gegenständen auf die Liste der Konterbande gesetzt, die nicht oder doch nur sehr mittelbar für kriegerische Zwecke verwendbar sind und daher nach der Londoner Erklärung wie nach allgemein anerkannten Regeln des Völkerrechts überhaupt nicht als Konterbande bezeichnet werden dürfen. Sie hat ferner den Unterschied zwischen absoluter und relativer Konterbande tatsächlich beseitigt, indem sie alle für Deutschland bestimmten Gegen=

stände relativer Konterbande ohne Rücksicht auf den Hafen, in dem sie ausgeladen werden sollen, und ohne Rücksicht auf ihre feindliche oder friedliche Verwendung der Wegnahme unterwirft. Sie scheut sich sogar nicht, die Pariser Seerechtsdeklaration zu verletzen, da ihre Seestreitkräfte von neutralen Schiffen deutsches Eigentum, das nicht Konterbande war, weggenommen haben. Über ihre eigenen Verordnungen zur Londoner Erklärung hinausgehend hat sie weiter durch ihre Seestreitkräfte zahlreiche wehrfähige Deutsche von neutralen Schiffen wegführen lassen und sie zu Kriegsgefangenen gemacht. Endlich hat sie die ganze Nordsee zum Kriegsschauplatz erklärt und der neutralen Schiffahrt die Durchfahrt durch das offene Meer zwischen Schottland und Norwegen wenn nicht unmöglich gemacht, so doch aufs äußerste erschwert und gefährdet, so daß sie gewissermaßen eine Blockade neutraler Küsten und neutraler Häfen gegen alles Völkerrecht eingeführt hat. Alle diese Maßnahmen verfolgen offensichtlich den Zweck, durch die völkerrechtswidrige Lahmlegung des legitimen neutralen Handels nicht nur die Kriegführung, sondern auch die Volkswirtschaft Deutschlands zu treffen und letzten Endes auf dem Wege der Aushungerung das ganze deutsche Volk der Vernichtung preiszugeben.

Die neutralen Mächte haben sich den Maßnahmen der britischen Regierung im großen und ganzen gefügt; insbesondere haben sie es nicht erreicht, daß die von ihren Schiffen völkerrechtswidrig weggenommenen deutschen Personen und Güter von der britischen Regierung herausgegeben worden sind. Auch haben sie sich in gewisser Richtung sogar den mit der Freiheit der Meere unvereinbaren englischen Maßnahmen angeschlossen, indem sie offenbar unter dem Druck Englands die für friedliche Zwecke bestimmte Durchfuhr nach Deutschland auch ihrerseits durch Ausfuhr= und Durchfuhrverbote verhindern. Vergebens hat die deutsche Regierung die neutralen Mächte darauf aufmerksam gemacht, daß sie sich die Frage vorlegen müsse, ob sie an den von ihr bisher streng beobachteten Bestimmungen der Londoner Erklärung noch länger festhalten könne, wenn Großbritannien das von ihm eingeschlagene Verfahren fortsetzen und die neutralen Mächte alle diese Neutralitätsverletzungen zuungunsten Deutschlands länger hinnehmen würden. Großbritannien beruft sich für seine völkerrechtswidrigen Maßnahmen auf die Lebensinteressen, die für das Britische

Reich auf dem Spiele stehen, und die neutralen Mächte scheinen sich mit theoretischen Protesten abzufinden, also tatsächlich Lebensinteressen von Kriegführenden als hinreichende Entschuldigung für jede Art von Kriegführung gelten zu lassen.

Solche Lebensinteressen muß nunmehr auch Deutschland für sich anrufen. Es sieht sich daher zu seinem Bedauern zu militärischen Maßnahmen gegen England gezwungen, die das englische Verfahren vergelten sollen. Wie England das Gebiet zwischen Schottland und Norwegen als Kriegsschauplätze bezeichnet hat, so bezeichnet Deutschland die Gewässer ringsum Großbritannien und Irland mit Einschluß des gesamten englischen Kanals als Kriegsschauplatz und wird mit allen ihm zu Gebote stehenden Kriegsmitteln der feindlichen Schiffahrt daselbst entgegentreten. Zu diesem Zwecke wird es vom 18. Februar 1915 an jedes feindliche Kauffahrteischiff, das sich auf den Kriegsschauplatz begibt, zu zerstören suchen, ohne daß es immer möglich sein wird, die dabei den Personen und Gütern drohenden Gefahren abzuwenden. Die Neutralen werden daher gewarnt, solchen Schiffen weiterhin Mannschaften, Passagiere und Waren anzuvertrauen. Sodann aber werden sie darauf aufmerksam gemacht, daß es sich auch für ihre eigenen Schiffe dringend empfiehlt, das Einlaufen in dieses Gebiet zu vermeiden. Denn wenn auch die deutschen Seestreitkräfte Anweisung haben, Gewalttätigkeiten gegen neutrale Schiffe, soweit sie als solche erkennbar sind, zu unterlassen, so kann es doch angesichts des von der britischen Regierung angeordneten Mißbrauchs neutraler Flaggen und der Zufälligkeiten des Krieges nicht immer verhütet werden, daß auch sie einem auf feindliche Schiffe berechneten Angriffe zum Opfer fallen. Dabei wird ausdrücklich bemerkt, daß die Schiffahrt nördlich um die Shetlandinseln, in dem östlichen Gebiete der Nordsee und in einem Streifen von mindestens 30 Seemeilen Breite entlang der niederländischen Küste nicht gefährdet ist.

Die deutsche Regierung kündigt diese Maßnahme so rechtzeitig an, daß die feindlichen wie die neutralen Schiffe Zeit behalten, ihre Dispositionen wegen Anlaufens der am Kriegsschauplatze liegenden Häfen danach einzurichten. Sie darf erwarten, daß die neutralen Mächte die Lebensinteressen Deutschlands nicht weniger als die Englands berücksichtigen und dazu beitragen werden, ihre Angehörigen und deren Eigentum vom Kriegsschauplatze fernzuhalten. Dies darf um so mehr erwartet werden, als den neutralen Mächten auch daran liegen muß, den gegenwärtigen verheerenden Krieg so bald als möglich beendigt zu sehen."

Dieser Ankündigung folgte alsbald eine weitere Bekanntmachung folgenden Inhalts: „England ist im Begriffe, zahlreiche Truppen und große Mengen von Kriegsbedarf nach Frankreich zu verschiffen. Gegen diese Transporte wird mit allen zu Gebote stehenden Kriegsmitteln vorgegangen.

Die friedliche Schiffahrt wird vor der Annäherung an die französische Nord- und Westküste dringend gewarnt, da ihr bei Verwechslung mit Schiffen, die Kriegszwecken dienen, ernste Gefahr droht.

Dem Handel nach der Nordsee wird der Weg um Schottland empfohlen."

Das Vorgehen Deutschlands erregte überall in der Welt ungeheures Aufsehen. Man war sich allseitig darüber im klaren, daß Deutschland über die nötigen Machtmittel verfüge, um seine Drohung auszuführen, und ferner darüber, daß Deutschland keinen Augenblick anstehen werde, seine Ankündigung in die Tat umzusetzen. Insbesondere die Neutralen erwarteten lebhaft die Folgerungen des U=Bootkrieges für ihre Schiffahrt und ihren Handel mit England.

In einem Leitartikel der „Kopenhagener Politiken" hieß es: „Deutschlands Blockadeerklärung weckt überall in der Welt das größte Aufsehen. Während die englische Presse meint, daß Deutschland außerstande sei, der Handelsschiffahrt erheblichen Schaden zuzufügen und die Blockade effektiv zu gestalten, machen sich andererseits Auffassungen im entgegengesetzten Sinne geltend. Es ist anzunehmen, daß die deutsche Regierung nicht derartige Drohungen aussprechen würde, wenn sie nicht imstande wäre, sie auch durchzuführen, da sie anderenfalls schließlich auf Deutschland zurückfallen und das deutsche Ansehen schädigen würden. Für einen verzweifelten Akt der deutschen Regierung, von dem die englische Presse spricht, liegen in keiner Weise Anzeichen vor. Es ist nicht ausgeschlossen, daß Deutschland eine andere Überraschung in Aussicht genommen hat, die am 18. Februar prompt ausgeführt wird. Übrigens enthält das deutsche Aktenstück keinerlei Bedrohung

Dänemarks oder anderer neutraler Staaten, sondern nur gewisse Klagen über ihre Haltung gegenüber England, außerdem einen freundschaftlichen Hinweis auf den Schaden, der ihnen in der Gefahrzone erwachsen könnte. Ganz gewiß sind derartige Schädigungen möglich, und die Neutralen sind darauf vorbereitet, daß derartige Fehlgriffe geschehen können. Deshalb ist es nötig, daß die Neutralen Vorbereitungen treffen, um den Gefahren zu begegnen. Es wäre darum eine Konferenz sämtlicher nordischer Reeder erwünscht, um die Möglichkeiten eines gemeinsamen Auftretens zu erwägen. Bei der Unsicherheit, was eigentlich nach dem 18. Februar geschehen wird, ist es natürlich schwierig, Vorbereitungen zu treffen. Aber während die Engländer geneigt zu sein scheinen, die Sache auf die leichte Achsel zu nehmen, und die amerikanischen Blätter rasen, sollten wir Dänen ruhig und besonnen die Entwicklung der Dinge beobachten und den 18. Februar abwarten ohne übertriebene Angst, doch wohl darauf vorbereitet, daß dann Ereignisse eintreten können, die niemand vorausgesehen hat."

In ihren Besprechungen gaben die norwegischen Zeitungen „Morgenbladet", „Aftenposten" und „Norges og Sjoefartstidende" übereinstimmend der Überzeugung Ausdruck, daß die deutschen Unterseeboote keine Schiffe mit neutraler Flagge versenken werden, ohne ihre Neutralität näher untersucht zu haben, da dies eine grobe Verletzung des Völkerrechts darstellen würde.

Vertreter dänischer Exporteure nahmen zur Frage des Exportes nach England nach dem 18. Februar Stellung. Der neutrale Handel sei durch die Bekanntmachung gezwungen, seine Fahrten nach dem 12. Februar einzustellen, falls er nicht Gefahr laufen wolle, seine Schiffe durch deutsche Unterseeboote und sonstige Kampfmittel zerstört zu sehen. In Exporteurkreisen herrsche große Aufregung, da Dänemarks Handel mit England sehr bedeutend sei. Die Blätter bestritten aber nicht die Berechtigung der deutschen Maßregel.

Das englische Auswärtige Amt versuchte eine Rechtfertigung des Flaggenschwindels durch eine lendenlahme Erklärung, in der folgendes ausgeführt wurde:

„Die Benutzung einer neutralen Flagge ist als Kriegslist mit gewissen Beschränkungen in der Praxis wohl begründet. Wenn Kauffahrer eine andere als ihre nationale Flagge führen, so ist ihr einziger

Zweck, den Feind zu zwingen, daß er der allgemeinen Verpflichtung des Seekrieges nachkomme und sich von der Nationalität des Fahrzeuges und dem Charakter seiner Ladung durch eine Untersuchung überzeuge, ehe er es beschlagnahmt und vor ein Prisengericht bringt. Die englische Regierung hat die Benutzung der britischen Flagge beim Feinde stets als ein berechtigtes Mittel zu dem Zweck angesehen, der Erbeutung zu entrinnen. Eine solche Praxis enthält nicht nur keinen Bruch des Völkerrechts, sondern ist durch das britische Recht speziell anerkannt. — Der britische Merchant Shipping Act von 1894 Abschnitt 69 lautet: Wenn jemand die britische Flagge benutzt und sich den Charakter eines Angehörigen der britischen Nation beimißt an Bord eines Schiffes, das als ganzes oder zu Teilen Personen gehört, denen die Eignung fehlt, ein britisches Schiff zu besitzen, und dadurch den Anschein erwecken will, daß dieses Schiff britisch sei, dann soll das Schiff auf Grund dieser Akte beschlagnahmt werden, ausgenommen in dem Falle, daß diese Vortäuschung bewirkt wurde, um der Erbeutung durch einen Feind oder durch ein ausländisches Kriegsschiff zu entgehen. — In den Instruktionen an die britischen Konsuln, die 1914 erlassen wurden, wird gesagt: Ein Schiff kann beschlagnahmt werden, wenn es sich unrechtmäßig als britisch ausgibt, außer wenn dies geschieht, um der Erbeutung zu entrinnen. Da wir in der Praxis fremden Handelsschiffen nicht verwehrt haben, die britische Handelsflagge als Kriegslist zu benutzen, um der Beschlagnahme auf See durch die Kriegführenden zu entgehen, so vertreten wir umgekehrt den Standpunkt, daß britische Handelsschiffe keinen Bruch des Völkerrechts begehen, wenn sie zu ähnlichen Zwecken eine neutrale Flagge annehmen, falls sie es für angebracht halten. Nach den Regeln des Völkerrechts, den Kriegsbräuchen und Vorschriften der Menschlichkeit ist es für die Kriegführenden Pflicht, den Charakter des Schiffes und seine Ladung festzustellen, bevor sie sie beschlagnahmen. Deutschland hat kein Recht, diese Verpflichtung zu ignorieren. Schiff und Mannschaft von Nichtkombattanten sowie die Ladung vernichten, wie Deutschland es als seine Absicht ankündigt, ist nichts anderes als Seeräuberei auf hoher See."

Ganz anders beurteilte die neutrale öffentliche Meinung das Vorgehen Englands. Ein angesehenes schwedisches Blatt schrieb:

„Durch eine derartige Handlungsweise beraubt England alle neutralen Länder des Schutzes ihrer Flagge. Es liegt eine scharfe Ironie darin, daß Großbritannien, das nach den verschiedensten offiziellen und privaten Aussprüchen die Herrschaft über die Meere ausübt, zu einer derartigen Täuschung greifen zu müssen glaubt, um seiner Handelsflotte einen Schutz zu gewähren, den seine Kriegsflotte ihr nicht mehr geben kann. Die neutralen Regierungen können nicht umhin, mit aller Kraft dagegen Einspruch zu erheben, daß England sich der Flagge anderer Staaten bedient. Eine derartige Handlungsweise kann unter keinen Umständen gerechtfertigt werden, ebensowenig wie etwa die Aneignung eines falschen Passes oder einer gestohlenen Visitenkarte, um durch unrichtige Legitimation Schwierigkeiten auszuweichen. Dann steht auch dem nichts entgegen, daß ein solches unter schwedischer Flagge fahrendes Schiff Kanonen an Bord nimmt und ein deutsches Kriegsschiff beschießt. Damit wären wir mitten in den Krieg hineingezogen. Schlimmere Aussichten für unser Land kann es eigentlich gar nicht geben." — Und mit wuchtigen Worten kennzeichnete die dänische Presse die unehrliche und bedrohliche Handlungsweise der Briten:

Seitdem die unüberwindliche Armada 1588 Englands Küsten bedroht hat, hat keine Seemacht einen so herausfordernden Schritt gegen die Beherrscherin des Meeres gewagt, wie die Deutschen ihn für den 18. Februar angedroht haben. Sollte es der deutschen Blockade gelingen, England auch nur kürzere Zeit die Einfuhr abzuschneiden, so wird dies einen Wendepunkt in der Geschichte Englands bedeuten können. Bis jetzt ist nur eine starke Unruhe in der englischen Bevölkerung entstanden, sind die Preise der Lebensmittel bedeutend gestiegen und ist der Außenhandel stark mitgenommen.

Die neutrale Schiffahrt begann jetzt, ihre Fahrzeuge besonders kenntlich zu machen; so beschlossen die niederländischen Schiffahrtsgesellschaften, an beiden Seiten der Schiffe in großen Lettern den Namen anzubringen, an Deck sollten große Holztafeln den Namen des Schiffes und des Heimathafens zeigen. Nachts sollten diese Tafeln beleuchtet werden. Außerdem ließ der Rotterdamsche Lloyd rundum die Schiffe ein breites Band in den Nationalfarben malen. — Charakteristisch für die englischen Sitten, die sich später so kraß offen=

baren sollten, war eine in der „Times" erschienene Anregung, in Zukunft die Besatzungen von in den Grund gebohrten deutschen Unterseebooten nicht mehr zu retten, sondern als außerhalb der Kriegsgesetze stehend einfach ihrem Schicksale zu überlassen.

Deutschland redete weniger, sondern handelte. Am 20. Februar wurde gemeldet, daß ein englischer Militärtransport von 2000 Mann mitsamt dem Transportdampfer im englischen Kanal versenkt worden sei. Am 21. Februar wurde der englische Truppentransportdampfer „192" durch ein deutsches Unterseeboot zum Sinken gebracht. Die britische Admiralität sperrte jetzt den nördlichen Kanal und beschränkte den Verkehr auf die Tagesstunden. Die deutsche Regierung gab im Hinblick auf aufgetauchte Zweifel über die Ausdehnung der in der amtlichen Ankündigung vom 4. d. M. als Kriegsgebiet bezeichneten Gewässer um Großbritannien nach Norden hin bekannt, daß die Orkneyinseln (also auch der Hafen Kirkwall) und die Shetlandinseln innerhalb des Kriegsgebietes liegen, daß dagegen die Durchfahrten auf beiden Seiten der Faröerinseln ungefährdet seien.

Bald begannen auch die Versuche englischer Handelsschiffe, die Unterseeboote zu rammen. Die englische Presse teilte mit, daß der englische Dampfer „Thordis" am 28. Februar bei Beachy Head ein deutsches Unterseeboot, das ihn angeblich angegriffen habe, gerammt und zum Sinken gebracht habe. Bei Besichtigung des Dampfers im Docke seien wirklich Beschädigungen von Bodenplatten und Schraubenflügeln festgestellt worden. Diese Mitteilung entsprach den Tatsachen. Ein Dampfer hatte versucht, eines unserer Unterseeboote durch Rammen zum Sinken zu bringen. Das Unterseeboot hatte aber nur geringfügige Beschädigungen erlitten und war wohlbehalten nach seinem Ausgangshafen zurückgekehrt. Bald darauf wies die deutsche Regierung noch einmal in aller Form darauf hin, daß die englische Marine selbstverständlich das Recht habe, Handelsfahrzeuge nach Bedarf zu Kriegsdiensten heranzuziehen. Es sei aber ihre Pflicht, derartige Fahrzeuge durch Kriegsflagge und Wimpel als Kriegsschiffe spätestens in dem Augenblick erkennbar zu machen, wo sie kriegerische Handlungen vornehmen. Es bleibe die von Deutschland bekanntgegebene Tatsache vollinhaltlich bestehen, daß ein englisches Schiff ohne Flagge, welches nach seinem Äußeren für ein Nicht-Kriegsschiff

gehalten werden muß, ein deutsches U-Boot mit Geschützen an=
gegriffen habe.

Am 11. März ging der englische Hilfskreuzer „Bayans" auf
einer Erkundungsfahrt verloren, wahrscheinlich war er torpediert
worden. Am 29. März traf die Nachricht ein, daß der Dampfer
„Falaba" auf der Höhe von Milford torpediert und zum Sinken
gebracht worden sei. Es befanden sich 260 Personen an Bord, von
denen 137 gerettet sind. Über den Untergang des Dampfers meldete
das Reutersche Bureau folgende Einzelheiten: „Am 28. März nach=
mittags tauchte das Unterseeboot plötzlich neben dem Dampfer auf
und forderte ihn durch Pfeifensignal auf, beizudrehen; aber bevor
dies geschehen konnte, traf der Torpedo bereits das Schiff in der
Gegend des Maschinenraumes. Die Boote wurden ausgesetzt und
bemannt; drei davon schlugen um, die Insassen fielen ins Wasser.
Der Fischdampfer „Queen Mary" kam noch rechtzeitig, um 137 Per=
sonen aus dem Wasser und den Rettungsbooten aufzunehmen. Unter
den Ertrunkenen befinden sich der Kapitän, ein Leutnant des
Dampfers und ein Korporal von der Armee. Das Schiff war ein
Postdampfer von 4803 Tonnen und war nach Westafrika bestimmt."
— Diese Angelegenheit führte nachher zu Weiterungen mit den Ver=
einigten Staaten. Inzwischen leisteten die deutschen U-Boote un=
entwegt tüchtige Arbeit. Die Verhältnisse können nicht besser ge=
schildert werden, als mit den verzweiflungsvollen Worten des Flotten=
korrespondenten der Londoner „Morning Post": „Die Verheerungen
der deutschen Unterseeboote dauern mit aufreizender Einförmigkeit von
der Nordsee bis nach Finisterre fort. Es ist eine seltsame Lage. Einer=
seits sagt man uns, daß die englische Flotte die vollständige See=
herrschaft ausübe, andererseits lesen wir täglich von Verlusten eines
oder mehrerer Schiffe in heimatlichen Gewässern. Unsere große Flotte
befindet sich irgendwo, und die Tatsache, daß sie sich irgendwo befindet,
nötigt Deutschland zu Seeräuberei unter See. Was nützt es, ein
Schiff zu bauen, das 2½ Millionen Pfund kostet, wenn es nicht in
See gehen kann, außer in großer Entfernung von der Basis der
Tauchboote. Wenn der Feind so entgegenkommend wäre, uns zu einer
Schlacht in der Mitte des Stillen Ozeans einzuladen, wäre alles
schön. Unterseeboot und Mine haben tatsächlich jetzt die Flotte

zwischen Wind und Wasser gefaßt, und es hat keinen Zweck, anzunehmen, daß diese neuen Elemente etwas Vorübergehendes oder Unbedeutendes wären. Die Lösung des Problems mag durch das Wasserflugzeug möglich sein, aber das liegt mehr in der Zukunft als in der Gegenwart. Laßt uns alle von Herzen hoffen, daß die Lösung kommen wird!"

Aber die Lösung kam nicht, sie ist bis Ende 1916 nicht gekommen. Ja, es wurden, wie amtlich mitgeteilt, seit Mitte April britische Unterseeboote mehrfach in der deutschen Bucht der Nordsee gesichtet und wiederholt von deutschen Streitkräften angegriffen. Ein feindliches Unterseeboot wurde am 17. April versenkt. Die Vernichtung weiterer Unterseeboote konnte nicht mit voller Sicherheit festgestellt werden. — Die deutsche Hochseeflotte führte wieder mehrfach Kreuzfahrten in der Nordsee aus und war dabei bis in die englischen Gewässer vorgestoßen. Auf keiner der Fahrten wurden aber englische Seestreitkräfte angetroffen.

Am 1. Mai brachte ein deutsches Unterseeboot bei Galloper-Feuerschiff den englischen Torpedobootszerstörer „Recruit" durch Torpedoschuß zum Sinken. Am gleichen Tage fand in der Nähe von Noordhinder-Feuerschiff ein Gefecht zwischen zwei deutschen Vorpostenbooten und einigen bewaffneten englischen Fischdampfern statt, bei dem der englische Fischdampfer „Columbia" vernichtet wurde. Eine Division englischer Torpedobootszerstörer griff in das Gefecht ein, das mit dem Verlust unserer Vorpostenboote endigte. Laut Bekanntgabe der britischen Admiralität wurde der größte Teil der Besatzungen gerettet. — Ein amtlicher Bericht der britischen Admiralität über das Seegefecht in der Nordsee besagte, daß die beiden Torpedoboote, die den Fischdampfer angriffen und später versenkt wurden, den Kampf begonnen hätten, ohne die Flagge zu hissen. „Der Kampf begann, als die „Recruit" eine Patrouillenfahrt machte. Die „Recruit" befand sich zwischen zwei Luftschiffen, als sie das Periskop bemerkte, das ganz in der Nähe war. Alsbald wurde ein Torpedo abgeschossen, der das Schiff tödlich verwundete. Es neigte sich über und sank schnell. Die englischen Zerstörer wurden durch Signale des Fischdampfers „Daisy" herbeigerufen, der die Mannschaft der „Recruit" rettete und während des Rettungswerkes von den Deutschen beschossen wurde. Die britischen Zerstörer sichteten die deutschen Torpedoboote, nur 2 Torpedobootszerstörer eröffneten das Feuer auf die deutschen Schiffe und setzten es fort, bis die deutschen Boote sanken. Das Gefecht war nach 1½ Stunden beendet." — Gegen die Verleumdung des deutschen Kommandanten erhob die deutsche Regierung alsbald durch eine amtliche Darstellung Einspruch: Es sei einwandfrei festgestellt, daß die deutschen Vorpostenboote vor, während und nach dem Gefecht die Flaggen gesehen hätten. Das Reuterbureau hatte ferner mitgeteilt, daß drei von einem unserer Vorpostenboote gefangen genommene Engländer unter Deck gebracht worden und bei der späteren Vernichtung des Bootes umgekommen seien, weil ihnen keine Gelegenheit zur Rettung gegeben worden sei. Gegenüber dieser Verunglimpfung muß darauf hingewiesen werden, daß die Unterbringung Kriegsgefangener in Fällen wie dem vorliegenden aus militärischen Gründen unter Deck zu erfolgen pflegt, und daß dies Verfahren von den Engländern grundsätzlich angewandt wird. So wurden seinerzeit auch die Überlebenden des am 6. August 1914 untergegangenen Hilfsstreuminendampfers „Königin Luise" auf dem englischen Kreuzer „Amphion" unter Deck gebracht. Ein großer Teil von ihnen verlor bei dem bald darauf durch eine Mine erfolgenden Untergang des Kreuzers das Leben. So wenig auf deutscher Seite damals in gerechter Würdigung der Lage der Verdacht entstehen konnte und der Vorwurf erhoben wurde, daß die Rettung der Leute absichtlich verhindert worden sei, so ungerechtfertigt ist die ungeheuerliche aber kennzeichnende Verdächtigung, die das Reuterbureau unternommen hat, auszusprechen.

IX.

Eine besondere Stellung hatte in der Angelegenheit der Kriegsgebietserklärung Deutschlands der Präsident der Vereinigten Staaten angenommen. Unter dem 12. Februar hatte der Botschafter Gerard dem Staatssekretär des Auswärtigen Amtes eine sehr ausführliche Note überreichen lassen, welche die erste der für die Kriegführung so bedeutsamen Auslassungen der beiderseitigen Regierungen über den U-Boot-Krieg war. Es hieß in dieser Note:

„Die Regierung der Vereinigten Staaten ist durch die Bekanntmachung des deutschen Admiralstabes vom 4. Februar 1915 darauf aufmerksam gemacht worden, daß die Gewässer ringsum Großbritannien und Irland einschließlich des gesamten englischen Kanals als Kriegsgebiet anzusehen seien, daß alle in diesen Gewässern nach dem 18. d. M. angetroffenen feindlichen Kauffahrteischiffe zerstört werden sollen, ohne daß es immer möglich sein werde, die Besatzungen und die Passagiere zu retten, und daß auch neutrale Schiffe in diesem Kriegsgebiete Gefahr laufen, da angesichts des Mißbrauchs neutraler Flaggen, der am 31. Januar von der britischen Regierung angeordnet worden sein soll, und angesichts der Zufälligkeiten des Seekrieges es nicht immer vermieden werden könne, daß die auf feindliche Schiffe berechneten Angriffe auch neutrale Schiffe träfen. Die amerikanische Regierung erachtet es daher als ihre Pflicht, die Kaiserlich Deutsche Regierung in aufrichtiger Hochschätzung und mit den freundschaftlichsten Gefühlen, aber doch ganz offen und ernstlich auf die sehr ernsten Folgen aufmerksam zu machen, die das mit der Bekanntmachung offenbar beabsichtigte Vorgehen möglicherweise herbeiführen kann. Die amerikanische Regierung schätzt diese möglichen Folgen mit solcher Besorgnis ein, daß sie es unter den obwaltenden Umständen als ihr Recht, ja, auch als ihre Pflicht erachtet, die Kaiserlich Deutsche Regierung zu ersuchen, vor einem tatsächlichen Vorgehen die kritische Lage zu erwägen, die in den Beziehungen der Vereinigten Staaten zu Deutschland entstehen könnte, falls die deutschen Seestreitkräfte in Befolgung der durch die Bekanntmachung des Admiralstabes angekündigten Maßnahmen irgendein Kauffahrteischiff der Vereinigten Staaten zerstörten oder den Tod eines amerikanischen Staatsangehörigen verursachten.

Es ist selbstverständlich nicht nötig, die deutsche Regierung daran zu erinnern, daß einer kriegführenden Nation in bezug auf neutrale Schiffe auf hoher See lediglich das Recht der Durchsuchung zusteht, es sei denn, daß eine Blockadeerklärung ergangen ist und die Blockade effektiv aufrechterhalten wird. Die Regierung der Vereinigten Staaten nimmt an, daß eine Blockade im vorliegenden Falle nicht beabsichtigt ist. Eine Erklärung oder Ausübung des Rechtes, jedes Schiff anzugreifen und zu zerstören, das ein näher umschriebenes

Gebiet auf offener See befährt, ohne erst festgestellt zu haben, ob es einer kriegführenden Nation gehört, oder ob seine Ladung Konterbande ist, wäre eine Handlungsweise, die so sehr im Widerspruch mit allen Präzedenzen der Seekriegführung steht, daß die amerikanische Regierung kaum annehmen kann, daß die Kaiserlich Deutsche Regierung im vorliegenden Falle sie als möglich ins Auge faßt. Der Verdacht, daß feindliche Schiffe zu Unrecht eine neutrale Flagge führen, kann nicht eine berechtigte Vermutung schaffen, dahingehend, daß alle Schiffe, die ein näher umschriebenes Gebiet durchfahren, demselben Verdacht unterliegen. Gerade um solche Fragen aufzuklären, ist nach Ansicht der amerikanischen Regierung das Recht der Durchsuchung anerkannt worden.

Die amerikanische Regierung hat von der Denkschrift der Kaiserlich Deutschen Regierung, die zugleich mit der Bekanntmachung des Admiralstabes ergangen ist, eingehend Kenntnis genommen. Sie benutzt diese Gelegenheit, die Kaiserlich Deutsche Regierung mit größter Hochschätzung darauf aufmerksam zu machen, daß die Regierung der Vereinigten Staaten zu einer Kritik wegen nicht neutraler Haltung, der sich nach Ansicht der deutschen Regierung die Regierungen gewisser anderer neutraler Staaten ausgesetzt haben, keine Veranlassung gegeben hat. Die Regierung der Vereinigten Staaten hat keinen Maßnahmen zugestimmt oder hat es bei keiner solchen bewenden lassen, die von den anderen kriegführenden Nationen im gegenwärtigen Kriege getroffen worden sind, und die auf eine Beschränkung des Handels hinzielen. Vielmehr hat sie in allen solchen Fällen eine Haltung eingenommen, die ihr das Recht gibt, diese Regierungen in der richtigen Weise für alle eventuellen Wirkungen auf die amerikanische Schiffahrt verantwortlich zu machen, welche durch die bestehenden Grundsätze des Völkerrechts nicht gerechtfertigt sind. Daher erachtet sich die amerikanische Regierung im vorliegenden Falle mit gutem Gewissen, auf Grund anerkannter Prinzipien für berechtigt, die in der Note angedeutete Haltung einzunehmen; falls die Kommandanten deutscher Kriegsschiffe auf Grund der Annahme, daß die Flagge der Vereinigten Staaten nicht in gutem Glauben geführt werde, handeln sollten und auf hoher See ein amerikanisches Schiff oder das Leben amerikanischer Staatsangehöriger vernichten sollten, so würde die Regierung der Vereinigten Staaten in dieser Handlung schwerlich etwas anderes als eine unentschuldbare Verletzung neutraler Rechte erblicken können, die kaum in Einklang zu bringen sein würde mit den freundschaftlichen Beziehungen, die jetzt glücklicherweise zwischen den beiden Regierungen bestehen.

Sollte eine solche beklagenswerte Situation entstehen, so würde sich die Regierung der Vereinigten Staaten, wie die Kaiserlich Deutsche Regierung wohl verstehen wird, genötigt sehen, die Kaiserlich Deutsche Regierung für solche Handlungen ihrer Marinebehörden streng verantwortlich zu machen und alle Schritte zu tun, die zum Schutz amerikanischen Lebens und Eigentums und zur Sicherung des vollen Genusses der anerkannten Rechte auf hoher See für die Amerikaner erforderlich sind.

In Anbetracht dieser Erwägungen, die die Regierung der Vereinigten Staaten mit der größten Hochschätzung und in dem ernstlichen Bestreben vorbringt, irgendwelche Mißverständnisse zu vermeiden und zu verhindern, daß Umstände entstehen, die sogar einen Schatten auf den Verkehr der beiden Regierungen werfen könnten, spricht die amerikanische Regierung die zuversichtliche Hoffnung und Erwartung aus, daß die Kaiserlich Deutsche Regierung die Versicherung geben kann und will, daß amerikanische Staatsbürger und ihre Schiffe anders als im Wege der Durchsuchung durch deutsche Seestreitkräfte selbst in dem in der Bekanntmachung des deutschen Admiralstabes näher bezeichneten Gebiete nicht belästigt werden sollen.

Zur Information der Kaiserlichen Regierung wird hinzugefügt, daß der Regierung Seiner Britannischen Majestät bezüglich des ungerechtfertigten Gebrauchs der amerikanischen Flagge zum Schutze britischer Schiffe Vorstellungen gemacht worden sind."

Die deutsche Regierung legte hierauf in einer dem Tone nach sehr entgegenkommend gehaltenen Antwortnote ihren Standpunkt noch einmal dar:

„Die Kaiserlich Deutsche Regierung weiß sich mit der Regierung der Vereinigten Staaten darin eins, daß es für beide Teile in hohem Maße erwünscht ist, Mißverständnisse zu verhüten, die sich aus den von der deutschen Admiralität angekündigten Maßnahmen ergeben könnten, und dem Eintritt von Ereignissen vorzubeugen, die die zwischen den beiden Regierungen bisher in so glücklicher Weise bestehenden freundschaftlichen Beziehungen zu trüben vermöchten.

Die deutsche Regierung glaubt für diese Versicherung bei der Regierung der Vereinigten Staaten um so mehr auf volles Verständnis rechnen zu dürfen, als das von der deutschen Admiralität angekündigte Vorgehen, wie in der Note vom 4. d. M. eingehend dargelegt wurde, in keiner Weise gegen den legitimen Handel und die legitime Schiffahrt der Neutralen gerichtet ist, sondern lediglich eine durch Deutschlands Lebensinteressen erzwungene Gegenwehr gegen die völkerrechtswidrige Seekriegführung Englands darstellt, die sich bisher durch keinerlei Einspruch der Neutralen auf die vor dem Kriegsausbruch allgemein anerkannte Rechtsgrundlage hat zurückführen lassen.

Um in diesem kardinalen Punkte jeden Zweifel auszuschließen, erlaubt sich die deutsche Regierung nochmals die Sachlage festzustellen:

Deutschland hat bisher die geltenden völkerrechtlichen Bestimmungen auf dem Gebiete des Seekrieges gewissenhaft beobachtet, insbesondere hat es dem gleich zu Beginn des Krieges gemachten Vorschlage der amerikanischen Regierung, nunmehr die Londoner Seekriegsrechts-Erklärung zu ratifizieren, unverzüglich zugestimmt, und deren Inhalt auch ohne solche formelle Bindung unverändert in sein Prisenrecht übernommen. Die deutsche Regierung hat sich an diese Bestimmungen gehalten, auch wo sie ihren militärischen Interessen zuwiderliefen; so hat sie beispielsweise bis auf den heutigen Tag die Lebensmittelzufuhr von Dänemark nach England zugelassen, obwohl sie diese Zufuhr durch ihre Seestreitkräfte sehr wohl hätte unterbinden können.

Im Gegensatze hierzu hat England selbst schwere Verletzungen des Völkerrechts nicht gescheut, wenn es dadurch den friedlichen Handel Deutschlands mit dem neutralen Auslande lähmen konnte. Auf Einzelheiten wird die deutsche Regierung hier um so weniger einzugehen brauchen, als solche in der ihr zur Kenntnis mitgeteilten amerikanischen Note an die britische Regierung vom 28. Dezember v. J. auf Grund fünfmonatiger Erfahrungen zutreffend, wenn auch nicht erschöpfend, dargelegt sind.

Alle diese Übergriffe sind zugestandenermaßen darauf gerichtet, Deutschland von aller Zufuhr abzuschneiden und dadurch die friedliche Zivilbevölkerung dem Hungertode preiszugeben, ein jedem Kriegsrecht und jeder Menschlichkeit widersprechendes Verfahren.

Die Neutralen haben die völkerrechtswidrige Unterbindung ihres Handels mit Deutschland nicht zu verhindern vermocht. Die amerikanische Regierung hat zwar, wie Deutschland gern anerkennt, gegen das englische Verfahren Protest erhoben; trotz dieses Protestes und der Proteste der übrigen neutralen Regierungen hat England sich von dem eingeschlagenen Verfahren nicht abbringen lassen. So ist noch vor kurzem das amerikanische Schiff „Wilhelmina" von englischer Seite aufgebracht worden, obwohl seine Ladung lediglich für die deutsche Zivilbevölkerung bestimmt war und nach einer ausdrücklichen Erklärung der deutschen Regierung nur für diesen Zweck verwendet werden sollte.

Dadurch ist folgender Zustand geschaffen worden:

Deutschland ist unter stillschweigender oder protestierender Duldung der Neutralen von der überseeischen Zufuhr so gut wie abgeschnitten, und zwar nicht nur hinsichtlich solcher Waren, die absolute Konterbande sind, sondern auch hinsichtlich solcher, die nach dem vor Kriegsausbruch allgemein anerkannten Recht nur relative Konterbande oder überhaupt keine Konterbande sind.

England dagegen wird unter Duldung der neutralen Regierungen nicht nur mit solchen Waren versorgt, die keine oder nur relative Konterbande sind, von England aber gegenüber Deutschland als absolute Konterbande behandelt werden (Lebensmittel, industrielle Rohstoffe usw.), sondern sogar mit Waren, die stets und unzweifelhaft als absolute Konterbande gelten. Die deutsche Regierung glaubt insbesondere und mit dem größten Nachdrucke darauf hinweisen zu müssen, daß ein auf viele Hunderte von Millionen Mark geschätzter Waffenhandel amerikanischer Lieferanten mit Deutschlands Feinden besteht.

Die deutsche Regierung gibt sich wohl Rechenschaft darüber, daß die Ausübung von Rechten und die Duldung von Unrecht seitens der Neutralen formell in deren Belieben steht und keinen formellen

Neutralitätsbruch involviert; sie hat infolgedessen den Vorwurf des formellen Neutralitätsbruchs nicht erhoben. Die deutsche Regierung kann aber — gerade im Interesse voller Klarheit in den Beziehungen beider Länder — nicht umhin, hervorzuheben, daß sie mit der gesamten öffentlichen Meinung Deutschlands sich dadurch schwer benachteiligt fühlt, daß die Neutralen in der Wahrung ihrer Rechte auf den völkerrechtlich legitimen Handel mit Deutschland bisher keine oder nur unbedeutende Erfolge erzielt haben, während sie von ihrem Rechte, den Konterbande-Handel mit England und unseren anderen Feinden zu dulden, uneingeschränkten Gebrauch machen. Wenn es das formale Recht der Neutralen ist, ihren legitimen Handel mit Deutschland nicht zu schützen, ja sogar sich von England zu einer bewußten und gewollten Einschränkung des Handels bewegen zu lassen, so ist es auf der anderen Seite nicht minder ihr gutes, aber leider nicht angewendetes Recht, den Konterbandehandel, insbesondere den Waffenhandel mit Deutschlands Feinden, abzustellen.

Bei dieser Sachlage sieht sich die deutsche Regierung, nach sechs Monaten der Geduld und des Abwartens, genötigt, die mörderische Art der Seekriegführung Englands mit scharfen Gegenmaßnahmen zu erwidern. Wenn England in seinem Kampfe gegen Deutschland den Hunger als Bundesgenossen anruft in der Absicht, ein Kulturvolk von 70 Millionen vor die Wahl zwischen elendem Verkommen oder Unterwerfung unter seinen politischen und kommerziellen Willen zu stellen, so ist heute die deutsche Regierung entschlossen, den Handschuh aufzunehmen und an den gleichen Bundesgenossen zu appellieren; sie vertraut darauf, daß die Neutralen, die bisher sich den für sie nachteiligen Folgen des englischen Hungerkrieges stillschweigend oder protestierend unterworfen haben, Deutschland gegenüber kein geringeres Maß von Duldsamkeit zeigen werden, und zwar auch dann, wenn die deutschen Maßnahmen, in gleicher Weise wie bisher die englischen, neue Formen des Seekrieges darstellen.

Darüber hinaus ist die deutsche Regierung entschlossen, die Zufuhr von Kriegsmaterial an England und seine Verbündeten mit allen ihr zu Gebote stehenden Mitteln zu unterdrücken, wobei sie als selbstverständlich annimmt, daß die neutralen Regierungen, die bisher gegen den Waffenhandel mit Deutschlands Feinden nichts unternommen haben, sich der gewaltsamen Unterdrückung dieses Handels durch Deutschland nicht zu widersetzen beabsichtigen.

Von diesen Gesichtspunkten ausgehend, hat die deutsche Admiralität die von ihr näher bezeichnete Zone als Seekriegsgebiet erklärt. Sie wird dieses Seekriegsgebiet soweit wie irgend angängig durch Minen sperren, auch die feindlichen Handelsschiffe auf jede andere Weise zu vernichten suchen.

So sehr nun auch der deutschen Regierung bei dem Handeln nach diesen zwingenden Gesichtspunkten jede absichtliche Vernichtung neutraler Menschenleben und neutralen Eigentums fernliegt, so will sie doch auf der anderen Seite nicht verkennen, daß durch die gegen England durchzuführenden Aktionen Gefahren entstehen, die unterschiedslos jeden Handel innerhalb des Seekriegsgebietes bedrohen. Dies gilt ohne weiteres von dem Minenkrieg, der auch bei strengster Innehaltung der völkerrechtlichen Grenzen jedes dem Minengebiet sich nähernde Schiff gefährdet.

Zu der Hoffnung, daß die Neutralen sich hiermit ebenso wie mit den ihnen durch die englischen Maßnahmen bisher zugefügten schweren Schädigungen abfinden werden, glaubt die deutsche Regierung um so mehr berechtigt zu sein, als sie gewillt ist, zum Schutze der neutralen Schiffahrt sogar im Seekriegsgebiet alles zu tun, was mit der Durchführung ihres Zweckes irgendwie vereinbar ist.

Sie hat den ersten Beweis für ihren guten Willen geliefert, indem sie die von ihr beabsichtigten Maßnahmen mit einer Frist von nicht weniger als 14 Tagen ankündigte, um der neutralen Schiffahrt Gelegenheit zu geben, sich auf die Vermeidung der drohenden Gefahr einzurichten. Letzteres geschieht am sichersten durch das Fernbleiben von dem Seekriegsgebiet. Die neutralen Schiffe, die trotz dieser, die Erreichung des Kriegszweckes gegenüber England schwer beeinträchtigenden langfristigen Ankündigung sich in die gesperrten Gewässer begeben, tragen selbst die Verantwortung für etwaige unglückliche Zufälle. Die deutsche Regierung ihrerseits lehnt jede Verantwortung für solche Zufälle und deren Folgen ausdrücklich ab.

Ferner hat die deutsche Regierung lediglich die Vernichtung der feindlichen, innerhalb des Seekriegsgebietes angetroffenen Handelsschiffe angekündigt, nicht aber die Vernichtung aller Handelsschiffe, wie die amerikanische Regierung irrtümlich verstanden zu haben scheint. Auch diese Beschränkung, die die deutsche Regierung sich auferlegt, ist eine Beeinträchtigung des Kriegszweckes, zumal da bei der Auslegung des Begriffes der Konterbande, die Englands Regierung gegenüber Deutschland beliebt hat und die demgemäß die deutsche Regierung auch gegen England anwenden wird, auch den neutralen Schiffen gegenüber die Präsumption dafür sprechen wird, daß sie Konterbande an Bord haben. Auf das Recht, das Vorhandensein von Konterbande in der Fracht neutraler Schiffe festzustellen und gegebenenfalls aus dieser Feststellung die Konsequenzen zu ziehen, ist die Kaiserliche Regierung natürlich nicht gewillt zu verzichten.

Die deutsche Regierung ist schließlich bereit, mit der amerikanischen Regierung jede Maßnahme in die ernsthafteste Erwägung zu ziehen, die geeignet sein könnte, die legitime Schiffahrt der Neutralen im Kriegsgebiet sicherzustellen. Sie kann jedoch nicht übersehen, daß alle Bemühungen in dieser Richtung durch zwei Umstände erheblich erschwert werden:

1. durch den inzwischen wohl auch für die amerikanische Regierung außer Zweifel gestellten Mißbrauch der neutralen Flagge durch die englischen Handelsschiffe;

2. durch den bereits erwähnten Konterbandehandel, insbesondere mit Kriegsmaterial der neutralen Handelsschiffe.

Hinsichtlich des letzteren Punktes gibt sich die deutsche Regierung der Hoffnung hin, daß sich die amerikanische Regierung bei nochmaliger Erwägung zu einem dem Geiste wahrhafter Neutralität entsprechenden Eingreifen veranlaßt sehen wird.

Was den ersten Punkt anlangt, so ist der deutscherseits der amerikanischen Regierung bereits mitgeteilte Geheimbefehl der britischen Admiralität, der den englischen Handelsschiffen die Benutzung neutraler Flaggen anempfohlen hat, inzwischen durch eine Mitteilung des britischen Auswärtigen Amtes, das jenes Verfahren unter Berufung auf inneres englisches Recht als völlig einwandfrei bezeichnet, bestätigt worden. Die englische Handelsflotte hat den ihr erteilten Rat auch sogleich befolgt, wie der amerikanischen Regierung aus den

Fällen der Dampfer „Lusitania" und „Laërtes" bekannt sein dürfte. Weiter hat die britische Regierung die englischen Handelsschiffe mit Waffen versehen und sie angewiesen, den deutschen Unterseebooten gewaltsam Widerstand zu leisten. Unter diesen Umständen ist es für die deutschen Unterseeboote sehr schwierig, die neutralen Handelsschiffe als solche zu erkennen; denn auch eine Untersuchung wird in den meisten Fällen nicht erfolgen können, da die bei einem maskierten englischen Schiffe zu erwartenden Angriffe das Untersuchungskommando und das Boot selbst der Gefahr der Vernichtung aussetzen.

Die britische Regierung wäre hiernach in der Lage, die deutschen Maßnahmen illusorisch zu machen, wenn ihre Handelsflotte bei dem Mißbrauche neutraler Flaggen verharrt und die neutralen Schiffe nicht anderweit in zweifelloser Weise gekennzeichnet werden. Deutschland muß aber in den Notstand, in den es rechtswidrig versetzt wird, seine Maßnahmen unter allen Umständen wirksam machen, um dadurch den Gegner zu einer dem Völkerrecht entsprechenden Führung des Seekrieges zu zwingen und so die Freiheit der Meere, für die es von jeher eingetreten ist und für die es auch heute kämpft, wiederherzustellen.

Die deutsche Regierung hat es daher begrüßt, daß die amerikanische Regierung gegen den rechtswidrigen Gebrauch ihrer Flagge bei der britischen Regierung Vorstellungen erhoben hat, und gibt der Erwartung Ausdruck, daß dieses Vorgehen England künftig zur Achtung der amerikanischen Flagge veranlassen wird.

In dieser Erwartung sind die Befehlshaber der deutschen Unterseeboote, wie bereits in der Note vom 4. d. M. zum Ausdrucke gebracht worden ist, angewiesen worden, Gewalttätigkeiten gegen amerikanische Handelsschiffe zu unterlassen, soweit sie als solche erkennbar sind.

Um in der sichersten Weise allen Folgen einer Verwechslung — allerdings nicht auch der Minengefahr — zu begegnen, empfiehlt die deutsche Regierung den Vereinigten Staaten, ihre mit friedlicher Ladung befrachteten, den englischen Seekriegsschauplatz berührenden Schiffe durch Konvoiierung kenntlich zu machen. Die deutsche Regierung glaubt dabei voraussetzen zu dürfen, daß nur solche Schiffe konvoiiert werden, die keine Waren an Bord haben, die nach der von

England gegenüber Deutschland angewendeten Auslegung als Konterbande zu betrachten sind. Über die Art der Durchführung einer solchen Konvoiierung ist die deutsche Regierung bereit, mit der amerikanischen Regierung alsbald in Verhandlungen einzutreten. Sie würde es aber mit besonderem Dank anerkennen, wenn die amerikanische Regierung ihren Handelsschiffen dringend empfehlen wollte, jedenfalls bis zur Regelung der Flaggenfrage den englischen Seekriegsschauplatz zu vermeiden.

Die deutsche Regierung gibt sich der zuversichtlichen Hoffnung hin, daß die amerikanische Regierung den schweren Kampf, den Deutschland um sein Dasein führt, in seiner ganzen Bedeutung würdigen und aus den vorstehenden Aufklärungen und Zusagen ein volles Verständnis für die Beweggründe und Ziele der von ihr angekündigten Maßnahmen gewinnen wird.

Die deutsche Regierung wiederholt, daß sie in der bisher peinlich von ihr geübten Rücksicht auf die Neutralen sich nur unter dem stärksten Zwange der nationalen Selbsterhaltung zu den geplanten Maßnahmen entschlossen hat. Sollte es der amerikanischen Regierung vermöge des Gewichtes, das sie in der Wagschale des Geschickes der Völker zu legen berechtigt und imstande ist, in letzter Stunde noch gelingen, die Gründe zu beseitigen, die der deutschen Regierung jenes Vorgehen zur gebieterischen Pflicht machen, sollte die amerikanische Regierung insbesondere einen Weg finden, die Beachtung der Londoner Seekriegsrechtserklärung auch von seiten der mit Deutschland kriegführenden Mächte zu erreichen und Deutschland dadurch die legitime Zufuhr von Lebensmitteln und industriellen Rohstoffen zu ermöglichen, so würde die deutsche Regierung hierin ein nicht hoch genug anzuschlagendes Verdienst um die humanere Gestaltung der Kriegführung anerkennen und aus der also geschaffenen neuen Sachlage gern die Folgerungen ziehen."

Die amerikanische Regierung regte nunmehr eine Verständigung auf folgender Basis an:

„Deutschland und Großbritannien kommen darin überein,
1. daß treibende Minen von keiner Seite einzeln in den Küstengewässern oder auf hoher See ausgelegt werden, daß verankerte

Minen von keiner Seite auf hoher See, es sei denn ausschließlich für Verteidigungszwecke innerhalb Kanonenschußweite von einem Hafen, gelegt werden, und daß alle Minen den Stempel der Regierung tragen, die sie ausgelegt, und so konstruiert sind, daß sie unschädlich werden, nachdem sie sich von ihrer Verankerung losgerissen haben;

2. daß Unterseeboote von keiner der beiden Regierungen zum Angriff auf Handelsschiffe irgendeiner Nationalität Verwendung finden außer zur Durchführung des Rechtes der Anhaltung und Untersuchung;

3. daß die Regierungen beider Länder es zur Bedingungen stellen, daß ihre beiderseitigen Handelsschiffe neutrale Flaggen als Kriegslist oder zum Zwecke der Unkenntlichmachung nicht benutzen.

Großbritannien erklärt sich damit einverstanden, daß Lebens- und Nahrungsmittel nicht auf die Liste der absoluten Konterbande gesetzt werden und daß die britischen Behörden Schiffsladungen solcher Waren weder stören noch anhalten, wenn sie an Agenturen in Deutschland adressiert sind, die von den Vereinigten Staaten namhaft gemacht sind, um solche Warenladungen in Empfang zu nehmen und an konzessionierte deutsche Wiederverkäufer zur ausschließlichen Weiterverteilung an die Zivilbevölkerung zu verteilen.

Deutschland erklärt sich damit einverstanden, daß Lebens- oder Nahrungsmittel, die nach Deutschland aus den Vereinigten Staaten — oder je nachdem von irgendeinem anderen neutralen Lande — eingeführt werden, an Agenturen adressiert werden, die von der amerikanischen Regierung namhaft gemacht werden; daß diesen amerikanischen Agenturen die volle Verantwortung und Aufsicht bezüglich des Empfangs und der Verteilung dieser Einfuhr ohne Einmischung der deutschen Regierung obliegen soll; sie sollen sie ausschließlich an Wiederverkäufer verteilen, denen von der deutschen Regierung eine Konzession erteilt ist, die ihnen die Berechtigung gibt, solche Lebens- und Nahrungsmittel in Empfang zu nehmen und sie ausschließlich an die Zivilbevölkerung zu liefern; sollten die Wiederverkäufer die Bedingungen ihrer Konzession irgendwie überschreiten, so sollten sie des Rechtes verlustig gehen, Lebens- und Nahrungsmittel für die angegebenen Zwecke zu erhalten, und daß die deutsche Regierung solche Lebens- und Nahrungsmittel nicht für Zwecke irgendwelcher Art requirieren oder veranlassen wird, daß sie für die bewaffnete Macht Deutschlands Verwendung finden.

Indem die amerikanische Regierung die im vorstehenden skizzierte Grundlage für eine Verständigung unterbreitet, möchte sie nicht so verstanden werden, als ob sie irgendein Recht der Kriegführenden oder Neutralen, das durch die Grundsätze des Völkerrechts festgelegt ist, anerkennt oder verleugnet, sie würde vielmehr die Vereinbarung, falls sie den interessierten Mächten annehmbar erscheint, als einen modus vivendi betrachten, der sich mehr auf Zweckmäßigkeit als gesetzmäßiges Recht gründet, und der auch die Vereinigten Staaten in seiner gegenwärtigen oder in einer abgeänderten Fassung nicht bindet, ehe er von der amerikanischen Regierung angenommen ist."

Eine gleichlautende Note wurde an die britische Regierung gerichtet.

Deutschland erwiderte in einer ausführlichen Darlegung, daß es folgendes Übereinkommen zu erwägen bereit sei:

„1. Was die Legung von Minen betrifft, so würde die deutsche Regierung bereit sein, die angeregte Erklärung über die Nichtanwendung von Treibminen und die Konstruktion der verankerten Minen abzugeben. Ferner ist sie mit der Anbringung von Regierungsstempeln auf den auszulegenden Minen einverstanden. Dagegen erscheint es ihr für die kriegführenden Mächte nicht angängig, auf eine offensive Verwendung verankerter Minen völlig zu verzichten.

2. Die deutsche Regierung würde sich verpflichten, daß ihre Unterseeboote gegen Handelsschiffe irgendwelcher Flagge nur insoweit Gewalt anwenden werden, als dies zur Durchführung des Rechtes der Anhaltung und Untersuchung erforderlich ist. Ergibt sich die feindliche Nationalität des Schiffes oder das Vorhandensein von Konterbande, so würden die Unterseeboote nach den allgemein völkerrechtlichen Regeln verfahren.

3. Wie die amerikanische Note vorsieht, setzt die angegebene Beschränkung in der Verwendung der Unterseeboote voraus, daß sich die

feindlichen Handelsschiffe des Gebrauchs der neutralen Flagge und anderer neutraler Abzeichen enthalten. Dabei dürfte es sich von selbst verstehen, daß sie auch von einer Bewaffnung sowie von der Leistung jeden tätlichen Widerstandes absehen, da ein solches völkerrechtswidriges Verhalten ein dem Völkerrecht entsprechendes Vorgehen der Unterseeboote unmöglich macht.

4. Die von der amerikanischen Regierung angeregte Regelung der legitimen Lebensmittelzufuhr nach Deutschland erscheint im allgemeinen annehmbar; die Regelung würde sich selbstverständlich auf die Seezufuhr beschränken, andererseits aber auch die indirekte Zufuhr über neutrale Häfen umfassen. Die deutsche Regierung würde daher bereit sein, Erklärungen der in der amerikanischen Note vorgesehenen Art abzugeben, so daß die ausschließliche Verwendung der eingeführten Lebensmittel für die friedliche Zivilbevölkerung gewährleistet sein würde. Daneben muß aber die deutsche Regierung Wert darauf legen, daß ihr auch die Zufuhr anderer, der friedlichen Volkswirtschaft dienenden Rohstoffe einschließlich der Futtermittel ermöglicht wird. Zu diesem Zwecke hätten die feindlichen Regierungen die in der Freiliste der Londoner Seekriegsrechts-Erklärung erwähnten Rohstoffe frei nach Deutschland gelangen zu lassen und die auf der Liste der relativen Konterbande stehenden Stoffe nach den gleichen Grundsätzen wie die Lebensmittel zu behandeln."

Die Fortsahrung dieses Notenwechsels wurde zunächst durch die am 3. Mai erfolgende Torpedierung des amerikanischen Dampfers „Gulflight" unterbrochen.

Der Dampfer „Gulflight" von Port Arthur in Texas, der 15 Meilen von den Scillyinseln von einem deutschen Unterseeboote, das gleich darauf im Nebel verschwand, torpediert worden war, wurde von zwei Patrouillenfahrzeugen gefunden. Die „Gulflight", die eine Ölladung führte, sank nicht, und wurde nach einem guten Ankerplatze geschleppt. Der Kapitän starb an den Folgen des erlittenen Schreckens. Zwei Mann waren über Bord gesprungen und ertrunken. In amtlichen amerikanischen Kreisen herrschte die Ansicht, eine Untersuchung des Zwischenfalles der „Gulflight" werde ergeben, daß die Torpedierung eine zufällige und nicht eine absichtliche gewesen sei und daß daher keine andere Aktion der Vereinigten Staaten wahrscheinlich sei als die Forderung eines Schadenersatzes. Vier Tage später aber kam aus Queenstown ein inhaltschweres Telegramm:

„Der Cunarddampfer „Lusitania" ist torpediert worden und gesunken. Hilfe wurde geschickt."

Unsere Meldungen ergaben, daß die Torpedierung der „Lusitania" mittags erfolgte. Das Schiff blieb noch 20 Minuten flott. Passagiere und Bemannung zählten zusammen 2160 Passagiere, und zwar 290 erster, 662 zweiter Klasse und 665 Mann Besatzung. 20 Boote konnten zu Wasser gelassen werden. Nach einer Meldung der Admiralität wurden 500 bis 600 Überlebende in Queenstown an Land gebracht. Viele mußten ins Krankenhaus gebracht werden, mehrere starben. Auch in Kinsale ist eine Anzahl von Passagieren gelandet worden. Der Hafenadmiral von Queenstown sandte eine Anzahl kleiner Fahrzeuge nach der Stelle, wo der Dampfer sank.

Eine amtliche deutsche Verlautbarung stellte alsbald folgendes fest:

„Der Cunarddampfer „Lusitania" ist, wie Reuter meldet, am 7. Mai durch ein deutsches Unterseeboot zum Sinken gebracht worden. Die „Lusitania" war selbstverständlich, wie neuerdings die meisten englischen Handelsdampfer, mit Geschützen armiert. Außerdem hatte sie, wie hier einwandfrei bekannt war, erhebliche Mengen von Munition und Kriegsgerät unter ihrer Ladung. Ihre Eigentümer waren sich daher bewußt, welcher Gefahr sie ihre Passagiere aussetzten. Sie allein tragen die volle Verantwortung für das, was geschehen mußte. Deutscherseits ist nichts unterlassen worden, um wiederholt und eindringlich zu warnen. Der Kaiserliche Botschafter in Washington hat noch am 1. Mai in einer öffentlichen Bekanntmachung auf diese Gefahren aufmerksam gemacht. Die englische Presse hat damals diese Warnung verspottet unter Hinweis auf den Schutz, den die britische Flotte dem transatlantischen Verkehr sichere."

Selbstverständlich erhob sich in der englischen Presse ein wüstes Geheul.

„Daily Expreß" ging soweit, zu sagen, daß es eine hervorragende Wohltat für die Welt sein würde, wenn man den deutschen Botschafter Grafen v. Bernstorff wegen Mordes in den elektrischen

Hinrichtungsstuhl setzte. Einer Neuyorker Meldung der „Times" zufolge wartete eine dichtgedrängte Menge in atemloser Stille auf Nachrichten. Einige Deutsch=Amerikaner, welche die Bemerkung fallen ließen, daß man vor dem der „Lusitania" bevorstehenden „Schicksale" gewarnt habe, wurden von der erregten Menge geschlagen, bis sie das Bewußtsein verloren. Die allgemeine Ansicht war, daß Wilson jetzt handeln müsse, wie er es in seiner Note für den Fall, daß Nordamerikaner getötet würden, angekündigt habe. — Der amerikanische Botschafter in London hatte in einer Unterredung mit einem Pressevertreter erklärt, daß nur wenige die Drohung, die „Lusitania" zu versenken, ernst genommen hätten, man habe allgemein geglaubt, daß nur Angst erregt werden solle.

Etwas mehr Überlegung bekundete man in einzelnen Teilen Amerikas. Der Washingtoner Korrespondent der „Morning Post" meldete, daß sich mit dem Entsetzen die intensive Entrüstung über die Sorglosigkeit oder die Unfähigkeit der britischen Regierung verbinde, daß sie die „Lusitania" in die Kriegszone ohne den entsprechenden Schutz einfahren ließ. Es sei wichtig, daß dies Empfinden bekannt und gebührend gewürdigt würde. Die Amerikaner sagen, daß angesichts der Drohung der deutschen Botschaft die englische Regierung moralisch verpflichtet war, die Amerikaner zu beschützen, die den Versicherungen der Beamten der Cunardlinie vertrauten, daß sie keine Gefahr liefen. Besondere Maßregeln hätten getroffen werden müssen, um das Schiff zu beschützen. Das Publikum frage, weshalb das Schiff nicht eskortiert wurde. Man könne sich nicht verhehlen, daß das Versenken der „Lusitania" unter Umständen erfolgte, für die einige Blätter die englische Regierung kriminell verantwortlich machen, weil das Versprechen sicherer Eskorte durch britische Kriegsschiffe nicht ausgeführt wurde. Dies sei der schlimmste Schlag, den das englische Prestige erlitt, und habe die ernsteste moralische Wirkung. Wenn die englische Regierung machtlos sei, ein so wichtiges und kostspieliges Schiff wie die „Lusitania" zu schützen, fragen die Amerikaner, ob irgendwelches Schiff noch sicher sei. Nichts habe das amerikanische Vertrauen in die englische Seeherrschaft so sehr erschüttert, als diese Enthüllung von der Gleichgültigkeit oder der schlechten Führung, die die „Lusitania" in die deutsche Falle segeln ließ.

Deutschland ließ der Regierung der Vereinigten Staaten von Amerika und den Regierungen der neutralen Mächte in Europa durch die bei ihnen beglaubigten Kaiserlichen Vertreter eine Mitteilung folgenden Inhalts machen:

„Die Kaiserliche Regierung bedauert aufrichtig den Verlust von Menschenleben durch den Untergang der „Lusitania", muß jedoch jede Verantwortung ablehnen. England hat Deutschland durch seinen Aushungerungsplan zu entsprechenden Vergeltungsmaßregeln gezwungen, und das deutsche Anerbieten, für den Fall des Aufgebens des Aushungerungsplans den Unterseebootkrieg einzustellen, mit verschärften Blockademaßnahmen beantwortet. Englische Handelsschiffe können schon deshalb nicht als gewöhnliche Kauffahrteischiffe behandelt werden, weil sie gewohnheitsmäßig armiert sind und wiederholt durch Rammen Angriffe auf unsere Schiffe unternommen haben, so daß schon aus diesem Grund eine Durchsuchung ausgeschlossen ist. Der englische Parlamentssekretär hat noch jüngst auf Anfrage Lord Beresfords erklärt, daß nunmehr so gut wie alle englischen Handelsschiffe bewaffnet und auch mit Handgranaten versehen seien.

Übrigens gibt die englische Presse offen zu, daß die „Lusitania" mit gefährlicher Geschützstärke ausgerüstet war.

Der Kaiserlichen Regierung ist ferner bekannt, daß die „Lusitania" auf ihren letzten Reisen wiederholt große Mengen Kriegsmaterial beförderte, wie überhaupt die Cunarddampfer „Mauretania" und „Lusitania" infolge ihrer Schnelligkeit als besonders geschützt gegen Unterseebootangriffe betrachtet und mit Vorliebe zum Transporte von Kriegsmaterial benutzt wurden. Die „Lusitania" hatte auf der jetzigen Reise erwiesenermaßen 5400 Kisten Munition an Bord, auch die sonstige Ladung war größtenteils Konterbande. Vor Benutzung der „Lusitania" war, abgesehen von allgemeiner deutscher Warnung, noch durch den Botschafter Grafen Bernstorff besonders gewarnt worden. Die Warnung fand jedoch seitens Neutraler keine Beachtung, seitens der Cunardlinie und der englischen Presse sogar frevelhafte Verhöhnung. Wenn England auf diese Warnung hin jede Gefährdung des Schiffes bestritt, das Vorhandensein ausreichender Schutzmaßnahmen vortäuschte, und die Reisenden so zur Mißachtung der deutschen Warnungen und zur Benutzung eines Schiffes verführte, das nach Armierung und Ladung der Versenkung verfallen war, so trifft die Verantwortung für den von der Kaiserlichen Regierung aufs tiefste beklagten Verlust von Menschenleben ausschließlich die Königlich Großbritannische Regierung."

Demnächst stellte die deutsche Regierung aus dem Berichte des Unterseebootes, das die „Lusitania" zum Sinken gebracht hat, folgenden Sachverhalt fest:

„Das Boot sichtete den Dampfer, der keine Flagge führte, am 7. Mai, 2 Uhr 20 Minuten M. E. Z. nachmittags an der Südküste Irlands bei schönem, klaren Wetter. Um 3 Uhr 10 Minuten gab es einen Torpedoschuß auf „Lusitania" ab, die an Steuerbordseite in Höhe der Kommandobrücke getroffen wurde. Der Detonation des Torpedos folgte unmittelbar eine weitere Explosion von ungemein starker Wirkung. Das Schiff legte sich schnell nach Steuerbord über und begann zu sinken. Die zweite Explosion muß auf eine Entzündung der im Schiffe befindlichen Munitionsmengen zurückgeführt werden." — Der deutsche Botschafter Graf Bernstorff überreichte dem Staatssekretär Bryan vier eidliche Aussagen deutscher Reservisten, welche die „Lusitania" vor der Abreise besucht und die versteckten Geschütze gesehen haben. Es folgte ein neuer Notenwechsel zwischen den beiderseitigen Regierungen, welcher auch auf die Versenkung des englischen Passagierdampfers „Falaba" und die Torpedierung des amerikanischen Schiffes „Gulflight" Bezug nahm. Die amerikanische Regierung führte folgendes aus:

„Die Regierung der Vereinigten Staaten kennt die menschliche und aufgeklärte Haltung, die bisher von der Kaiserlich Deutschen Regierung in Fragen des Völkerrechts und besonders im Hinblick auf die Freiheit der Meere eingenommen worden ist; sie hat sich davon überzeugt, daß auf dem Gebiete völkerrechtlicher Verpflichtungen die deutschen Anschauungen und der deutsche Einfluß stets für die Sache der Gerechtigkeit und Menschlichkeit eingetreten sind; sie ist auch überzeugt davon, daß die von der Kaiserlich Deutschen Regierung ihren Marineoffizieren erteilten Anweisungen von den gleichen Gefühlen der Menschlichkeit geleitet sein dürften, wie es die Seegesetze anderer Nationen vorschreiben; deshalb konnte die Regierung der

Vereinigten Staaten nicht glauben und kann sich auch jetzt nicht entschließen zu glauben, daß diese so völlig den Regeln, Gewohnheiten und dem Geiste der modernen Kriegführung widersprechenden Maßnahmen die Genehmigung oder Billigung dieser großen Regierung haben konnten. Infolgedessen hält es die Regierung der Vereinigten Staaten für ihre Pflicht, sich deswegen an die Kaiserlich Deutsche Regierung mit der vollkommensten Offenheit und in der aufrichtigen Hoffnung zu wenden, daß sie sich nicht getäuscht hat, wenn sie von der Kaiserlich Deutschen Regierung eine Handlungsweise erwartet, die den durch ihre Maßnahmen hervorgerufenen bedauerlichen Eindruck verwischen und die die bisherige Haltung der deutschen Regierung bezüglich der geheiligten Freiheit der Meere wiederherstellen wird.

Die Regierung der Vereinigten Staaten ist von der Kaiserlich Deutschen Regierung davon in Kenntnis gesetzt worden, daß sie sich durch die außergewöhnlichen Umstände des gegenwärtigen Krieges und durch die von ihren Gegnern angewandten Maßregeln, die dahin abzielten, Deutschland von jedem Handelsverkehr abzuschneiden, gezwungen sehe, Repressivmaßregeln zu ergreifen, die die gewöhnlichen Methoden der Seekriegführung weit überschreiten, indem sie eine Kriegszone proklamierte, außerhalb deren sich zu halten sie die neutralen Schiffe gewarnt hatte. Die Regierung der Vereinigten Staaten hatte bereits Gelegenheit, die Kaiserliche Regierung davon in Kenntnis zu setzen, daß sie die Einführung derartiger Maßnahmen oder Warnungen vor deren Gefahren an amerikanische Schiffer oder amerikanische Staatsangehörige, die berechtigterweise als Passagiere auf Schiffen kriegführender Staaten reisen, nicht zulassen könne und daß sie die Kaiserlich Deutsche Regierung für jede absichtliche oder zufällige Verletzung dieser Rechte streng verantwortlich machen müsse. Die Regierung der Vereinigten Staaten kann nicht glauben, daß die Kaiserliche Regierung diese Rechte in Frage stellt; sie nimmt vielmehr an, daß die Kaiserliche Regierung als selbstverständlich anerkennt die Regel, daß das Leben von Nichtkombattanten — mögen sie neutraler Nationalität sein oder einer im Kriege befindlichen Nation angehören — rechtlicher- und billigerweise nicht durch die Kaperung oder Zerstörung eines unbewaffneten Handelsschiffes in Gefahr gebracht werden kann, und daß die Kaiserliche Regierung ebenfalls wie dies alle anderen Nationen tun, die Verpflichtung anerkennt, die gebräuchlichen Maßnahmen der Anhaltung und Untersuchung zu ergreifen, um festzustellen, ob ein verdächtiges Handelsschiff tatsächlich einer kriegführenden Nation angehört oder wirklich Kriegskonterbande unter neutraler Flagge führt. Die Regierung der Vereinigten Staaten möchte daher die Kaiserlich Deutsche Regierung allen Ernstes darauf aufmerksam machen, daß ihr Einwand gegen ihr jetziges Verfahren, den Handel ihrer Feinde anzugreifen, darin liegt, daß es praktisch unmöglich ist, Unterseeboote für die Vernichtung des Handels zu verwenden, ohne dabei die Regeln der Billigkeit, der Vernunft, der Gerechtigkeit und der Menschlichkeit zu mißachten, die von der modernen Anschauung als gebietend angesehen werden. Es ist für die Offiziere eines Unterseebootes tatsächlich unmöglich, ein Handelsschiff auf See zu durchsuchen und seine Papiere und Ladung zu prüfen; es ist für sie tatsächlich unmöglich, das Schiff als Prise zu nehmen und, wenn sie nicht an Bord des Schiffes eine Prisenbesatzung lassen können, so können sie es nicht versenken, ohne die Besatzung und alles, was sich an Bord befindet, Wind und Wellen in ihren kleinen Rettungsbooten preiszugeben. Diese Tatsachen gibt bekanntlich auch die Kaiserlich Deutsche Regierung offen zu. Wir erfahren nun, daß bei den obenerwähnten Fällen man nicht einmal die erforderliche Zeit gewährte, um diese elementarste Sicherheitsmaßnahme zu ergreifen, und daß in wenigstens zwei der angeführten Fälle nicht einmal eine Warnung erfolgt ist. Es ist klar, daß die Unterseeboote, wie die Ereignisse der letzten Wochen gezeigt haben, nicht gegen Handelsschiffe verwendet werden können ohne unvermeidliche Verletzungen vieler geheiligter Grundgesetze der Menschlichkeit und Gerechtigkeit.

Amerikanische Bürger handeln innerhalb der Grenzen ihrer unbestreitbaren Rechte, wenn sie auf hoher See ihre Schiffe überall dahin steuern und zur See überall dahin reisen, wohin sie ihre rechtmäßigen Geschäfte führen, und sie üben diese Rechte in dem wohl sehr berechtigten Vertrauen aus, daß ihr Leben nicht gefährdet werde durch Handlungen, die in offensichtlicher Verletzung allgemein anerkannter nationaler Verpflichtungen begangen werden, und sicher auch in dem Vertrauen, daß ihre eigene Regierung sie in der Ausübung ihrer Rechte unterstützen werde.

Es wurde, wie ich der Kaiserlich Deutschen Regierung bedauere mitteilen zu müssen, kürzlich in den Zeitungen der Vereinigten Staaten eine formelle, an die Bevölkerung der Vereinigten Staaten gerichtete Warnung veröffentlicht, die von der deutschen Botschaft in Washington stammen soll und die tatsächlich besagte, daß jeder Bürger der Vereinigten Staaten, der sein Recht zu freien Reisen auf den Meeren ausübe, es auf eigene Gefahr tue, falls seine Reise ihn in die Zone der Gewässer führe, in der die Kaiserliche Marine ihre Unterseeboote gegen den Handel Großbritanniens und Frankreichs verwende, trotz des achtungsvollen, aber sehr ernsthaften Protestes der Regierung der Vereinigten Staaten. Die Regierung der Vereinigten Staaten erwähnt dies nicht, um die Aufmerksamkeit der deutschen Regierung auf die überraschende Regelwidrigkeit der Tatsache zu lenken, daß eine von der deutschen Botschaft in Washington stammende Mitteilung sich an die Bevölkerung der Vereinigten Staaten durch Vermittlung der Presse richtet, sondern nur, um darauf hinzuweisen, daß eine Warnung vor einer ungesetzlichen und unbilligen Handlung in keiner Weise als eine Entschuldigung oder Milderung dieser Handlung noch als geeignet angesehen werden kann, die Verantwortlichkeit ihrer Urheber zu verringern.

Die Regierung der Vereinigten Staaten, die seit langem den Charakter der Kaiserlich Deutschen Regierung und die hohen Grundsätze der Billigkeit kennt, von denen sie in der Vergangenheit beseelt und geleitet war, kann nicht glauben, daß die Kommandanten der Schiffe, die diese ungesetzlichen Handlungen begangen haben, dies anders als unter einem Mißverständnisse der von den deutschen Marinebehörden gegebenen Befehle getan haben können. Sie setzt es als selbstverständlich voraus, daß in einem jeden solchen Falle man wenigstens im Bereiche der Grenzen der praktischen Möglichkeit erwarten könne, daß die Kommandanten selbst von Unterseebooten nichts tun würden, was das Leben von Nichtkombattanten oder die Sicherheit neutraler Schiffe gefährdet, selbst auf die Gefahr hin, daß die Kaperung oder Zerstörung des in Frage stehenden Schiffes vereitelt wird. Sie vertraut daher darauf, daß die Kaiserlich Deutsche Regierung die Handlungen, über die die Regierung der Vereinigten Staaten Klage führt, mißbillige; daß sie, soweit möglich, Genugtuung geben wird für unermeßliche Schäden und daß sie sofort die nötigen Schritte tun wird, um die Wiederholung von Vorfällen zu verhindern, die so offenkundig die Grundsätze der Kriegführung, für die die Kaiserlich Deutsche Regierung in der Vergangenheit so klug und fest eingetreten ist, umstürzen.

Die Regierung und die Bevölkerung der Vereinigten Staaten erwarten von der Kaiserlich Deutschen Regierung ein gerechtes, baldiges und aufgeklärtes Vorgehen in dieser vitalen Angelegenheit mit um so größerem Vertrauen, als die Vereinigten Staaten und Deutschland nicht nur durch besondere Bande der Freundschaft, sondern auch durch ausdrückliche Bestimmungen des Vertrages von 1828 zwischen den Vereinigten Staaten und dem Königreiche Preußen verbunden sind.

Der Ausdruck des Bedauerns und das Angebot einer Genugtuung im Falle der Zerstörung irrtümlich versenkter neutraler Schiffe können, wenn sie auch, im Falle Verluste an Menschenleben nicht zu beklagen sind, internationalen Verpflichtungen genügen mögen, doch nicht ein Verfahren rechtfertigen oder entschuldigen, dessen natürliche und notwendige Wirkung es ist, neutrale Staaten und Personen neuen und unermeßlichen Gefahren auszusetzen.

Die Kaiserlich Deutsche Regierung wird nicht erwarten, daß die Regierung der Vereinigten Staaten irgendein Wort ungesprochen oder irgendeine Tat ungeschehen lassen wird, die notwendig sein sollten, um ihrer heiligen Pflicht zu genügen, die Rechte der Vereinigten Staaten und ihrer Bürger zu wahren und ihre freie Ausübung und Genuß zu gewährleisten."

Die Antwortnote der Kaiserlich Deutschen Regierung in der „Lusitania"-Angelegenheit lautete im wesentlichen wie folgt:

„Was zunächst die Fälle der amerikanischen Dampfer „Cushing" und „Gulflight" betrifft, so ist der amerikanischen Botschaft bereits mitgeteilt worden, daß der deutschen Regierung jede Absicht fernliegt, im Kriegsgebiete neutrale Schiffe, die sich keiner feindlichen Handlung schuldig gemacht haben, durch Unterseeboote oder Flieger angreifen zu lassen; vielmehr sind den deutschen Streitkräften wiederholt die bestimmtesten Anweisungen gegeben worden, Angriffe auf solche Schiffe zu vermeiden. Wenn in den letzten Monaten infolge von

Verwechslungen neutrale Schiffe durch den deutschen Unterseebootkrieg zu Schaden gekommen sind, so handelt es sich um ganz vereinzelte Ausnahmefälle, die auf den Flaggenmißbrauch der britischen Regierung in Verbindung mit einem fahrlässigen oder verdächtigen Verhalten der Schiffskapitäne zurückzuführen sind. Die deutsche Regierung hat in allen Fällen, wo ein neutrales Schiff ohne eigenes Verschulden nach den von ihr getroffenen Feststellungen durch deutsche Unterseeboote oder Flieger zu Schaden gekommen ist, ihr Bedauern über den unglücklichen Zufall ausgesprochen und, wenn es in der Sachlage begründet war, Entschädigung zugesagt. Nach den gleichen Grundsätzen wird sie auch die Fälle der amerikanischen Dampfer „Cushing" und „Gulflight" behandeln; über diese Fälle ist eine Untersuchung im Gange, deren Ergebnis der Botschaft demnächst mitgeteilt werden wird, und die gegebenenfalls durch eine internationale Untersuchungskommission gemäß Titel III des Haager Abkommens zur friedlichen Erledigung internationaler Streitfälle vom 18. Oktober 1907 ergänzt werden könnte.

Bei der Versenkung des englischen Dampfers „Falaba" hatte der Kommandant des deutschen Unterseebootes die Absicht, den Passagieren und der Mannschaft volle Gelegenheit zu ihrer Rettung zu geben. Erst als der Kapitän der Aufforderung, beizudrehen, nicht nachkam, sondern flüchtete und mit Raketensignalen Hilfe herbeirief, forderte der deutsche Kommandant zunächst die Mannschaft und die Passagiere durch Signale und Sprachrohr auf, das Schiff binnen 10 Minuten zu verlassen; tatsächlich ließ er ihnen 23 Minuten Zeit und schoß den Torpedo erst ab, als verdächtige Fahrzeuge der „Falaba" zu Hilfe eilten.

Was die Verluste der Menschenleben bei der Versenkung des britischen Passagierdampfers „Lusitania" anlangt, so hat die deutsche Regierung den beteiligten neutralen Regierungen bereits ihr lebhaftes Bedauern darüber zum Ausdrucke gebracht, daß Angehörige ihrer Staaten ihr Leben bei dieser Gelegenheit verloren haben. Die Kaiserliche Regierung vermag sich im übrigen dem Eindrucke nicht zu verschließen, daß gewisse wichtige Tatsachen, die im unmittelbarsten Zusammenhange mit der Versenkung der „Lusitania" stehen, die Aufmerksamkeit der Regierung der Vereinigten Staaten entgangen sein könnten. Sie hält es deshalb im Interesse des von beiden Regierungen angestrebten Zieles einer klaren und vollen Verständigung für notwendig, sich zunächst davon zu überzeugen, daß die den beiden Regierungen vorliegenden Nachrichten über den Sachverhalt vollständig sind und übereinstimmen.

Die Regierung der Vereinigten Staaten geht davon aus, daß die „Lusitania" als ein gewöhnliches, unbewaffnetes Handelsschiff zu betrachten ist. Die Kaiserliche Regierung gestattet sich, in diesem Zusammenhange darauf hinzuweisen, daß die „Lusitania" einer der größten und schnellsten, mit Regierungsmitteln als Hilfskreuzer gebauten englischen Handelsdampfer war und in der von der englischen Admiralität herausgegebenen „Navy List" ausdrücklich aufgeführt ist. Der Kaiserlichen Regierung ist ferner aus zuverlässigen Angaben ihrer Dienststellen und neutraler Passagiere bekannt, daß schon seit längerer Zeit so gut wie alle wertvolleren englischen Handelsschiffe mit Geschützen, Munition und anderen Waffen versehen und mit Personen bemannt sind, die in der Bedienung der Geschütze besonders geübt sind. Auch die „Lusitania" hat nach hier vorliegenden Nachrichten bei der Abfahrt von Neuyork Geschütze an Bord gehabt, die unter Deck versteckt aufgestellt waren.

Die Kaiserliche Regierung beehrt sich, ferner die besondere Aufmerksamkeit der amerikanischen Regierung darauf zu lenken, daß die britische Admiralität ihrer Handelsmarine in einer geheimen Anweisung vom Februar dieses Jahres empfohlen hat, nicht nur hinter neutralen Flaggen und Abzeichen Schutz zu suchen, sondern sogar unter dieser Verkleidung durch Rammen angriffsweise gegen deutsche Unterseeboote vorzugehen. Auch sind als besonderer Ansporn zur Vernichtung der Unterseeboote durch Handelsschiffe von der britischen Regierung hohe Preise ausgesetzt und auch bereits ausgezahlt worden. Angesichts dieser ihr einwandfrei bekannten Tatsachen vermag die Kaiserliche Regierung englische Kauffahrteischiffe auf dem vom Admiralstabe der Kaiserlich Deutschen Marine bezeichneten Seekriegsschauplatze nicht mehr als „unverteidigtes Gebiet" anzusehen; auch sind die deutschen Kommandanten infolgedessen nicht mehr in der Lage, die sonst für das Seebeuterecht üblichen Regeln zu beobachten, denen sie früher stets nachgekommen sind. Endlich muß die Kaiserliche

Regierung besonders darauf hinweisen, daß die „Lusitania", wie schon früher, so auch auf ihrer letzten Reise kanadische Truppen und Kriegsmaterial, unter diesem nicht weniger als 5400 Kisten Munition an Bord hatte, die zur Vernichtung tapferer deutscher Soldaten, die mit Opfermut und Hingebung ihre Pflicht im Dienste des Vaterlandes erfüllen, bestimmt war. Die deutsche Regierung glaubt in gerechter Selbstverteidigung zu handeln, wenn sie mit den ihr zu Gebote stehenden Kriegsmitteln durch Vernichtung der für den Feind bestimmten Munition das Leben ihrer Soldaten zu schützen sucht. Die englische Schiffahrtsgesellschaft mußte sich der Gefahren, denen die Passagiere unter diesen Umständen an Bord der „Lusitania" ausgesetzt waren, bewußt sein. Sie hat, wenn sie sie trotzdem an Bord nahm, in voller Überlegung das Leben amerikanischer Bürger als Schutz für die beförderte Munition zu benutzen versucht und sich in Widerspruch zu den klaren Bestimmungen der amerikanischen Gesetzgebung gesetzt, die die Beförderung von Passagieren auf Schiffen, die Explosivstoffe an Bord haben, ausdrücklich verbietet und mit Strafe bedroht. Sie hat dadurch in frevelhafter Weise den Tod so zahlreicher Passagiere verschuldet. Nach der ausdrücklichen Meldung des betreffenden U=Bootkommandanten, die durch alle sonstigen Nachrichten lediglich bestätigt wird, kann es keinem Zweifel unterliegen, daß der rasche Untergang der „Lusitania" in erster Linie auf die durch den Torpedoschuß verursachte Explosion der Munitionsladung zurückzuführen ist. Anderenfalls wären die Passagiere der „Lusitania" menschlicher Voraussicht nach gerettet worden.

Die Kaiserliche Regierung hält die im vorstehenden angeführten Tatsachen für wichtig genug, um sie einer aufmerksamen Prüfung der amerikanischen Regierung zu empfehlen. Indem die Kaiserliche Regierung sich ihre endgültige Stellungnahme zu den im Zusammenhange mit der Versenkung der „Lusitania" gestellten Forderungen bis nach Eingang einer Antwort der amerikanischen Regierung vorbehalten darf, glaubt sie schließlich an dieser Stelle darauf hinweisen zu sollen, wie sie seinerzeit mit Genugtuung von den Vermittlungsvorschlägen Kenntnis genommen hat, die seitens der amerikanischen Regierung in Berlin und London unterbreitet worden sind, um einen modus vivendi für die Führung des Seekrieges zwischen Deutsch=

land und Großbritannien anzubahnen. Die Kaiserliche Regierung hat damals durch ihr bereitwilliges Eingehen auf diese Vorschläge ihren guten Willen zur Genüge dargetan. Die Verwirklichung dieser Vorschläge ist, wie bekannt, an der ablehnenden Haltung der großbritannischen Regierung gescheitert."

In ihrer Antwort stellte die Regierung der Vereinigten Staaten mit Befriedigung fest, daß die Kaiserlich Deutsche Regierung bei Erörterung der Fälle „Cushing" und „Gulflight" den Grundsatz voll anerkenne, wonach alle Teile der offenen See für neutrale Schiffe frei sind, und daß die Kaiserlich Deutsche Regierung aufrichtig gewillt sei, ihre Verbindlichkeit anzuerkennen und auszuführen, wenn die Tatsache eines Angriffs auf neutrale Schiffe, „die sich keiner feindlichen Handlung schuldig gemacht haben", durch deutsche Flieger oder Kriegsschiffe genügend nachgewiesen ist. Sie führte dann bezüglich des „Lusitania"-Falles folgendes aus:

„Die Note der deutschen Regierung weist bei der Erörterung der Verluste von amerikanischen Menschenleben anläßlich der Versenkung des Dampfers „Lusitania" mit ziemlicher Ausführlichkeit auf gewisse Nachrichten hin, die der Kaiserlich Deutschen Regierung hinsichtlich des Charakters und der Ausrüstung dieses Schiffes zugegangen sind, und gibt der Befürchtung Ausdruck, daß diese Nachrichten nicht zur Kenntnis der Regierung der Vereinigten Staaten gelangt sein könnten. In der Note wird behauptet, daß die „Lusitania" zweifellos bewaffnet gewesen sei, im besonderen versteckte Geschütze geführt habe, daß sie mit ausgebildeter Bedienungsmannschaft für die Geschütze und besonderer Munition versehen gewesen sei, Truppen von Kanada befördert, eine Ladung an Bord gehabt habe, die nach den Gesetzen der Vereinigten Staaten für ein Schiff, das auch Passagiere befördert, nicht zulässig gewesen sei, und daß sie ihrem Wesen nach als Hilfsschiff der englischen Seestreitkräfte gedient habe. Glücklicherweise sind dies Angelegenheiten, bezüglich deren die Regierung der Vereinigten Staaten in der Lage ist, der Kaiserlich Deutschen Regierung amtliche Aufklärungen zu geben. Falls diese Tatsachen zuträfen, wäre die Regierung der Vereinigten Staaten verpflichtet gewesen, davon amtlich Kenntnis zu nehmen in Ausübung ihrer anerkannten Pflicht als neutrale Macht und in Anwendung ihrer nationalen Gesetze. Es wäre ihre Pflicht gewesen, darauf zu achten, daß die „Lusitania" für ein angriffsweises Vorgehen nicht bewaffnet war, daß sie keine Ladung führte, die durch die Gesetze der Vereinigten Staaten verboten war, und daß sie, wenn sie tatsächlich ein englisches Flottenschiff war, keine Klarierungspapiere als Handelsschiff erhalten durfte. Die Regierung der Vereinigten Staaten hat diese Pflicht erfüllt und ihre Gesetze mit gewissenhafter Wachsamkeit durch ihre ordnungsgemäß bestellten Beamten zur Anwendung gebracht. Sie ist deshalb in der Lage, der Kaiserlich Deutschen Regierung zu versichern, daß diese falsch informiert war. Sollte die Kaiserlich Deutsche Regierung der Auffassung sein, daß sie überzeugende Beweise besitzt, wonach die Beamten der Regierung der Vereinigten Staaten ihre Pflicht nicht gründlich erfüllt haben, so gibt sich die Regierung der Vereinigten Staaten der aufrichtigen Hoffnung hin, daß die Kaiserlich Deutsche Regierung dieses Beweismaterial zur Prüfung unterbreiten wird.

Was immer auch die Behauptung der Kaiserlich Deutschen Regierung hinsichtlich der Beförderung von Kriegskonterbande an Bord der „Lusitania" oder hinsichtlich der Explosion dieses Materials durch den Torpedoschuß sein möge, so braucht nur gesagt zu werden, daß nach Ansicht der amerikanischen Regierung diese Behauptungen für die Frage der Gesetzmäßigkeit des von den deutschen Marinebehörden bei Versenkung des Schiffes angewandten Verfahrens unerheblich sind.

Allein die Versenkung von Passagierdampfern berührt Grundsätze der Menschlichkeit, denen gegenüber die besonderen einzelnen Umstände, die in den Versenkungsfällen mitsprechen könnten, in den Hintergrund gedrängt werden, Grundsätze, die eine solche Versenkung, wie die Kaiserlich Deutsche Regierung zweifelsohne ungesäumt erkennen und anerkennen wird, aus der Reihe der gewöhnlichen Gegenstände diplomatischer Erörterung oder internationaler Streitfragen herausheben. Was immer die sonstigen Tatsachen im Falle der „Lusitania" sein mögen, die Hauptsache bleibt, daß ein großer Dampfer, der in erster Linie und vorzugsweise als Beförderungsmittel für Passagiere diente und über tausend Menschen beförderte, die keinerlei Anteil an der Kriegführung hatten, torpediert und versenkt wurde ohne geringsten Anruf oder Warnung, und daß Männer,

Frauen und Kinder unter Umständen, für die es in der modernen Kriegführung kein Beispiel gibt, in den Tod gesandt wurden. Die Tatsache, daß mehr als hundert amerikanische Bürger unter denen waren, die zugrunde gingen, macht es der Regierung der Vereinigten Staaten zur Pflicht, von diesen Dingen zu sprechen und erneut mit feierlichem Nachdrucke die Aufmerksamkeit der Kaiserlich Deutschen Regierung auf die schwere Verantwortung zu lenken, die sie nach Ansicht der Regierung der Vereinigten Staaten bei dieser tragischen Begebenheit auf sich geladen hat, und auf den unanfechtbaren Grundsatz, worauf diese Verantwortung beruht.

Die Regierung der Vereinigten Staaten bemüht sich um etwas Größeres als bloße Eigentumsrechte oder Handelsprivilegien. Sie bemüht sich um nichts weniger Erhabenes und Heiliges als die Rechte der Menschlichkeit, durch deren Achtung sich jede Regierung ehrt, und auf die keine Regierung im Interesse der in ihrer Obhut und Gewalt Befindlichen verzichten darf. Nur tatsächlicher Widerstand gegenüber der Kaperung oder die Weigerung, anzuhalten, wenn dies zu Durchsuchungszwecken befohlen war, hätte dem Führer des Unterseebootes eine Berechtigung geben können, das Leben der an Bord Befindlichen in Gefahr zu bringen. Die Regierung der Vereinigten Staaten ist der Ansicht, daß die ausdrücklichen, am 3. August 1914 durch die Kaiserlich Deutsche Admiralität an ihre Seeoffiziere erlassenen Instruktionen diesen Grundsatz anerkannt und zur Geltung gebracht haben, wie dies auch die Prisenordnungen aller anderen Nationen tun, und jeder Reisende und Seemann hatte ein Recht, sich darauf zu verlassen. Auf diesem Grundsatze der Menschlichkeit sowohl als auf dem Gesetze, das sich darauf gründet, müssen die Vereinigten Staaten bestehen.

Die Regierung der Vereinigten Staaten erneut deshalb ernstlichst und feierlichst die Vorstellungen, die sie in ihrer Note an die Kaiserlich Deutsche Regierung vom 15. Mai erhoben hat, und stützt sich bei diesen Vorstellungen auf die Grundsätze der Menschlichkeit, die allgemein anerkannten Anschauungen des internationalen Rechts und die alte Freundschaft mit dem deutschen Volke. Sie darf deshalb erwarten, daß die Kaiserlich Deutsche Regierung die notwendigen Maßnahmen ergreifen wird, um diese Grundsätze hinsichtlich der

Sicherung amerikanischer Leben und amerikanischer Schiffe zu verwirklichen und bittet um die Zusicherung, daß dies geschehen wird."

Deutschland setzte in seiner Antwortnote vom 9. Juli noch einmal in überzeugender Weise auseinander, daß es lediglich in Abwehr der englischen Blockademaßnahmen und in berechtigter Notwehr handle:

„Der amerikanischen Regierung ist es bekannt, wie von vornherein und in steigender Rücksichtslosigkeit Deutschlands Gegner darauf ausgegangen sind, unter Lossagung von allen Regeln des Völkerrechts und unter Mißachtung aller Rechte der Neutralen durch die völlige Lahmlegung des friedlichen Verkehrs zwischen Deutschland und den neutralen Ländern nicht sowohl die Kriegführung als vielmehr das Leben der deutschen Nation vernichtend zu treffen. Am 3. November v. J. hat England die Nordsee zum Kriegsgebiet erklärt und der neutralen Schiffahrt die Durchfahrt durch Legung schlecht verankerter Minen sowie durch Anhalten und Aufbringung der Schiffe aufs äußerste gefährdet und erschwert, so daß es tatsächlich neutrale Küsten und Häfen gegen alles Völkerrecht blockiert. Lange vor Beginn des Unterseebootkrieges hat England auch die legitime neutrale Schiffahrt nach Deutschland so gut wie völlig unterbunden. So wurde Deutschland zu dem Handelskriege mit Unterseebooten gezwungen. Bereits am 16. November v. J. hat der englische Premierminister im Unterhaus erklärt, daß es eine der Hauptaufgaben Englands sei, zu verhindern, daß Nahrungsmittel für die deutsche Bevölkerung über neutrale Häfen nach Deutschland gelangten. Seit dem 1. März d. J. endlich nimmt England von den neutralen Schiffen alle nach Deutschland gehenden sowie alle von Deutschland kommenden Waren, auch wenn sie neutrales Eigentum sind, ohne weiteres weg. Wie seinerzeit die Buren, so soll jetzt das deutsche Volk vor die Wahl gestellt werden, ob es mit seinen Frauen und Kindern dem Hungertod erliegen oder seine Selbständigkeit aufgeben wolle.

Während uns so unsere Feinde laut und offen den Krieg ohne Gnade und bis zur völligen Vernichtung angesagt haben, führen wir den Krieg in der Notwehr für unsere nationale Existenz und um eines dauernd gesicherten Friedens willen. Den erklärten Absichten unserer Feinde und der von ihnen angewandten völkerrechtswidrigen Kriegführung haben wir den Unterseebootkrieg anpassen müssen.

Bei allen grundsätzlichen Bemühungen, neutrales Leben und Eigentum nach Möglichkeit vor Schädigung zu bewahren, hat die deutsche Regierung schon in der Denkschrift vom 4. Februar rückhaltlos anerkannt, daß durch den Unterseebootkrieg Interessen der Neutralen in Mitleidenschaft gezogen werden könnten. Aber ebenso wird auch die amerikanische Regierung zu würdigen wissen, daß die Kaiserliche Regierung in dem Daseinskampfe, der Deutschland von seinen Gegnern aufgezwungen und angekündigt ist, die heilige Pflicht hat, alles, was irgend in ihrer Macht steht, zu tun, um das Leben der deutschen Untertanen zu schützen und zu retten. Wollte die Kaiserliche Regierung diese ihre Pflichten versäumen, so würde sie sich vor Gott und der Geschichte der Verletzung derjenigen Prinzipien höchster Humanität schuldig machen, die die Grundlagen jedes Staatslebens sind.

Mit erschreckender Deutlichkeit zeigt der Fall der „Lusitania", zu welcher Gefährdung von Menschenleben die Art der Kriegführung unserer Gegner führt. Durch die unter Verheißung von Prämien erfolgte Anweisung an die britischen Handelsschiffe, sich zu armieren und die Unterseeboote zu rammen, ist in schärfstem Widerspruch mit allen Grundsätzen des Völkerrechts jede Grenze zwischen den Handels- und Kriegsschiffen verwischt, und sind die Neutralen, die die Handelsschiffe als Reisende benutzen, allen Gefahren des Krieges in erhöhtem Maß ausgesetzt worden. Hätte der Kommandant des deutschen Unterseebootes, welches die „Lusitania" vernichtete, Mannschaften und Reisende vor der Torpedierung ausbooten lassen, so hätte dies die sichere Vernichtung seines eigenen Bootes bedeutet. Nach allen bei der Versenkung viel kleinerer und weniger seetüchtiger Schiffe gemachten Erfahrungen war zu erwarten, daß ein so mächtiges Schiff wie die „Lusitania" auch nach der Torpedierung lange genug über Wasser bleiben würde, um die Passagiere in die Schiffsboote gehen zu lassen. Umstände ganz besonderer Art, insonderheit das Vorhandensein großer Mengen hochexplosiver Stoffe an Bord, haben diese Erwartung getäuscht. Außerdem darf noch darauf hingewiesen werden, daß bei der Schonung der „Lusitania" Tausende von Kisten mit Munition den Feinden Deutschlands zugeführt und dadurch Tausende deutscher Mütter und Kinder ihrer Ernährer beraubt worden wären.

In dem Geiste der Freundschaft, von der das deutsche Volk gegenüber der Union und ihren Bewohnern seit den ersten Tagen ihres Bestehens beseelt ist, wird die Kaiserliche Regierung immer bereit sein, auch während des gegenwärtigen Krieges alles ihr mögliche zu tun, um der Gefährdung des Lebens amerikanischer Bürger vorzubeugen.

Die Kaiserliche Regierung wiederholt daher die Zusicherung, daß amerikanische Schiffe in der Ausübung der legitimen Schiffahrt nicht gehindert und das Leben amerikanischer Bürger auf neutralen Schiffen nicht gefährdet werden sollen.

Um unvorherzusehende, bei der Seekriegführung der Gegner Deutschlands mögliche Gefährdungen amerikanischer Passagierdampfer auszuschließen, werden die deutschen Unterseeboote angewiesen werden, solche durch besondere Abzeichen kenntlich gemachte und in angemessener Zeit vorher angesagte Passagierdampfer frei und sicher passieren zu lassen. Dabei gibt sich die Kaiserliche Regierung allerdings der zuversichtlichen Hoffnung hin, daß die amerikanische Regierung die Gewähr dafür übernimmt, daß diese Schiffe keine Konterbande an Bord haben. Die näheren Vereinbarungen für die unbehelligte Fahrt dieser Schiffe würden von den beiderseitigen Marinebehörden zu treffen sein.

Zur Schaffung ausreichender Reisegelegenheit für amerikanische Bürger über den Atlantischen Ozean stellt die deutsche Regierung zur Erwägung, die Zahl der verfügbaren Dampfer dadurch zu vermehren, daß eine angemessene, der genaueren Vereinbarung unterliegende Zahl neutraler Dampfer unter amerikanischer Flagge in den Passagierdienst unter den gleichen Bedingungen wie die vorgenannten amerikanischen Dampfer eingestellt wird.

Die Kaiserliche Regierung glaubt annehmen zu dürfen, daß auf diese Weise ausreichende Gelegenheiten für amerikanische Bürger zur Reise über den Atlantischen Ozean zu schaffen sind. Eine zwingende Notwendigkeit für amerikanische Bürger, in Kriegszeiten auf Schiffen unter feindlicher Flagge nach Europa zu reisen, dürfte demnach nicht vorliegen. Insbesondere vermag die Kaiserliche Regierung nicht zuzugeben, daß amerikanische Bürger ein feindliches Schiff durch die bloße Tatsache ihrer Anwesenheit an Bord zu schützen vermögen.

Deutschland ist lediglich dem Beispiel Englands gefolgt, als es einen Teil der See zum Kriegsgebiet erklärte. Unfälle, die in diesem Kriegs= gebiete Neutralen auf feindlichen Schiffen zustoßen sollten, könnten daher nicht wohl anders beurteilt werden, als Unfälle, denen Neutrale auf dem Kriegsschauplatze zu Lande jederzeit ausgesetzt sind, wenn sie sich trotz vorheriger Warnung in Gefahr begeben.

Sollte sich jedoch die Erwerbung neutraler Passagierdampfer für die amerikanische Regierung nicht in ausreichendem Umfang ermög= lichen lassen, so ist die Kaiserliche Regierung bereit, keine Ein= wendungen dagegen zu erheben, daß die amerikanische Regierung vier Passagierdampfer feindlicher Flagge für den Passagierverkehr Nord= amerika—England unter amerikanische Flagge bringt. Die Zusagen für die „freie und sichere" Fahrt amerikanischer Passagierdampfer würde dann unter den gleichen Vorbedingungen auch auf diese früher feindlichen Passagierdampfer ausgedehnt werden."

Am 19. August ereignete sich ein neuer Zwischenfall. Der Dampfer „Arabic" der White=Star=Linie (10 000 Tonnen) war auf dem Wege nach Amerika torpediert worden. Die Reisenden und die Besatzung wurden gerettet. Auf dem Dampfer befanden sich ins= gesamt 170 Fahrgäste dritter Klasse und 250 Mann Besatzung. Viele Passagiere waren Amerikaner. Die „Arabic" sank in 11 Minuten. Eine Schaluppe nahm Reisende und Besatzung von 11 Booten auf. Alle Passagiere wurden bis auf acht gerettet. Unter den acht Er= trunkenen befanden sich vier Amerikaner. — Die deutsche Regierung übergab dem amerikanischen Botschafter über den Fall eine Auf= zeichnung folgenden Inhalts:

„Am 19. August hatte ein deutsches Unterseeboot etwa 60 See= meilen südlich von Kinsale den englischen Dampfer „Dunsley" an= gehalten und war im Begriffe, die Prise, nachdem die Besatzung das Schiff verlassen hatte, durch Geschützfeuer zu versenken. In diesem Augenblicke sah der Kommandant einen größeren Dampfer in gerader Richtung auf sich zukommen. Dieser Dampfer, der — wie sich später herausstellte — mit der „Arabic" identisch war, wurde als feindlicher erkannt, da er keine Flagge und keine Neutralitäts= abzeichen führte. Beim Herannahen änderte er seinen ursprünglichen Kurs, drehte dann aber wieder direkt auf das U=Boot zu; hieraus gewann der Kommandant die Überzeugung, daß der Dampfer die Absicht habe, ihn anzugreifen und zu rammen. Um diesem Angriffe zuvorzukommen, ließ er das Unterseeboot tauchen und schoß einen Torpedo auf den Dampfer ab. Nach dem Schuß überzeugte er sich, daß sich die an Bord befindlichen Personen in 15 Booten retteten.

Nach seinen Instruktionen durfte der Kommandant die „Arabic" ohne Warnung und ohne Rettung der Menschenleben nur dann angreifen, wenn das Schiff entweder einen Fluchtversuch machte oder Widerstand leistete. Aus den Begleitumständen mußte er aber den Schluß ziehen, daß die „Arabic" einen gewaltsamen Angriff auf das Unterseeboot plante. Dieser Schluß lag um so näher, als er am 14. August, also wenige Tage vorher, in der Irischen See von einem großen, anscheinend der britischen Royal Mail Steam Packet Company gehörigen Passagierdampfer, den er weder angegriffen noch angehalten hatte, schon aus weiterer Entfernung beschossen worden war.

Daß durch das Vorgehen des Kommandanten Menschenleben verloren gegangen sind, bedauert die deutsche Regierung auf das lebhafteste; insbesondere spricht sie dieses Bedauern der Regierung der Vereinigten Staaten wegen des Todes amerikanischer Bürger aus. Eine Verpflichtung, hierfür Schadenersatz zu leisten, vermag sie indes selbst für den Fall nicht anzuerkennen, daß der Kommandant sich über die Angriffsabsicht der „Arabic" geirrt haben sollte. Sofern etwa über diesen Punkt zwischen der deutschen und der amerikanischen Regierung eine übereinstimmende Auffassung nicht zu erzielen sein sollte, wäre die deutsche Regierung bereit, die Meinungsverschiedenheit als eine völkerrechtliche Frage gemäß Artikel 38 des Haager Abkommens zur friedlichen Erledigung internationaler Streitfälle dem Haager Schiedsgericht zu unterbreiten; dabei setzt sie als selbstverständlich voraus, daß der Schiedsspruch nicht etwa die Bedeutung haben soll, eine generelle Entscheidung über die völkerrechtliche Zulässigkeit oder Unzulässigkeit des deutschen Unterseebootkrieges zu treffen."

Die Frage der zu zahlenden Schadenvergütung werde in direkten Verhandlungen mit dem Grafen Bernstorff erledigt werden. In einem Brief an den amerikanischen Staatssekretär Lansing teilte Graf Bernstorff mit, der Kommandant des Unterseebootes, das die „Arabic" versenkt habe, sei nach seinen und der Besatzung dienstlichen und eidlichen Aussagen fest davon überzeugt gewesen, daß die „Arabic" das Unterseeboot angreifen wollte. Die Kaiserliche Regierung habe andererseits den eidlichen Aussagen der englischen Offiziere der „Arabic", die das Unterseeboot nicht gesehen haben wollen, Glauben nicht versagen wollen und gebe danach zu, daß ein Rammversuch tatsächlich nicht vorgelegen habe. Der Angriff des Unterseebootes habe somit zu ihrem Bedauern den erteilten Instruktionen nicht entsprochen, was dem Kommandanten mitgeteilt worden sei.

Insgemein teilte der deutsche Botschafter in Washington der Regierung der Vereinigten Staaten weisungsgemäß mit, daß nach den bestehenden Instruktionen Passagierdampfer nicht ohne vorherige Warnung und ohne daß das Leben der Nichtkombattanten in Sicherheit gebracht sei, versenkt werden sollen. Hierbei werde natürlich vorausgesetzt, daß die betreffenden Schiffe nicht zu fliehen versuchen und keinen Widerstand leisten, widrigenfalls sie sich ohne weiteres der Zerstörung aussetzen.

Die Zwischenfälle mit Amerika schienen hierdurch ihre Erledigung gefunden zu haben.

Auch die Versenkung des amerikanischen Dampfers „William P. Frye" wurde in friedlicher Weise beigelegt:

Die deutsche Regierung ließ die Vereinigten Staaten wissen, daß die deutsche Flotte den Auftrag erhalten habe, keine amerikanischen Handelsschiffe mit bedingter Konterbande zu zerstören, auch da, wo das Völkerrecht es zulasse. Solchen Schiffen müsse, wenn sie nicht eingebracht werden könnten, gestattet werden, die Reise fortzusetzen. Deutschland erklärte, dies sei geschehen, um Amerika den Beweis seines Entgegenkommens zu geben, solange die Frage der Auslegung des Vertrages von 1799 noch auf schiedsgerichtliche Entscheidung warte.

Die Note sagt ferner, amerikanische Schiffe, die absolute Konterbande führen, würden beim Vorliegen der völkerrechtlichen Voraussetzungen zerstört werden; dabei würden aber selbstverständlich Passagiere und Besatzung in Sicherheit gebracht werden, ehe die Schiffe versenkt würden. In dieser Beziehung könne Deutschland die amerikanische Auslegung der Vertragsbestimmungen nicht gelten lassen, solange die Entscheidung des Schiedsgerichts ausstehe, da eine solche Annahme für Deutschland weit nachteiliger wäre, als das Gegenteil für die Bürger der Vereinigten Staaten, die für jede Beschädigung ihres Eigentums schadlos gehalten würden. Deutschland nehme den amerikanischen Vorschlag, Sachverständige zu ernennen, die den Betrag der Schadenvergütung an die Vereinigten Staaten für die Versenkung des Dampfers "William P. Frye" festlegen sollte, an, weigere sich aber, Schiedsrichter aufzustellen, da etwaige Meinungsverschiedenheiten zwischen den Sachverständigen sehr wohl auf diplomatischem Wege beigelegt werden könnten.

X.

Die deutschen U-Boote hatten fortgesetzt reiche Beute gemacht, und angesichts ihrer so außerordentlich fruchtbaren Arbeit ist die Zahl der Fälle, die zu diplomatischen Weiterungen führte, eigentlich sehr gering. —

Allgemeine Trauer erregte es, als bekannt wurde, daß "U 29", dem tapferen Kommandanten Weddigen unterstellt, als verloren zu gelten habe. Bereits am 26. März hatte die englische Admiralität bekanntgegeben, daß sie Grund habe, anzunehmen, daß "U 29" mit der ganzen Besatzung vernichtet sei. Mit Abscheu hörte die Welt, daß die heldenmütige Schar das Opfer eines heimtückischen Überfalles geworden war. Amtlich wurde bekanntgegeben, daß feststehe, daß das Boot durch einen unter schwedischer Flagge fahrenden englischen Tankdampfer zum Sinken gebracht worden ist. Hierdurch fanden die von vornherein umlaufenden Gerüchte ihre Bestätigung, daß das Boot britischer Hinterlist zum Opfer gefallen sei. Zwar erklärte die englische Admiralität zwei Tage später in einem Rest von Schamgefühl, daß das deutsche Unterseeboot, "dessen Versenkung am 25. März mitgeteilt wurde", von einem britischen Kriegsschiffe versenkt worden sei. Es war dies die Antwort auf eine schwedische Anzapfung.

"Stockholms Dagblad" hatte anläßlich des deutschen Berichts über den Untergang von "U 29" die englische Regierung aufgefordert, zu sagen, was sie darüber wisse. Da die ehrliche Flagge des neutralen Schwedens in diesem Zusammenhange genannt werde, so warte man in Schweden gespannt darauf, welche Antwort von autoritativer englischer Seite komme. Schweigen sei auch eine Antwort und indirekt eine Anerkennung dafür, daß man bei dem Untergange von „U 29" in einer Art verfahren habe, welche man früher unenglisch genannt habe.

Die Welt hat die deutsche Darstellung geglaubt. Der Kaiser richtete an die verwitwete Gattin des Kapitänleutnants Weddigen die folgende Order:

„Es ist Mir gemeldet worden, daß beim Untergange des von Ihrem Gatten geführten Unterseebootes auch sein Orden Pour le mérite und sein Eisernes Kreuz I. Klasse in Verlust geraten sind. Ich bestimme, daß Ihnen die genannten Ordenszeichen als eine äußere Erinnerung an die Taten des heldenhaft vor dem Feinde Gebliebenen hiermit ersetzt werden und bringe Ihnen bei dieser Gelegenheit noch ganz persönlich zum Ausdrucke, wie sehr Ich mit Ihnen den herben Verlust empfinde, den Sie erlitten haben. Sie haben Ihr Bestes für das Vaterland hergeben müssen. Möge Gottes Trost Ihnen zur Seite stehen und es Ihnen immer gewärtig bleiben, daß mit Ihnen das ganze Vaterland um Ihren Gatten trauert, der unvergänglichen Ruhm für sich und die Marine erworben hat und für alle Zeiten als leuchtendes Beispiel der Kühnheit und ruhigen Entschlußkraft weiterleben wird.

Großes Hauptquartier, den 19. Mai 1915.

gez. Wilhelm I. R."

Die Untätigkeit der englischen Hochseeflotte schien Mitte April eine Unterbrechung erfahren zu haben; es hatte verlautet, daß in der Nacht vom 7. zum 8. April eine heftige Seeschlacht zwischen deutschen und englischen Kriegsschiffen in der Nähe von Bergen stattgefunden habe. Auch aus See kommende Schiffe berichteten, daß sie Geschwader von Kriegsschiffen gesehen und in der fraglichen Nacht Geschützfeuer und Scheinwerferleuchten beobachtet hätten.

Diese Nachrichten erschienen unglaubwürdig. Erst Mitte Mai kam in das Dunkel, das bisher über diesem Seegefechte lag, Licht.

Ein an den gefangenen Kommandanten des englischen Unterseebootes „A E 2", das in den Dardanellen vernichtet wurde, gerichteter, vom 11. April datierter Brief, der in unsere Hände fiel, sagte über die Nordseeschlacht, die „in der Woche vorher stattgefunden haben soll," folgendes: „Superb" gesunken, „Warrior" sinkend, ohne daß die deutsche Marine Verluste hätte. Freitag, den 9. April, lief, schwer beschädigt, eine Anzahl Kreuzer ein. „Lion" fürchterlich zugerichtet. Der offizielle Bericht verschweigt alles, was sehr unrecht ist."

Übereinstimmend hiermit besagten zuverlässige Nachrichten von neutraler Seite, die bald nach der Schlacht bekannt wurden, daß eine Reihe schwerer und leichter havarierter großer und kleiner englischer Schiffe in die englischen Häfen eingelaufen waren, ihre damals noch auf unerklärliche Weise erlittenen Beschädigungen auszubessern. Insbesondere lief in den Tyne eine Anzahl beschädigter Schiffe ein. In den Firth of Forth wurde ein am Backbordbug beschädigter Kreuzer eingeschleppt. In die Themse fuhr ein Linienschiff mit schwerer Steuerbord-Schlagseite. In Dover lag ein Großkampfschiff mit starker Backbord-Schlagseite, bei dem die obere Hälfte des hinteren Schornsteins fehlte.

Aus welchem Grunde die norwegische Zensur damals alle Erörterungen und Telegramme über die Schlacht, die ja in ihren Einzelheiten von mehreren Stellen wahrgenommen war, unterdrücken mußte, wurde jetzt klar. Erklärlich auch der Eifer, mit dem die britische Admiralität in Abrede stellte, daß eine Seeschlacht zwischen der deutschen und englischen Flotte stattgefunden habe.

Sie hatte Recht mit dieser Bekanntmachung. Die deutsche Flotte hatte an dieser Schlacht keinen Anteil. Da neutrale Schiffe nicht in Frage kommen, kann es sich nur um einen Kampf britischer Geschwader handeln, die sich im Dunkel der Nacht nicht erkannt haben.

Am 29. Mai wurde aus Sheerneß gemeldet, daß der englische Hilfskreuzer „Prinzeß Irene" in Port Victoria durch eine innere Explosion zerstört worden sei. Die Ursache ist unbekannt. Die Gewalt der Explosion war furchtbar. Auf eine Entfernung von mehreren Meilen wurden Fenster zertrümmert und stürzten Zimmerdecken ein. Augenzeugen sagten, daß die Flammen 300 Fuß hoch stiegen. Zwei Feuersäulen stiegen auf, in wenigen Sekunden von dichten Wolken weißen Rauches begleitet. Als sich nach einigen Minuten der Rauch verzog, war das Schiff verschwunden, nur Wrackstücke schwammen umher. Mehrere Leute an Bord in der Nachbarschaft ankernder Schiffe wurden durch umherfliegende Trümmer verletzt. Ein kohlender Hilfskreuzer verlor seinen Kran, der durch die Wucht der Explosion aus der Montierung gerissen wurde und ins Meer flog. Ein Teil des Kessels fiel auf ein eine halbe Meile entfernt liegendes Schiff. Die Besatzung des Hilfskreuzers war 357 Mann stark, einer wurde gerettet. Die „Princeß Irene" lag drei oder vier Bojen von dem Platz entfernt, wo der „Bulwark" in die Luft geflogen war. Mehrere Barken, die neben dem Schiffe lagen, wurden ebenfalls zerstört.

Am 10. Juni frühmorgens wurden die beiden englischen Torpedoboote Nr. 10 und 12, welche an der Ostküste Englands operierten, durch ein deutsches Unterseeboot in den Grund gebohrt; 30 Mann wurden gerettet und an Land gebracht. — Am 26. Juni griff eins unserer Unterseeboote, etwa 100 Seemeilen östlich vom Firth of Forth einen englischen Panzerkreuzer an. Der Torpedo traf, seine Wirkung konnte von dem Unterseeboot jedoch nicht mehr beobachtet werden. Englischerseits wurde tags darauf gemeldet, daß der Panzerkreuzer „Roxburgh" von einem Torpedo getroffen, aber nicht ernstlich beschädigt worden sei. Das Schiff konnte unter eigenem Dampf seine Fahrt fortsetzen.

Aus Anlaß des Umstandes, daß den Engländern die Besatzungen einiger deutscher Unterseeboote in die Hände gefallen waren — am 4. März „U 8", am 10. März „U 12", letzteres durch den englischen Torpedobootszerstörer „Ariel" unter Mitwirkung eines Fischdampfers — gab die englische Admiralität bekannt, daß sie es nicht für gerechtfertigt halte, daß den Offizieren und Mannschaften der Unterseeboote die bisher üblich gewesene ehrenvolle Behandlung der Kriegsgefangenen erwiesen werde. Es sei natürlich sehr schwierig, ein einzelnes deutsches Unterseeboot für bestimmte Verbrechen verantwortlich zu machen, und vielleicht würde das notwendige Beweismaterial zur Freisprechung von Schuld erst nach Friedensschluß beigebracht werden können. Einstweilen aber müßten Leute, gegen die solche Anklagen schweben, besonderen Einschränkungen unterworfen werden. Die Unterscheidungen des Ranges und die Erlaubnis, mit anderen Kriegsgefangenen zusammenzukommen, könnten ihnen nicht zuerkannt werden.

Diese Angelegenheit gab zunächst Anlaß zu amtlichen Mitteilungen an die Regierung der Vereinigten Staaten. England hatte die Unverschämtheit, an ihre Notifikation folgende grobe Verleumdung der deutschen Marine hinzuzufügen:

„Seiner Majestät Regierung möchte auch zur Kenntnis der Regierung der Vereinigten Staaten bringen, daß während des gegenwärtigen Krieges mehr als tausend Offiziere und Mannschaften der deutschen Marine aus der See gerettet worden sind, zuweilen ungeachtet der Gefahr für die Retter und zuweilen zum Schaden britischer Marineoperationen. Es ist dagegen kein Fall vorgekommen, wo irgendein Offizier oder Mann der Königlichen Marine von den Deutschen gerettet worden ist."

Die deutsche Regierung führte demgegenüber folgendes aus: Sie habe mit Befremden und Entrüstung davon Kenntnis genommen, daß die britische Regierung die kriegsgefangenen Offiziere und Mannschaften der deutschen Unterseeboote nicht als ehrenhafte Gegner ansieht und sie demgemäß nicht wie andere Kriegsgefangene, sondern wie Arrestanten behandelt. Diese Offiziere und Mannschaften haben als tapfere Männer in Erfüllung ihrer militärischen Pflichten gehandelt und daher vollen Anspruch darauf, in derselben Weise wie andere Kriegsgefangene gemäß den völkerrechtlichen Abmachungen gehalten zu werden. Die deutsche Regierung lege daher gegen das völkerrechtswidrige Vorgehen Englands auf das schärfste Verwahrung ein und sehe sich gleichzeitig zu ihrem Bedauern gezwungen, nunmehr unverzüglich Vergeltungsmaßnahmen auszuführen und eine entsprechende Anzahl kriegsgefangener englischer Armeeoffiziere einer gleich harten Behandlung zu unterwerfen. Wenn übrigens die britische Regierung am Schluß ihrer Ausführungen bemerken zu sollen glaube, daß die deutsche Marine im Gegensatze zur britischen die Rettung von Schiffbrüchigen unterlassen habe, so könne die darin liegende Unterstellung, als ob eine solche Rettung den deutschen Kriegsschiffen möglich gewesen, aber von ihnen geflissentlich unterlassen worden sei, nur mit Abscheu zurückgewiesen werden.

Tatsächlich wurden am 12. April in gleicher Weise aus Offiziergefangenenlagern 39 englische Offiziere in entsprechende Haft in

Militäranstaltanstalten übergeführt. Gleichzeitig stellte die deutsche Regierung folgendes fest:

„In den Fällen, in denen britische Kriegsschiffe von deutschen U=Booten zum Sinken gebracht worden sind, stand die Rettung der englischen Besatzungen naturgemäß ganz außer Frage, da Unterseeboote hierzu außerstande sind.

Im Gefechte bei Helgoland am 28. August und bei den Vorstößen gegen die englische Küste am 2. November und 16. Dezember 1914 sind Torpedoboote vernichtet worden, aber die britische Regierung kann diese Fälle nicht wohl im Auge gehabt haben, da sie den Verlust von Fahrzeugen bestreitet.

In dem Gefechte bei der Doggerbank am 24. Januar 1915 sind zwar der englische Schlachtkreuzer „Tiger" und einige englische Torpedoboote untergegangen, aber auch diese kann die britische Regierung nicht meinen, da sie amtlich erklärt hat, alle Schiffe, die an der Schlacht beteiligt gewesen, seien zurückgekehrt.

Am 20. September 1914 wurde der englische Kreuzer „Pegasus" im englischen Hafen von Sansibar durch den kleinen Kreuzer „Königsberg" vernichtet. „Königsberg" befand sich hierbei außerhalb des Hafens und konnte selbstverständlich nicht zur Rettung der Besatzung in den feindlichen Hafen einlaufen. Es bleibt somit nur die Schlacht bei Coronel, in der am 1. November 1914 durch unser Kreuzergeschwader zwei englische Panzerkreuzer vernichtet wurden.

Den einen Panzerkreuzer „Good Hope" haben unsere Schiffe mit einbrechender Dunkelheit aus Sicht verloren; sie haben ihn gesucht und nicht wiederfinden können, sie wußten nicht einmal, ob er überhaupt untergegangen sei. Daß unter diesen Umständen von der Besatzung von „Good Hope" niemand gerettet werden konnte, ist einleuchtend. Als „Monmouth" sank, war nur S. M. S. „Nürnberg" in der Nähe. Warum von diesem Schiffe niemand gerettet wurde, läßt sich aus einem Brief eines Sohnes des Grafen Spee erkennen, der wörtlich schreibt: „Das Schiff „Monmouth" versank mit wehenden Flaggen, und keinen Mann konnten wir retten. Einmal wegen der hohen See, die das Aussetzen eigener Boote unmöglich machte, dann aber auch, weil neue Rauchwolken gemeldet wurden, die, wie wir hofften, neue Feinde waren und auf die wir zuhielten."

Auch der deutsche Geschwaderchef Graf Spee schreibt in einem Briefe hierüber: „Leider verbot die schwere See die Rettungsarbeit."

In Deutschland ist es rückhaltlos anerkannt worden, daß englische Kriegsschiffe wiederholt nach Gefechten unsere Seeleute gerettet haben. Niemand ist es aber in Deutschland eingefallen, anklagend hervorzuheben, daß bei den Falklandinseln, als unsere „Scharnhorst" mit wehenden Flaggen bei hellem Tage und glatter See unterging, niemand gerettet wurde, trotzdem zahlreiche britische Schiffe in der Nähe waren.

Aus vorstehendem geht hervor, daß sich während des ganzen Verlaufs des Krieges für deutsche Kriegsschiffe nie eine Gelegenheit geboten hat, Besatzungen britischer Kriegsschiffe zu retten. Ebenso wie uns, ist dies aber auch der britischen Regierung bekannt. Die britische Regierung verschweigt dies in ihrer Note und erhebt durch die Gegenüberstellung der Tatsachen, daß die englische Marine wohl über 1000 deutsche Seeleute, die deutsche Marine aber keinen einzigen englischen Marineangehörigen gerettet habe, die Anschuldigung, daß von deutscher Seite die Rettung britischer Besatzungen absichtlich unterlassen sei. Hierin ist ein arglistiges Mittel zu erblicken, die öffentliche Meinung zu täuschen und die Neutralen gegen Deutschland zu verhetzen. Die deutsche Antwortnote weist also mit vollem Rechte die in der britischen Note liegende Unterstellung mit Abscheu zurück."

Am 28. April erklärte Sir Winston Churchill im Unterhause: Die Ausnahmebestimmungen für deutsche Gefangene gelten nur für Gefangene von deutschen Tauchbooten, die auf ruchlose Weise neutrale Nichtkämpfer und Frauen auf offener See getötet haben. Die Gefangenen aus den deutschen Tauchbooten, die vor dem 18. Februar in die Hände der Engländer fielen, werden wie die anderen Gefangenen behandelt. Aber Personen, die systematisch Handelsschiffe und Fischdampfer in den Grund bohrten, vielfach ohne Warnung und ohne Rücksicht auf Verlust von Menschenleben, der daraus entsteht, können nicht als ehrliche Soldaten betrachtet werden. Missetaten, wie die gegen „Oriole" und „Falaba", konnten nicht vorausgesehen werden. Das Völkerrecht enthält keine Bestimmungen darüber. Man kann augenblicklich nicht sagen, wieweit es möglich sein wird, nach Ablauf des Krieges die Schuld der beteiligten Personen festzustellen und in welcher Form Genugtuung von dem schuldigen Volke zu verlangen ist. Inzwischen müssen diese Gefangenen von ehrenhaften Kriegsgefangenen abgesondert werden. Die Bedingungen, unter denen das geschehen ist, sind durchaus menschenwürdig. Die Regierung hat unter der Voraussetzung der Gegenseitigkeit zugestanden, daß amerikanische Vertreter die Gefangenen besuchten und Bericht erstatten. Sie kann sich aber durch die deutschen Vergeltungsmaßregeln nicht in der Art der Behandlung beeinflussen lassen. —

Indes am 15. Juni hatte England klein beigegeben: Nach einer Mitteilung des amerikanischen Botschafters hatte die großbritannische Regierung dem amerikanischen Botschafter in London erklärt, daß die geretteten Besatzungen der deutschen Unterseeboote 8, 12 und 14 in die allgemeinen Kriegsgefangenlager übergeführt werden und dort genau die gleiche Behandlung wie andere Kriegsgefangene erfahren sollten. Hierauf ordnete die deutsche Regierung unverzüglich an, daß diejenigen britischen Offiziere, die zur Vergeltung für die bisherige Behandlung der deutschen Unterseebootsbesatzungen in Offiziersgefangenenanstalten verbracht worden waren, alsbald in die Kriegsgefangenenlager zurückgeführt und daselbst wieder in gleicher Weise wie die übrigen kriegsgefangenen Offiziere behandelt würden. Der Berliner amerikanische Botschafter wurde hiervon mit dem Ausdrucke des Dankes für seine erfolgreichen Bemühungen in Kenntnis gesetzt.

XI.

Anfang Oktober 1914 hatten französische Panzerschiffe und Kreuzer die Forts der Bocche di Cattaro im Adriatischen Meere beschossen, das Feuer der Österreicher beschädigte zwei neue Kreuzer schwer. Angesichts der großen Übermacht der Engländer und Franzosen konnte der Seekrieg unserer Verbündeten sich zunächst nur langsam entwickeln. Am 20. Oktober fand ein Scharmützel zwischen österreichisch-ungarischen Torpedobooten und dem französischen Panzerkreuzer „Waldeck-Rousseau" statt. Ein kühner Handstreich gelang dem Linienschiffsleutnant Lerch. Mit seinem neuen U-Boot Nr. 12 begegnete er in der Straße von Otranto einem aus 16 großen Schiffen bestehenden feindlichen Geschwader, auf dessen

Flaggschiff er zwei Torpedoschüsse abgab, von denen einer im Vorschiff traf. Es konnte aber angeblich noch unter eigenem Dampfe nach Malta gehen. Ungefähr zur selben Zeit versuchte das der neuesten Serie der französischen U=Boote angehörige „Curie" in die Bocche di Cattaro einzulaufen, um die darin zu Anker befindlichen österreichischen Kriegsschiffe anzugreifen. Es kam dabei von den in der Einfahrt angebrachten Stahlnetzen unklar und wurde bei dem Versuche, sich zu befreien, von einem Handelsdampfer gesichtet, der Lärm schlug, worauf es von den Strandbatterien und Wachtfahrzeugen vernichtet wurde.

Kurze Zeit herrschte darauf Ruhe in der Adria.

Am 18. Februar drangen Torpedoboote der österreichisch=ungarischen Flotte in den Hafen von Antibari ein. Am 27. desselben Monats stieß der französische Torpedobootszerstörer „Dague", der einen Verpflegungstransport für Montenegro begleitete, im genannten Hafen auf eine Mine und sank. Am 1. März wurde ein neuer Angriff im Hafen von Antibari unternommen.

Das einzige Kriegsschiff der Montenegriner, die offiziell als Jacht bezeichnete „Rumija", wurde weggenommen. Da aber stürmisches Wetter das Fortführen verhinderte, wurde es vor der Hafeneinfahrt versenkt. Während dieser Operationen wurden die österreichisch=ungarischen Torpedoboote und Fahrzeuge eine Stunde hindurch von fünf Batterien heftig beschossen, ohne getroffen zu werden.

Am 27. April wurde der französische Panzerkreuzer „Léon Gambetta" unweit der italienischen Küste durch das österreichisch=ungarische „Unterseeboot 5", das unter dem Kommando des Linienschiffsleutnant Georg Ritter v. Trapp stand, torpediert und versenkt. Von der Besatzung des Panzerkreuzers „Léon Gambetta" wurden 110 Überlebende nach Syrakus, 26 nach Brindisi gebracht. Kontreadmiral Senet und 52 Mann wurden in Santa Maria di Leuca beerdigt. Mit diesem Schiffe gingen unter anderem zwei Millionen Frank unter. Es war eine ganz hervorragende Leistung, die auch ihre wohlverdiente Anerkennung fand. Seit der Versenkung des „Léon Gambetta" ließen sich die französischen Schiffe nicht mehr in der Otrantostraße sehen.

Am 29. April wurden durch unsere Flieger Bomben auf Antivari abgeworfen, die beträchtlichen Schaden stifteten. —

Eine ganz neue Gestalt wurde dem Seekrieg in der Adria aber durch das Eintreten Italiens in die Reihe der Kriegführenden gegeben. In der der Kriegserklärung unmittelbar folgenden Nacht unternahm die österreichisch-ungarische Flotte einen schneidig durchgeführten Angriff gegen die italienische Küste zwischen Venedig und Barletta, also in einer Ausdehnung von ungefähr 600 km, an welcher Unternehmung auch Seeflugzeuge einen regen Anteil nahmen. Der Hauptstoß richtete sich gegen Ancona, dessen Befestigungen und militärische Anstalten gründlich unter Feuer genommen wurden.

Am 24. Mai wurde der italienische Zerstörer „Turbine" vernichtet, am 8. Juni gelang es dem österreichisch-ungarischen Marineflugzeug „L 48", Führer Linienschiffsleutnant Glasing, Beobachter Seekadett von Fritsch, südwestlich Lussin das italienische Luftschiff „Città di Ferrara" auf der Rückfahrt von Fiume abzuschießen. Tags darauf wurde westlich von San Giovanni di Medua ein englischer Kreuzer vom Liverpool-Typ durch das österreichisch-ungarische Tauchboot „U 4" und am folgenden Tag in der nördlichen Adria das italienische Unterseeboot „Medusa" versenkt. Am 26. Juni versenkte ein Unterseeboot das italienische Torpedoboot „5 PN." und das Torpedoboot „6 PN." geriet in der nördlichen Adria auf eine Mine, ein weiteres Torpedoboot „17 OS." wurde ebenfalls in der Nordadria am 2. Juli durch eine Mine vernichtet.

Der 7. Juli brachte einen ganz besonderen Erfolg. An diesem Tage hatte eine starke italienische Flottenabteilung eine Erkundungsfahrt in der Nordadria unternommen. Mit ziemlicher Sicherheit ist anzunehmen, daß es sich hierbei nicht bloß um die Absuchung des Seeraumes zwischen Venedig und Triest gehandelt hat, denn dazu wären wohl schwächere Streitkräfte ausreichend gewesen, sondern daß die italienische Marineleitung die Absicht hatte, einen Angriff gegen den linken Flügel der an der Isonzofront kämpfenden Truppen zu unternehmen. Damals war gerade der wütende Angriff der Italiener abgewiesen worden, und sie befürchteten wohl weitere schwere Verluste, wie sie denn auch eingetreten sind; Tatsache ist, daß eine aus mehreren Panzerkreuzern und zahlreichen kleineren

Fahrzeugen bestehende Eskader in der Nordadria kreuzte. Einem Unterseeboote gelang es, den italienischen Panzerkreuzer „Amalfi" in den frühen Morgenstunden des 7. Juli anzugreifen und durch einen Torpedoschuß zu versenken. Das Schiff gehörte einem Typ an, der sich durch hohe Geschwindigkeit und im Vergleiche zum Verdrang, großen Gefechtswert auszeichnet. Seine Bestückung mit je vier 25=cm= und acht 19=cm=Geschützen im Vereine mit der am Gürtel und in den schweren Geschütztürmen 200 mm dicken Panzerung sowie der fast 24 Knoten betragenden Geschwindigkeit machten den Panzerkreuzer zu einem sehr gefährlichen Gegner. Der Verlust mußte daher einen sehr bösen Eindruck auf die italienische Öffentlichkeit machen. Das Schiff sank in verhältnismäßig kurzer Zeit. Von der etwa 650 Mann starken Besatzung ertranken 180.

Um für die Versenkung der „Amalfi" Rache zu nehmen, unternahmen italienische Seestreitkräfte, im ganzen acht Kreuzer und zwölf Torpedoboote, am 17. Juli einen Angriff auf Ragusavecchia und Gravosa, beschossen die Bahn, den Bahnhof von Gravosa und einige in der Nähe gelegene Ortschaften. Im ganzen wurden etwa 1000 Schüsse abgegeben, die nur an einigen Privatgebäuden geringen Schaden anrichteten. Getötet oder verwundet wurde niemand. Das Bombardement wäre zweifellos noch länger und ausgiebiger fortgesetzt worden und hätte vermutlich weitaus größeren Schaden angerichtet, wenn nicht durch Dazwischentreten eines k. u. k. Unterseebootes dem Treiben der Italiener ein Ziel gesetzt worden wäre. Der italienische Panzerkreuzer „Giuseppe Garibaldi" wurde von einem Tauchboot anlanciert und sank binnen 15 Minuten. Das Schiff hatte 7350 Tonnen Deplacement, 152 mm Panzer, war mit einem 25=cm=, zwei 20=cm= und vierzehn 15=cm=Geschützen bestückt und lief 20 Knoten. Obwohl schon 1899 abgelaufen, war es dennoch ein sehr guter Kreuzer.

Am 23. Juli beschossen k. u. k. Kreuzer und Fahrzeuge die Eisenbahn an der italienischen Ostküste auf einer Strecke von über 160 km erfolgreich. Die Bahnstationen von Chienti, Campomarino, Fossacessia, Termoli und Ortona wurden stark beschädigt, jene von San Benedetto und Grottamoro in Brand geschossen; viele Lokomotiven und viele Waggons demoliert, einige verbrannt. In

Ortona wurde der Wasserturm zerschossen, der Pontonkran beschädigt und ein Schleppdender versenkt. Der Bahnviadukt bei Termoli wurde demoliert, die Brücke über Moro eingestürzt und außerdem eine Kaserne in San Benedetto zerschossen. Das Semaphor Tremiti wurde in Schutt gelegt, das dortige Kabel zerstört. Feindliche Seestreitkräfte wurden nicht gesichtet.

Vier Tage darauf unternahmen leichte Kreuzer und Torpedoeinheiten einen erfolgreichen Angriff auf die Eisenbahnstrecke von Ancona bis Pesaro und beschossen die Stationsanlagen, Bahnhofsmagazine, Wachthäuser und Eisenbahnbrücken an dieser Küstenstrecke mit gutem Erfolge. Mehrere Lokomotiven und zahlreiche Waggons wurden demoliert. Ein Bahnhofsmagazin in Fano geriet in Brand, der eine starke Explosion zur Folge hatte.

Gleichzeitig belegten Seeflugzeuge den Bahnhof, eine Batterie, Kasernen und sonstige militärische Objekte Anconas erfolgreich mit Bomben.

Anfang August wurde das italienische Unterseeboot „Nereide" bei Pelagosa versenkt. Niederschmetternd wirkte am 6. August die Nachricht, daß das italienische Luftschiff „Citta di Jesi" bei dem Versuch, über den Hafen von Pola zu fliegen, heruntergeholt, die Besatzung gefangen und der Luftkreuzer nach Pola gebracht worden war. Im Golfe von Triest wurde am 10. August ein italienisches Tauchboot vernichtet, am selben Tage griffen k. u. k. Seeflugzeuge die von den Italienern besetzte Insel Pelagosa an. Der 12. und der 13. August sind Unglückstage bei der österreichisch-ungarischen Marine: in der südlichen Adria wurde „U 3", in der Nordadria „U 12" versenkt; mit dem letzteren fand der Kommandant, Leutnant Lerch, den Tod. Dafür belegten die Österreicher am 15. August die Küstenforts von Venedig ausgiebig mit Luftbomben und wiederholten das Bombardement von Pelagosa durch eine Flottille und ein Fliegerkorps.

Am 11. August beschossen österreichisch-ungarische Fahrzeuge die italienischen Küstenbahnanlagen von Molfetta bis Seno San Giorgio. In Molfetta wurden vier Fabriken und zwei Straßenbahnviadukte stark zerschossen. Ein Viadukt stürzte ein, eine Fabrik geriet in Brand. In San Spirito sind der Bahnhof und verschiedene Depots bis auf den Grund niedergebrannt. In Bari wurde das Kastell, der Semaphor, die Bahn und fünf Fabriken beschossen. Ganz Bari war in Staub- und Rauchwolken gehüllt, in der Bevölkerung herrschte Panik. Italienische Geschütze mittleren Kalibers richteten ihr Feuer erfolglos gegen die Zerstörer; auch der Angriff eines feindlichen Unterseebootes mißlang.

Ein Seeflugzeug belegte am 15. August nachmittags vier Küstenforts von Venedig mit Bomben, von denen alle mit Ausnahme einer einzigen innerhalb der Werke explodierten.

Am 17. August wurde zum dritten Male die von den Italienern besetzte Insel Pelagosa beschossen, während zugleich ein Flieger über der Insel mit Bomben, Maschinengewehren und Fliegerpfeilen operierte.

Am 20. September explodierte im Hafen von Brindisi das Linienschiff „Benedetto Brin" (13 400 Tonnen). Von der 820 Mann starken Besatzung wurden 8 Offiziere, 379 Mann gerettet. Unter den Opfern befand sich Kontreadmiral Rubin de Cervin. Die Ursache der Katastrophe wurde nicht bestimmt ermittelt. Die Einwirkung irgendwelcher äußeren Einflüsse gilt nach italienischen Quellen als ausgeschlossen.

XII.

In der Ostsee mußten sich die deutschen Seestreitkräfte mangels geeigneter Gegner mit Einzelkämpfen, Kreuzungs- und Beobachtungsfahrten begnügen. Die Sperre der Zufahrtstraßen vom Kattegat in die Ostsee, welche die Dänen durch Auslegen von Minen angekündigt hatten, ist anscheinend nicht dicht genug gewesen — jedenfalls wurden seit Anfang Januar englische Unterseeboote in der Ostsee festgestellt. Ein englisches Tauchboot torpedierte am 25. Januar in der Nähe von Rügen den geschützten Kreuzer „Gazelle", das Schiff konnte aber einen deutschen Ostseehafen erreichen. Am gleichen Tage ging ein Marine-Parseval-Luftschiff auf einer Erkundungsfahrt gegen Libau verloren.

Auf die Entwicklung der Flottenkämpfe in der Ostsee setzte man auf seiten der Verbündeten große Hoffnung. Der Marinekorrespondent der „Times" schrieb: „Im Herbst war es die deutsche Flotte, die die russische Ostseeflotte verhinderte, ein Expeditionskorps über die Ostsee zu bringen oder bei dem Vormarsche der russischen Truppen in Ostpreußen mitzuwirken. Während des Winters fesselte das Eis die russischen Geschwader an die Häfen. Deutschland vermochte fast alle seine Schiffe zur Verstärkung der Nordseeflotte heranzuziehen. Jetzt aber dürfte sich die Lage der Dinge verändern. Die russische Flotte ist beträchtlich gewachsen und wird sich vielleicht stark genug fühlen, zur Offensive überzugehen oder wenigstens Torpedofahrzeuge zu verwenden. Rußland besitzt eine große Zahl von Zerstörern und Unterseebooten, deren Besatzungen viel gelernt haben."

Es kam aber ganz anders! Vom 21. bis 23. März unterstützten die deutschen Ostseestreitkräfte das Vorgehen der Armee zur See nördlich Memel. Am 17. April bombardierte ein deutscher Kreuzer russische Stellungen bei Memel und trug zur Vertreibung des Feindes nicht unwesentlich bei. Am 25. wurde ein russischer Dampfer in der Nähe von Finnland durch ein deutsches Unterseeboot versenkt.

Am 5. Mai begann der Vormarsch Hindenburgs gegen Libau, der durch ein deutsches Geschwader unterstützt wurde. Torpedoboote drangen in die Bucht von Riga ein, während die Hauptstreitkräfte sich vor Polangen aufhielten und dann an den Kämpfen um Libau regen Anteil nahmen. Am 8. Mai wurde Libau erobert. Am 12. stießen deutsche Aufklärungsfahrzeuge mit einer russischen Kreuzerabteilung zusammen, die sich jedoch nach Abgabe einiger Schüsse rasch zurückzog.

Am 5. Mai waren die russischen Ostseehäfen für den Handelsverkehr als gesperrt erklärt worden. Am 15. folgte die Erklärung der finnischen Gewässer als Kriegsgebiet. Am 26. griff ein deutscher „Zeppelin" Helsingfors an und warf dort einige Bomben ab. Am 4. Juni wurde der russische Minenkreuzer „Jenissei" von 2926 Tonnen durch ein deutsches Unterseeboot bei Baltischport versenkt. Drei Tage später erfolgte die Vernichtung des russischen Dampfers „Adolph" durch ein deutsches Unterseeboot.

Am 2. Juli kam es endlich zu einer regelrechten Seeschlacht zwischen deutschen und russischen Streitkräften. Auf der Rückkehr von einer Vorpostenstellung traf gegen 6 Uhr morgens ein Teil unserer leichten Ostseestreitkräfte, die ihrer Aufgabe gemäß in aufgelöster Ordnung fuhren, zwischen Gotland und Windau bei strichweise unsichtigem Wetter auf russische Panzerkreuzer. Es entspannen sich Einzelgefechte, in denen unsere schwächeren Streitkräfte versuchten, den Gegner in den Bereich der Unterstützungen zu ernsterem Kampfe zu ziehen. Im Verlaufe dieser Einzelgefechte vermochte S. M. S. „Albatroß" nicht den Anschluß an die eigenen Streitkräfte wiederzugewinnen. Nach zweistündigem schweren Kampfe gegen vier Panzerkreuzer, die mit der Beschießung auch innerhalb der schwedischen Hoheitsgewässer fortfuhren, mußte das Schiff infolge zahlreicher Treffer in sinkendem Zustande bei Oestergarn auf Gotland auf den Strand gesetzt werden. Es hatte 21 Tote und 27 Verwundete, deren sich die schwedischen Behörden und Einwohner in menschenfreundlichster Weise annahmen.

Wie aus Stockholm gemeldet wurde, kämpfte der „Albatroß" gegen eine große Übermacht heldenmütig. Schwer beschädigt suchte das Schiff mit forcierter Fahrt unter lebhaftem Feuerwechseln mit den Verfolgern sich unter der Küste von Gotland in Sicherheit zu bringen. Aber die Russen setzten unbekümmert um das schwedische Seegebiet die Beschießung fort und fügten dem Schiffe nach Aussage deutscher Matrosen gerade auf dem neutralen Seegebiete die schwersten Schäden zu. Granaten schlugen auf den Strand, so daß die schwedische Bedienungsmannschaft des Oestergarnfeuers hinter einem Berge Deckung suchen mußte. Hundert Meter vom Strande lief das Schiff auf und blieb dort mit starker Schlagseite liegen. Als das Schiff auflief, spielte die Musikkapelle an Bord die deutsche Nationalhymne, die Besatzung brachte Hurrarufe aus, froh, der russischen Gefangenschaft entronnen zu sein. Das Schiff bot einen schaurigen Anblick mit seinen Toten und Verwundeten. Eine Granate war in dem Operationsraume des Schiffes geplatzt, wobei 10 Verwundete getötet und der Schiffsarzt tödlich verletzt wurde. Von allen Seiten strömte die Bevölkerung herbei, um nach Möglichkeit zu helfen und die Verwundeten auf weichen Sand zu betten. Es war rührend zu sehen, wie die alten Fischerfrauen die ungewohnten Krankendienste zu leisten versuchten. Dann kamen Ärzte und Pflegerinnen in Automobilen. Trotz der furchtbaren Verletzungen hörte man keinen Schmerzenslaut, still und ruhig, mit Zigarren und Zigaretten im Munde, warteten die Verwundeten ab, bis die Reihe an sie kam. Am Mittag wurde an Bord des „Albatroß" eine kurze Totenfeier gehalten, dann entließ der Kommandant die Besatzung. In Fischerbooten wurden die Toten, in deutsche Kriegsflaggen gehüllt, an Land gebracht und abends unter militärischen Ehren auf dem Friedhofe beigesetzt. Der Kommandant ersuchte die Behörden, das Schiff und die Besatzung zu internieren, worauf sofort ein Internierungslager in Roma eingerichtet wurde. Dorthin wurden die 190 Überlebenden von der Besatzung übergeführt.

Ein amtlicher Bericht über das Seetreffen bei Gotland meldete noch folgende Einzelheiten, die um so beachtenswerter sind, als die russische Berichterstattung sich in phantasievollen Ausgestaltungen gefiel und besonders den deutschen Kreuzer „Roon" als schwer beschädigt hingestellt hatte:

Unsere leichten Streitkräfte, die in der Nacht eine vorgeschobene Stellung besetzt gehalten hatten, fuhren am 2. Juli morgens mit südlichen Kursen zurück. Das Wetter war, namentlich nach Osten zu, unsichtig, strichweise sogar neblig. Gegen 6 Uhr früh erhielten plötzlich aus einer im SO stehenden Nebelbank heraus „Augsburg" und „Albatroß", die in der Nähe voneinander standen, Feuer und gewahrten auf 7000 bis 8000 m Entfernung die undeutlichen Umrisse von vier feindlichen Schiffen, die später als „Admiral Makaroff", „Bajan", „Bogatyr" und „Oleg" ausgemacht wurden. „Albatroß", der gegenüber diesen großen Kreuzern keine Gefechtskraft besaß und ihnen auch an Geschwindigkeit unterlegen war, erhielt Befehl, sich nach der schwedischen Insel Gotland zurückzuziehen, während „Augsburg" die beiden weiter östlich stehenden Kreuzer „Roon" und „Lübeck" herbeirief und inzwischen im Vertrauen auf ihre höhere Geschwindigkeit versuchte, das Feuer der Gegner von „Albatroß" ab und auf sich zu lenken, und den Feind in Richtung der herankommenden Verstärkung zu ziehen. Die feindlichen Kreuzer ließen aber nicht vom „Albatroß" ab, sondern vereinigten auf ihn ihr heftigstes Feuer. Ein Entkommen aus dem feindlichen Feuerbereiche war für ihn wegen seiner geringeren Geschwindigkeit nicht möglich. Nach zweistündigem Gefechte, das die Russen trotz ihrer Ableugnungen auch nach Erreichen der schwedischen Hoheitsgewässer nicht abbrachen, wie die dienstlichen deutschen Meldungen in Übereinstimmung mit den schwedischen Zeitungsberichten feststellen, mußte der Kommandant sein von zahlreichen schweren Treffern leckgeschossenes und in sinkendem Zustande befindliches Schiff bei Oestergarn auf den Strand setzen. Die dann eingetretenen Ereignisse, wie das Vonbordbringen der Schwerverwundeten, ihre liebevolle und fürsorgliche Aufnahme und Pflege durch die Bevölkerung, die Bestattung der Gefallenen unter der herzlichen Teilnahme der Einwohner, das alles ist aus den ausführlichen Schilderungen von Augenzeugen durch die schwedische und deutsche Presse bereits bekannt geworden. Aus ihnen geht auch klar hervor, woran im übrigen wohl niemand in Deutschland gezweifelt hat, daß die russische Behauptung, „Albatroß" habe die Flagge noch während des Gefechts gestrichen, mit der Wahrheit nicht im Einklange steht. Während dieses Vorganges waren zunächst „Lübeck", dann „Roon" aus östlicher Richtung in dem unsichtigen Wetter auf den Kanonendonner mit höchster Fahrt zulaufend, an die Schlußschiffe des Gegners herangekommen und hatten in das Gefecht eingegriffen. Der Feind richtete sein Feuer hauptsächlich gegen das ihm nächste und schwächste Schiff, „Lübeck"; doch erzielte er keinerlei Erfolge, auch nicht, als ihm aus einer Nebelwand heraus gegen 8 Uhr 30 Minuten vormittags sein neuester und stärkster Panzerkreuzer „Rurik" zur Hilfe kam. „Roon" und „Augsburg" stießen auf diesen vor, um „Lübeck" zu entlasten, was zur Folge hatte, daß „Rurik" abdrehte. Das Gefecht, in dem die Russen nach eigenem Eingeständnisse wahrscheinlich durch die schwere Artillerie von „Roon" Beschädigungen erlitten haben, endete gegen 10 Uhr, wo der Gegner infolge des unsichtigen Wetters im Norden aus Sicht kam, bevor weitere Verstärkungen von uns auf dem Kampfplatz erscheinen konnten. Trotz der lebhaften und dauernden Beschießung durch die an Zahl und Gefechtskraft weit überlegenen russischen Schiffe haben unsere Kreuzer, abgesehen von „Albatroß", keinen einzigen Treffer erhalten.

Am 10. August griffen unsere Ostseestreitkräfte die an der Einfahrt zu dem Aalandsarchipel liegende befestigte Schäreninsel Utö an. Sie zwangen durch ihr Feuer die in der Einfahrt stehenden russischen Streitkräfte, unter ihnen einen Panzerkreuzer der „Makaroff"=Klasse, zum Rückzug und brachten die feindliche Küstenbatterie durch eine Anzahl guter Treffer zum Schweigen. Am gleichen Tage trieben andere deutsche Kreuzer russische Torpedoboote, die sich bei Zerel, am Eingange zum Rigaischen Meerbusen, gezeigt hatten, in diesen zurück. Auf einem feindlichen Torpedobootszerstörer wurde ein Brand beobachtet. Unsere Schiffe wurden wiederholt von feindlichen Unterseebooten angegriffen. Sämtliche auf sie abgeschossene Torpedos gingen fehl, und unsere Schiffe erlitten weder Beschädigungen noch Verluste.

Da die russische Admiralität anscheinend, um den Eindruck dieser Nachrichten zu verwischen, Meldungen von einem mißglückten deutschen Flottenangriff auf den Rigaischen Meerbusen verbreitet hatte, erklärte am gleichen Tage der deutsche Admiralstab, daß es sich nicht um einen großen Angriff, sondern um eine Erkundung russischer Minensperren handelte und daß lediglich zwei kleine Minensuchboote verlorengingen.

Am 19. August wurde das englische Unterseeboot „E 13" durch ein deutsches Torpedoboot am Südausgange des Sundes vernichtet.

Am 21. August konnte berichtet werden, daß unsere Seestreitkräfte in der Ostsee tatsächlich in den Rigaischen Meerbusen eingedrungen seien, nachdem sie sich durch zahlreiche, geschickt gelegte Minenfelder und Netzsperren unter mehrtägigen schwierigen Räumungsarbeiten Fahrstraßen gebahnt hatten. Bei den sich hierbei entwickelnden Vorpostengefechten wurde ein russisches Torpedoboot der „Emir=Bucharskij"=Klasse vernichtet. Andere Torpedoboote, darunter „Nowik", und ein größeres Schiff wurden schwer beschädigt. Beim Rückzuge der Russen am Abend des 19. August in den Moonsund wurden die russischen Kanonenboote „Ssiwutsch" und „Korejetz" nach tapferem Kampfe durch Artilleriefeuer und Torpedobootsangriffe versenkt. 40 Mann der Besatzungen, darunter 2 Offiziere, konnten, teilweise schwer verwundet, durch unsere Torpedoboote gerettet werden.

Drei unserer Torpedoboote wurden durch Minen beschädigt. Von ihnen ist ein Boot gesunken, eins konnte auf Strand gesetzt, eins in den Hafen gebracht werden.

Bald darauf wurden von russischer und englischer Seite über diese Vorgänge, die mit der Vertreibung der russischen Streitkräfte ihren Abschluß fanden, wahrheitswidrige Nachrichten veröffentlicht. Es war von einer großen Schlacht die Rede, es wurde behauptet, die Russen hätten einen großen, glänzenden Seesieg erfochten und die Deutschen vertrieben, nachdem sie ihnen schwere Verluste beigebracht hatten. Ohne auf alle Einzelheiten der russischen Lügen einzugehen, wurde amtlicherseits folgendes ausdrücklich nochmals festgestellt: 1. Die in den Rigaischen Meerbusen vorgedrungenen deutschen Seestreitkräfte haben dort nur leichte russische Kräfte vorgefunden, die teils vernichtet, teils vertrieben wurden. Von einer großen Seeschlacht kann somit gar keine Rede sein. 2. Deutsche Verluste sind außer den in dem amtlichen Berichte veröffentlichten nicht eingetreten. Kein größeres Schiff, kein Kreuzer ist gesunken oder ernsthaft beschädigt. Alle russischen Meldungen, die anderes berichten, sind erfunden. 3. Vom Abschlagen eines Landungsversuches bei Pernau kann nicht die Rede sein; ein solcher ist weder begonnen worden noch war er beabsichtigt. Die Torpedobootsflottille, welche hier erschien, hatte den Zweck, die Sperrung des Hafens zu decken. Hierbei hat sich ein Geschützkampf mit Hafen- und Feldbatterien entwickelt, bei dem die Hafenbatterie zum Schweigen gebracht und die Feldbatterien mit gutem Erfolge beschossen wurden. Ein russischer Dampfer und sechs russische Segelschiffe wurden außerdem aufgebracht und versenkt. 4. Die von den Russen angeblich erbeuteten Schiffe sind Dampfer, die von uns zur Sperrung von Fahrstraßen versenkt wurden.

Wie die russischen Berichte zustande gekommen waren, darüber brachte die „Königsberger Allgemeine Zeitung" eine sehr unterhaltsame Mitteilung.

In Petersburg, so heißt es dort, begann sehr bald nach dem sogenannten Seesieg im Rigaischen Meerbusen die Wahrheit über die dortigen Ereignisse durchzudringen, und die Russen lachten oder ärgerten sich, je nach Temperament, über die neue, echt russische Blamage. Wie man erzählte, soll die Hauptschuld auf einen Bruder des Dumapräsidenten Rodsjanko fallen. Er ist Geheimrat, sehr deutschfeindlich und sehr dem Trunk ergeben. Jetzt kommandierte er ein Reichswehrbataillon zum Schutze von Pernau, und es scheint,

als ob zu den „Mißverständnissen", die da passierten, die Alkohol=
nebel wesentlich beigetragen haben. Als nämlich vor dem Hafen ein
paar deutsche Kriegsschiffe erschienen und dort, um den englischen
U=Booten die Zufahrt zu erschweren, drei Handelsschiffe versenkten,
ließ Herr Rodsjanko eine große Kanonade eröffnen und telegraphierte,
als die Deutschen ihr Werk ausgeführt hatten, stolz an seinen Bruder:

„Ich habe die deutsche Flotte ins Meer versenkt, und keinen
Mann dabei verloren."

Der Dumapräsident hat die Nachricht von dieser Heldentat
seines Bruders wohl gleich weitergegeben, und so ist die Lügen=
meldung von dem großen Seesieg entstanden. Die tragische Bei=
mischung zu dieser Komödie ist, daß die russischen Helden vor lauter
Angst und Aufregung Pernau und Umgebung aufs ärgste zerstört,
verwüstet und geplündert haben. Die Fabriken, auch die elektrische
Station und die Gasfabrik sind abgebrannt, alle Häuser an der Küste
auf 2 Meilen Entfernung vernichtet. Die russischen Soldaten haben
gehaust — wie die Kosaken. Das falsche Gerücht über einen deutschen
Landungsversuch hatte die Gemüter ganz verwirrt. Durch Jeddeser
soll sogar ein Divisionsgeneral geflohen sein und geschrien haben:
„Der Feind folgt mir auf den Fersen — rette sich, wer kann!" . . .

Am 25. August beschoß einer unserer kleinen Kreuzer die russische
Signalstation Kap=Süd=Ristna auf der Insel Dagö. Zur gleichen
Zeit nahm ein anderer kleiner Kreuzer die Signalstation Andreas=
berg, gleichfalls auf Dagö, mit Erfolg unter Feuer. Feindliche Streit=
kräfte wurden nicht gesichtet. Am 12. September griffen mehrere
russische Wasserflugzeuge einen deutschen kleinen Kreuzer vor Windau
mit 8 Bomben an, die sämtlich ihr Ziel verfehlten. Ein feindliches
Flugzeug wurde heruntergeschossen, nach Windau eingebracht und
seine Besatzung, 2 russische Offiziere, gefangengenommen.

Dagegen hatten am gleichen Tage die deutschen Luftstreitkräfte
schöne Erfolge zu verzeichnen.

Deutsche Wasserflugzeuge führten einen Angriff auf russische
Seestreitkräfte im Rigaischen Meerbusen und auf Riga=Dünamünde
aus. Eins der Flugzeuge sichtete vor der Bucht ein feindliches Flug=
zeug=Mutterschiff und belegte es mit Erfolg mit Bomben. Ein anderes

Flugzeug griff einen Zerstörer mit Bomben an und erzielte einen Treffer. Ein drittes entdeckte in der Arensburger Bucht ein Flugzeug-Mutterschiff und brachte ihm zwei Treffer bei. Dem vierten Flugzeuge, das bei Zerel einen Kampf mit zwei russischen Flugzeugen zu bestehen hatte, gelang es, an einen Zerstörer heranzukommen und auf ihn einen Treffer zu erzielen. Das fünfte traf zwei feindliche getauchte U-Boote vor Windau und bewarf sie mit zwei Bomben; der Erfolg konnte nicht festgestellt werden. Das letzte Flugzeug erzielte auf der zum Torpedobootsbau für die russische Marine bestimmten Mühlgraben-Werft in Dünamünde sechs Treffer in den Werkstätten und auf den Hellingen. Die Werft geriet in Brand. Einem der Flugzeuge begegnete im Rigaischen Meerbusen ein russisches Segelschiff, welches versenkt wurde, nachdem die Mannschaft gerettet war.

Ein Abenteuer des Stettiner Dampfers „Scotia" gab Mitte Oktober zu alarmierenden Gerüchten Anlaß:

Der Dampfer „Scotia" wurde auf der Höhe von Hasle (Bornholm) von einem englischen Unterseeboot verfolgt, und zwar bis Adlergrund Feuerschiff. Der Dampfer wäre dem feindlichen Unterseeboote zum Opfer gefallen, wenn nicht plötzlich ein „Zeppelin" über der Ostsee erschienen wäre, dem die „Scotia" signalisierte, daß ihr ein feindliches Unterseeboot auf den Fersen sei. Als das Unterseeboot den „Zeppelin" sichtete, der sofort die Verfolgung aufnahm, tauchte es unter und verschwand.

Die deutsche Admiralität stellte bei dieser Gelegenheit folgendes fest: „Bei dem Versenken mehrerer deutscher Handelsdampfer ist schwedische Neutralität auf das gröblichste verletzt. Der Handelsverkehr vollzieht sich im übrigen wie bisher. In der Zeit vom 1. bis 15. Oktober sind in der Ostsee allein in 7 Küstenstädten, unter denen 2 bedeutende Handelsorte wegen fehlender Daten noch nicht mitgerechnet sind, 1188 Handelsdampfer abgefertigt worden. Die von der deutschen Marine getroffenen Gegenmaßnahmen lassen zuversichtlich erwarten, daß es den feindlichen U-Booten nicht gelingen wird, die Ostseeschiffahrt in erheblichem Umfange zu schädigen, geschweige denn ihr Ziel — die Unterbindung dieser Schiffahrt — zu erreichen." —

Leider fiel am 23. Oktober der große Kreuzer „Prinz Adalbert" bei Libau einem feindlichen Unterseeboote zum Opfer, zwei Schüsse brachten ihn zum Sinken, nur ein kleiner Teil der Besatzung konnte gerettet werden. Und am 7. November wurde der kleine Kreuzer „Undine" bei einer Patrouillenfahrt südlich der schwedischen Küste durch zwei Torpedoschüsse eines Unterseebootes zum Sinken gebracht, fast die ganze Besatzung wurde gerettet. — Zwei Tage später war am Eingange des Finnischen Meerbusens das Führerfahrzeug einer russischen Minensuch=Abteilung durch ein Unterseeboot versenkt worden.

Am 17. Dezember wurde noch der kleine Kreuzer „Bremen" (3250 Tonnen) durch einen englischen Unterseebootsangriff zum Sinken gebracht. Ein beträchtlicher Teil der Besatzung konnte gerettet werden.

XIII.

Eines der ruhmreichsten Kapitel in der Geschichte des Welt= krieges zur See bilden die Kampftaten, welche sich an den Eintritt der Türkei in die Reihe unserer Verbündeten anschließen.

Die Feindseligkeiten, welche die Türkei zur offenen Stellung= nahme gegen die Ententemächte veranlaßte, begannen Ende Oktober 1914 im Schwarzen Meere. Während ein kleiner Teil der osmanischen Flotte am 28. Oktober im Schwarzen Meer Übungen vornahm, versuchte die russische Flotte, nachdem sie längere Zeit diesen Übungen gefolgt war, sie zu stören, indem sie vor dem Bosporus Minen auszulegen sich anschickte. Im Verlaufe des sich nun= mehr entspinnenden Kampfes gelang es der türkischen Flotte, den Minendampfer „Prut", der 5000 Tonnen verdrängte und un= gefähr 700 Minen trug, zu versenken, einem der russischen Torpedoboote schwere Beschädigungen beizubringen und einen Kohlen= dampfer zu kapern. Ein vom türkischen Torpedoboote „Hairet= Millie" abgeschossener Torpedo versenkte den russischen Torpedojäger „Kubanez", der 1100 Tonnen verdrängte, und ein anderer, vom Torpedoboote „Mouavenit=Millie" abgeschossener Torpedo fügte einem anderen russischen Küstenwachtschiffe sehr schweren Schaden zu. 3 russische Offiziere und 72 Matrosen wurden von den Türken gerettet und, da sie zur Bemannung der versenkten und zerstörten Schiffe gehörten, gefangen genommen.

Bald darnach griff der türkische Kreuzer „Jawus Selim" (die frühere deutsche „Goeben") Sewastopol an und schoß die Stadt in Brand. Währenddem beschoß die „Midilli" („Breslau") Theodosia und der Kreuzer „Hamidije" den Hafen Noworossijsk im Osten.

Die Erfolge der türkischen Flotte bei diesen Kämpfen lassen sich folgendermaßen zusammenfassen: 5 russische Kriegsschiffe in den Grund gebohrt und 19 Transportschiffe versenkt. Auf den Transportschiffen befanden sich, wie die gefangenen russischen Marinesoldaten aussagten, nicht weniger als 1700 Minen, die im Schwarzen Meere versenkt werden sollten. Bei der Beschießung der Häfen wurden 55 Speicher, die Petroleum und Getreide enthielten, vernichtet, und zwar 50 in Sewastopol und Noworossijsk, 5 in Odessa.

Am 3. November begann die aus den englischen Panzerkreuzern „Inflexible", „Indefatigable", „Gloucester", „Defence" und den französischen Linienschiffe „Republique", „Bouvet" sowie zwei französischen Kreuzern und acht Torpedobooten bestehende verbündete Flotte für kurze Zeit die Beschießung der Dardanellenforts auf sehr weite Entfernungen. Sie hatte wenig Erfolg, wurde aber später wieder aufgenommen und bis zum 4. fortgesetzt.

Am 17. November begann die Blockade der Dardanellen durch die feindlichen Streitkräfte. Im Schwarzen Meere beschoß am 10. Dezember der „Sultan Jawus Selim" Batum mit gutem Erfolg und am 24. Dezember griff die „Midilli" ein russisches Geschwader an, bombardierte das Linienschiff „Rostißlaw" und versenkte die russischen Hilfsminenleger „Oleg" und „Athos". Daß am 16. Dezember im Bosporus der alte türkische Panzer „Messudije" dem englischen Tauchboote „B 11" zum Opfer fiel, wurde zu einem großen Erfolge der Ententeflotte aufgebauscht, der dadurch wettgemacht wurde, daß am 15. Januar 1915 das französische Unterseeboot „Saphir", das in die Dardanellen eingedrungen war, durch die türkische Artillerie zum Sinken gebracht wurde.

Mehr und mehr konzentrierte jetzt die feindliche Flotte ihre Angriffe auf die Dardanellen. Am 19. Februar eröffneten vier englische und vier französische Schiffe unter der Leitung des englischen Admirals Limpus, der vor dem Kriege für die Ausbildung der türkischen Flotte tätig war, — durch die ihm unterstellte Marine-Division aber gesorgt hatte, daß die türkischen Kriegsschiffe unbrauchbar waren — aus einer Entfernung von 16 km das Feuer mit Geschützen größten Kalibers. Die osmanischen Artilleristen erwiderten das Feuer trotz des Kartätschenhagels nicht, sondern warteten, bis der Feind näher kam. Das englisch-französische Geschwader näherte sich der Küste in der Meinung, die Forts zum Schweigen gebracht zu haben. In diesem Augenblick erst eröffnete die osmanische Artillerie das Feuer. Von 18 Schüssen, die sie abgab, gingen bloß 4 fehl, die übrigen trafen. Das Admiralschiff erlitt eine schwere Havarie und wurde von Torpedobooten, die es sofort umringten, als sie es in Gefahr sahen, aus der Schlachtlinie geschleppt. Zwei weitere feindliche Schiffe wurden außer Gefecht gesetzt und zogen sich zurück. Nach Vergeudung von 600 Granaten mußte die feindliche Flotte, von der drei Einheiten fast vollständig unbrauchbar gemacht waren, sich entfernen. Die von den osmanischen Artilleristen bewiesene Geschicklichkeit und Entschlossenheit war über jedes Lob erhaben. Den Stamm gaben deutsche Matrosen-Artilleristen her.

Am 25. Februar wiederholte sich der Angriff mit dem gleichen Mißerfolge. Sämtliche türkischen Blätter erklärten einmütig, daß die Beschießung der Dardanellen keine Wirkung haben werde, und weder den Entschluß der Türkei, im Kriege bis zum endlichen Siege auszuharren, ändern werde, noch auf die militärischen Operationen der Verbündeten der Türkei irgendeinen Einfluß haben könne. Die gegenwärtigen Ereignisse zeigen, hieß es weiter, daß Rußland nicht Serbiens wegen den Krieg führe, sondern einfach um einerseits Österreich-Ungarn und Deutschland zu zerschmettern und andererseits um England und Frankreich zu erschöpfen und hierauf die Frage der Meerengen und Konstantinopels aufzuwerfen. Angesichts der Erfolglosigkeit der englisch-französischen Angriffe mutete eine Zeitungspolemik über den Besitz Konstantinopels und der Dardanellen, die sich zwischen französischen und russischen Blättern entspann, höchst unterhaltsam an. Der „Rjetsch" erklärte gegenüber französischen Pressestimmen, die zwar den Besitz Konstantinopels Rußland einräumen, den Bosporus und die Dardanellen aber neutralisieren wollen, daß der Besitz Konstantinopels für Rußland nur von Wert sei, falls auch die Meerengen russischer Besitz würden. Konstantinopel sei in der Tat nur die natürliche Zugabe zum Besitze der Meerengen. Die freie Durchfahrt für die Neutralen und die Balkanstaaten sei natürlich wichtig, die Entscheidung über die Durchfahrt könne aber ebensogut in Petersburg ohne Mitwirkung der Alliierten wie in Paris oder London getroffen werden. Die Trennung der Herrschaft in der Frage der Meerengen von der Frage des Besitzes Konstantinopels beweise nur, daß die alliierte Presse das Lebensinteresse Rußlands nicht verstehe. Wünschenswert sei, daß die alliierte Presse sich diese zweifellose Wahrheit fest einpräge.

Inzwischen nahmen die Kämpfe ihren Fortgang. Am 3. März beschoß der Feind die Außenforts Kum Kale und Sed-ul-Bahr durch acht bis zehn Schiffe mit etwa tausend Granaten und Schrapnells vom Morgen bis zum Abend. Jenischehir und Kum Kale waren den ganzen Tag in Flammen und Rauchwolken gehüllt; trotzdem wich die türkische Infanterie keinen Schritt zurück. Unter dem Schutze des Schiffsfeuers erreichten kleine feindliche Truppenkörper das Land. Die türkische Infanterie ging mit Gewehrfeuer und Handgranaten vor, während das feindliche Landungskorps durch die Schiffsbesatzungen auf annähernd 400 Mann stieg. Das mörderische türkische Feuer zwang bei Sonnenuntergang das Landungskorps zum Rückzuge. Die Türken beobachteten, wie die Engländer die Gefallenen ins Meer warfen.

Am 7. März eröffneten zwei englische Schiffe, das Panzerschiff „Agamemnon" und eins vom „Nelson"-Typ sowie französische Linienschiffe neuerdings das Feuer gegen das Fort Medschidie mit einem Hagel von Geschossen größten Kalibers, worauf das gegenüberliegende Fort Hamidie mit schwerstem Geschütz eingriff. Gleich bei den ersten Schüssen erzielte es drei Treffer, welche ein feindliches Schiff zwangen, die Feuerlinie zu verlassen. Sogleich richtete der Feind ein heftiges Feuer gegen das Fort Hamidie. 35-cm-Granaten durchheulten die Luft; ihre Explosionen machten die Erde erbeben und die Häuser der ganzen Stadt Tschanak Kale erzittern. Zu kurz gefallene Geschosse wühlten riesige Wasserhosen auf. Nach vierstündigem heftigen Artilleriekampfe dampfte der Feind dem Ausgange der Dardanellen zu. Trotzdem von feindlicher Seite 400 Schüsse abgefeuert worden waren, blieb das Fort Hamidie unbeschädigt.

Am 10. März traf in den Dardanellen ein weiterer englischer Überdreadnought der Klasse „Queen Elizabeth" ein, und zwei Tage darauf fand das erste Nachtgefecht größeren Stiles statt. Um 11 Uhr begann ein englischer Kreuzer und mehrere Torpedoboote eine energische Beschießung der Scheinwerfer von Dardanos. Die Haubitzenbatterien antworteten, so daß der ganze Horizont flammte. Das erste Gefecht währte eine Stunde. Um 2 Uhr morgens wurde der Kampf wieder aufgenommen. Gleichzeitig wurden von englischer Seite Minenfischer ausgesandt, um einen Weg durch die Minensperre zu schaffen. Während des beiderseitigen heftigen Feuers zog sich der englische Kreuzer infolge des Treffers einer Haubitze aus der Feuerlinie zurück. Drei Minensucher sanken, worauf die übrigen Minensucher, vom türkischen Feuer verfolgt, eiligst flüchteten, ohne ihren Zweck irgendwie erreicht zu haben.

Ein großer Angriff setzte am 18. März ein. „Queen Elizabeth", „Inflexible", „Agamemnon" und „Lord Nelson" beschossen um 10 Uhr 45 Minuten die Forts Kilidbahr und Chanak, während „Triumph" und „Prince George" die Batterien von Dardanos beschossen. Aus Haubitzen und Feldgeschützen wurde ein heftiges Feuer auf die Schiffe eröffnet. Um 11 Uhr 22 Minuten fuhr ein französisches Geschwader, bestehend aus „Suffren", „Gaulois", „Charlemagne" und „Bouvet", in die Dardanellen ein und begann die Forts auf kurze Entfernung anzugreifen. Die Forts Kilidbahr und Mamezieh antworteten kräftig. Gegen 1 Uhr stellten alle Forts das Feuer ein. „Vengeance" und „Majestic" kamen herbei, um die Schlachtschiffe in der Straße abzulösen. Als das französische Geschwader herausfuhr, wurde „Bouvet" in die Luft gesprengt und sank in 3 Minuten, 650 Meter von dem Dorf Arenkioj entfernt. Um 2 Uhr 36 Minuten erneuerten die Schiffe den Angriff auf die Forts, während gleichzeitig die Minenfeger an die Arbeit gingen. Der „Irresistible" verließ, schwer überneigend, um 4 Uhr 9 Minuten die Schlachtlinie. Um 5 Uhr sank das Schiff wahrscheinlich infolge davon, daß es auf eine treibende Mine geraten war. „Ocean" stieß um

6 Uhr 5 Minuten ebenfalls auf eine Mine. Beide Fahrzeuge sanken in tiefem Wasser. Die gesamte Besatzung wurde unter heftigem Feuer in Sicherheit gebracht. „Gaulois" wurde durch Geschützfeuer beschädigt. „Inflexible" wurde auf dem Vorderschiffe von einer schweren Granate getroffen und mußte ausgebessert werden. Die Verluste der Schlachtschiffe wurden dadurch verursacht, daß Minen mit dem Strome trieben und in bereits reingefegte Teile der Straße gerieten. Diese Gefahr erheischt besondere Vorkehrungen. Bei „Bouvet" erfolgte wahrscheinlich eine Explosion im Inneren, nachdem er auf eine Mine geraten war.

Bald darauf wurde festgestellt, daß auch das zweite der bei dem Kampfe beschädigten französischen Kriegsschiffe, das Linienschiff „Gaulois" bei Tenedos gesunken sei.

Ein eingehender Bericht über diesen gewaltigen Kampf modernster Schiffsartillerie gegen die starken Küstenforts brachte folgende Einzelheiten: Die ganze Atmosphäre war verdunkelt durch die explodierenden Geschosse, die aufgeworfenen Erdsäulen und die Pulverwolken. Die Alliierten fuhren um 1½ Uhr vormittags in den Dardanelleneingang ein und warfen ihre Geschosse in die Stadt Tschanak Kale. Zunächst nahmen an dem Gefechte vier französische und fünf englische Schiffe teil. Die anwesenden Korrespondenten hatten anfangs ihren Beobachtungsposten in dem Fort Tschimmenlik bei dem alten Schlosse Sultanije, dann durch den Geschoßhagel von dort vertrieben, auf einem Hügel außerhalb der Stadt. Als sie den Turm verließen, krepierten an zwei Stellen in ihrer unmittelbaren Nähe Granaten. Gleichzeitig fielen die Geschosse über die Stadt immer dichter, wühlten die Straßen auf und erfüllten die ganze Umgebung mit dichtem Rauch, während zu kurz fallende Geschosse mächtige Wasserhosen aufsteigen ließen. Um 12½ Uhr erreichte das Feuer seinen Höhepunkt. Es war jetzt konzentriert auf die Forts Tschimmenlik, Hamidie und die umliegenden befestigten Plätze.

Nach 1 Uhr flaute der Kampf zeitweilig ab, wurde aber bald darauf wieder mit solcher Heftigkeit aufgenommen, daß die Forts zeitweise in den Rauchwolken völlig verschwanden. Um 2 Uhr änderten die Alliierten ihre Taktik, indem sie einzelne Batterien in unregelmäßigen Abständen beschossen. Das Einschießen erwies sich dabei offenbar als schwierig. Die Granaten fielen vielfach zu kurz ins Wasser oder zu weit in die Stadt Tschanak Kale. Die Nachmittags= beschießung hatte um 3 Uhr 15 Minuten ihren Höhepunkt erreicht, als plötzlich das französische Linienschiff „Bouvet" mit dem Heck zu sinken begann, während der Bug hoch zum Himmel sich reckte. Die Mannschaften der türkischen Forts, wo der Kampfesmut aufs höchste entfacht war, brachen in brausende Hurrarufe aus. Torpedoboote und andere Fahrzeuge eilten dem sinkenden Schiffe zu Hilfe, konnten aber nur wenig Leute retten, da das Schiff durch eine Minenexplosion unter Wasser und einen Volltreffer über Wasser aufs schwerste be= schädigt war und rasch sank. Wenige Minuten später sahen die Korrespondenten, wie ein britisches Schiff von einem türkischen Geschoß am Vorderdeck getroffen wurde. Mit gekapptem Maste, der im Gewirre der Takelage über Bord hing, versuchte das Schiff den Ausgang der Dardanellen zu gewinnen, was offenbar infolge Maschinenschadens von Sekunde zu Sekunde schwerer wurde. Gleich darauf erhielt ein anderes britisches Schiff einen Volltreffer auf Deck mittschiffs und mußte sich gleichfalls vom Kampfplatz entfernen. Um 4 Uhr 45 Minuten mußte ein drittes britisches Schiff schwer beschädigt unter dem rasenden Feuer der türkischen Batterien sich aus dem Gefechte zurückziehen. Es war der schwerste Schlag für die Alliierten, als das britische Schiff sich gezwungen sah, innerhalb des Feuer= bereichs der türkischen Batterien auf den Strand zu laufen. Eine volle Stunde versuchten die Alliierten, mit ihren Geschützen das der Vernichtung geweihte Schlachtschiff zu decken, bis acht Volltreffer die Aussichtslosigkeit all dieser Bemühungen besiegelten. Darauf folgten weitere 10 Minuten eines qualvollen Rückzugskampfes. Endlich gewannen die Schiffe der Alliierten unter einem Hagel von Geschossen den Ausgang aus den Dardanellen, während die Artillerie der Forts das Feuer nicht eher einstellte, als bis das letzte feindliche Schiff aus dem Feuerbereiche verschwunden war. Diese Schlacht hat zum ersten Male Schiffe der Alliierten auf längere Zeit in den Feuerbereich der türkischen Geschütze gebracht. Das Ergebnis war dank der Treff= sicherheit der deutsch=türkischen Artillerie für die Feinde entsetzlich, die ihrerseits, obwohl sie annähernd 2000 Granaten abfeuerten, keine Batterie zum Schweigen brachten.

Es ist historisch bemerkenswert, daß auf dem in der Schlacht gesunkenen französischen Linienschiffe „Bouvet" seinerzeit in Brest die französisch-russische Allianz geschlossen wurde. Zwei eherne Tafeln künden die Reden des Zaren Alexander und des Präsidenten Carnot.

Durch ein Kaiserliches Jrade wurde jetzt angeordnet, daß die an den Dardanellen und in ihrer Umgebung zusammengezogenen osmanischen Streitkräfte fortan eine Armee, und zwar die fünfte zu bilden haben, deren Oberbefehl dem Marschall Liman von Sanders anvertraut wurde.

Die russische Flotte holte sich gleichzeitig wohlfeile Lorbeeren. Sie unternahm am 28. März einen Vorstoß in der Richtung auf den Bosporus. Der russische Admiral Eberhardt beglückwünschte bei dieser Gelegenheit die Flotte zu ihrer Aktion, die er als einen Erfolg hinstellte, der es verdiene, eine der glänzendsten Waffentaten in der Geschichte der Flotte genannt zu werden. Demgegenüber stellte die amtliche türkische Berichterstattung fest, daß nicht ein einziges Geschoß di. Küstenbefestigungen am Bosporus erreicht hat; die russische Flotte hielt sich außerhalb des Bereichs dieser Befestigungen. Nach Beschießung türkischer Wachtfahrzeuge, die vor dem Bosporus kreuzten, habe sich die russische Flotte mit einer Schnelligkeit entfernt, die wohl zu verstehen sei. Das ganze Vorgehen des russischen Admirals sei ein Bluff gewesen, darauf berechnet, sich einen Erfolg zuzuschreiben und darzutun, daß die russische Flotte im Schwarzen Meere große Rührigkeit entfalte. Auf diese Weise sollten die Alliierten vor den Dardanellen zu regerer Tätigkeit angespornt werden. Die türkische Flotte unternahm am 3. April wieder einen Vorstoß auf Odessa und brachte dabei zwei russische Schiffe zum Sinken, und zwar den „Provident" mit 2000 Tonnen und die „Pastochnaja" mit 1500 Tonnen Verdrängung. Während dieses Vorganges näherte sich der Kreuzer „Medjidije" bei der Verfolgung von feindlichen Minensuchern in der Umgebung der Festung Otschakow dem feindlichen Ufer, stieß auf eine Mine und sank. Die Besatzung der „Medjidije" wurde durch türkische Kriegsschiffe, die sich in der Nähe befanden, gerettet. Die Matrosen der „Medjidije" zeigten eine Haltung, die jedes Lobes würdig ist. Vor dem Untergange des Schiffes wurden die Verschlußstücke der Kanonen vollständig entfernt und der Kreuzer selbst torpediert, um ein Wiederflottmachen durch den Feind unmöglich zu machen.

Einer der feindlichen Minensucher, die sich am gleichen Tage den Dardanellen zu nähern versuchten, wurde auf der Höhe von Kum Kale durch ein Geschoß unserer Batterien getroffen und zum Sinken gebracht.

Als ein arges Mißgeschick wurde in England der Verlust des Unterseebootes „E 15" empfunden, das am 19. April bei einer Aufklärungsfahrt in dem Minenfelde von Kephez vernichtet wurde.

Das Unterseeboot war, geschleppt von einem Kreuzer, am 18. März von Plymouth abgefahren, eine Nacht in Gibraltar geblieben und hatte sich von dort nach Malta und dann in den Hafen Mudros auf der Insel Lemnos begeben, wo es sechs Tage blieb. Nachdem es sich noch einen Tag bei Tenedos aufgehalten hatte, fuhr es von dort um Mitternacht ab und drang um 2 Uhr 20 Minuten früh in den Eingang der Dardanellen ein. Es tauchte um 2½ Uhr unter, um das Licht unserer Scheinwerfer zu vermeiden. Von der starken Strömung fortgerissen, stieß es gegen 6½ Uhr morgens auf Land, und sein Turm tauchte über dem Wasser auf. Die türkischen Batterien eröffneten darauf das Feuer auf das Unterseeboot. Die erste Granate traf die Kommandobrücke und tötete den Kapitän. Eine zweite Granate traf den Raum der elektrischen Maschinen, so daß die Besatzung gezwungen war, das Schiff zu verlassen. Aber die türkischen Batterien setzten das Feuer fort. Drei Personen wurden getötet und sieben Matrosen verwundet. Nachdem feindliche Flugzeuge das Schicksal des Unterseebootes erfahren hatten, flogen sie über die Meerenge, suchten das Unterseeboot und warfen Bomben gegen das Periskop und den Turm, da sie fürchteten, daß das Unterseeboot in die Hände der Türken fallen könne. Türkische Truppen begaben sich sofort in Barken an Ort und Stelle, um die Besatzung des Unterseebootes zu retten.

Am 14. April bombardierte der Kreuzer „Majestic" die Umgebung von Kaba Tepe auf der Halbinsel Gallipoli, wobei ihn ein Flieger unterstützte, entfernte sich aber sogleich, als die Forts etwa 10 Granaten gegen ihn abfeuerten. Am 15. April stellte eine Erkundung der türkischen Flieger fest, daß der Feind die Küstengewässer der Inseln mit 8 Panzerschiffen, 10 Torpedobootszerstörern,

19 Baggerschiffen, 9 Kohlenschiffen und einem Wasserflugzeugmutterschiffe besetzt hielt. Am Nachmittage desselben Tages eröffnete die „Majestic" das Feuer gegen die vorgeschobenen Batterien. Diese erwiderten und trafen das Panzerschiff zwischen den beiden Schornsteinen. Eine zweite Granate traf das Hinterteil der Kommandobrücke, eine dritte streifte die Seite. Die „Majestic" zog sich zurück und rief Torpedobootszerstörer sowie den „Swiftsure" zur Hilfe, der die Beschießung fortsetzte, ohne einen Erfolg zu erzielen. Versuche von Torpedobooten, in der Nacht vom 14. zum 15. in die Meerengen einzudringen, wurden zurückgewiesen.

Am 17. April vernichtete das türkische Torpedoboot „Timur Hisser" das englische Transportschiff „Manitou", mußte aber, von zwei Kreuzern verfolgt, bei Chios auf den Strand gesetzt werden.

Ende April entwickelten sich wieder heftige Kämpfe zur See und mit den unter dem Schutze der Schiffsgeschütze auf der Halbinsel Gallipoli gelandeten Truppen. Ein Augenzeuge gibt darüber die folgende anschauliche Schilderung:

Am 25. April, 4 Uhr früh, begann die feindliche Flotte, ein furchtbares Geschützfeuer gegen die Umgegend von Kaba Tepe zu richten. Eine Stunde nachher gelang es dem Feind, unter dem Schutze des Feuers der Kriegsschiffe Truppen zu landen. Bevor die Landung beendet war, gingen türkische Truppen zum Angriff über. Der Kampf wurde mit äußerster Erbitterung geführt. Der Feind verteidigte hartnäckig seine Stellungen, während türkische Truppen ihn mehr ins Innere der Halbinsel zu ziehen suchten, um ihn dort um so besser vernichten zu können; aber der Feind vermied, weiter vorzudringen. Der Kampf bei Kaba Tepe war in vollem Gang, als es dem Feinde gelang, auch bei Sedd=il=Bahr, Sighindere und Kum Kale zu landen. Aber auch dort begegnete er erbittertem Widerstand und konnte nicht die geringsten Fortschritte erzielen. Die Tapferkeit der türkischen Truppen war so groß, daß es einer Kompagnie gelang, 1½ Bataillone des Feindes ins Meer zu treiben. Während der Feind hartnäckig seine Stellungen verteidigte, sandten die Kriegsschiffe von allen Seiten einen furchtbaren Hagel von Granaten. Die Kämpfe dauerten den ganzen Tag und einen Teil der Nacht, bis es gegen Mitternacht den türkischen Truppen durch einen mit bewunderungswürdiger Schneidigkeit geführten Bajonett= angriff gelang, den Feind zu vertreiben und den größten Teil der feindlichen Truppen ins Meer zu werfen.

Am 26. April eröffneten die feindlichen Kriegsschiffe wieder ein heftiges Feuer. Die Landkämpfe dauerten noch den ganzen Tag und die ganze Nacht.

Die Sonne des 27. April beschien einen türkischen Sieg. Im Laufe des Vormittags führten die türkischen Truppen einen furcht= baren Bajonettangriff aus, der den Feind bei Sighindere in die Flucht jagte. Die feindlichen Soldaten drängten sich in so wilder Hast, daß viele von ihren eigenen Kameraden zu Tode getreten wurden. Nur einer kleinen Zahl gelang es, die Boote wieder zu erreichen. An demselben Tage wurden die feindlichen Streitkräfte, die Kaba Tepe besetzt hielten, von uns eingeschlossen. Sie erlitten durch das Feuer unserer Maschinengewehre und unserer Infanterie schreckliche Ver= luste, worauf sie zu fliehen begannen. Viele ergaben sich gruppenweise.

Am 28. April gelang es dem Feind, unter dem Schutze des Feuers aller seiner Kriegsschiffe noch eine gewisse Anzahl seiner Truppen zu landen, und die Kämpfe begannen von neuem. Ein Torpedobootszerstörer, zwei Transportdampfer und ein Schiff für Wasserflugzeuge sanken, zwei Kreuzer wurden beschädigt.

Der Augenzeuge schätzt die Zahl der getöteten Feinde auf 10 000, während die Türken nur wenig Tote und eine verhältnismäßig geringe Anzahl Verwundeter hatten. Er zollt der Tapferkeit und Todes= verachtung der türkischen Soldaten Worte begeisterten Lobes.

In England wurde die öffentliche Meinung allmählich sehr beunruhigt. Lord Charles Beresford sagte in einer Rede, die er in Portsmouth hielt, daß die Unternehmung in den Dardanellen den Anstrich von Amateurkriegskunst habe. Man habe mit der Unter= nehmung begonnen, als man wußte, daß das Wetter ungünstig sei, ehe die Armee bereit gewesen sei und ehe man Vorsorge getroffen habe, die Schiffe gegen treibende Minen zu schützen. Das sei ein großer Fehler, den die Regierung gemacht habe. Später solle eine Untersuchung angestellt werden, augenblicklich müsse man alles tun, um die Regierung von den Folgen dieses Fehlers zu befreien. Aber wenige Tage darauf, am 13. Mai, mußte Churchill im Unterhause die niederschmetternd wirkende Mitteilung machen, daß das Linienschiff „Goliath" in den Dardanellen torpediert wurde und man den Verlust von 500 Menschenleben befürchte. — Diesen Erfolg trug der Torpedobootszerstörer „Muavenet=i=Millije" davon, der, nachdem er seinen Auftrag erfolgreich ausgeführt hatte, wohlbehalten zurückkehrte. „Muavenet=i=Millije" stand unter dem Kommando des Kapitäns Achmed und des Deutschen Firle. Die beiden Offiziere führten ein kühnes Manöver der Seemannskunst und Taktik durch. Ein Telegramm der Agence Milli aus den Dardanellen besagte, die Tat sei geeignet, die türkisch=deutsche Waffenbrüderschaft um so enger zu gestalten. Deutsche bildeten Besatzungsteile der türkischen Schiffe.

Der französische Kreuzer „Jeanne d'Arc" versuchte gleichzeitig, in Fenique an der anatolischen Küste zu landen, aber auf unseren Gegenangriff ergriffen die gelandeten Soldaten die Flucht, und der Kreuzer zog sich zurück.

Es konnte die Stimmung in den Kreisen der Entente nicht verbessern, daß Mitte Mai bestimmte Meldungen auftraten, daß deutsche Unterseeboote im Mittelmeere gesichtet seien. Bald erfolgte am 25. Mai die Torpedierung des englischen Schlachtschiffes „Triumph" im Golfe von Saros vor Ari Burnu.

Das türkische Hauptquartier teilte darüber folgendes mit: „Am 25. Mai um 12½ Uhr fuhr das englische Panzerschiff „Triumph", nachdem es seine Torpedofangnetze ausgespannt hatte, in langsamer Fahrt vor Ari Burnu vorüber. Es war klar, daß der „Triumph" beabsichtigte, die Stellung unserer Truppen, die dort seit dem Ende vergangenen Monats gegen die Engländer kämpfen, zu bombardieren. Zwei Torpedobootszerstörer begleiteten das Panzerschiff. Ein zweites Panzerschiff vom Typ „Vengeance" hielt sich etwas weiter entfernt. Mehrere Torpedobootszerstörer und Avisos kreuzten auf dem offenen Meer, um die Panzerschiffe gegen Angriffe von Unterseebooten zu schützen. Trotz dieser scharfen Schutzmaßnahmen gelang es einem zur Marine des mit uns verbündeten Deutschland gehörenden Unterseeboot, ohne von irgendeiner Seite entdeckt zu werden, den „Triumph" anzugreifen. Der Torpedo, den es abschoß, drang durch die Fangnetze hindurch und explodierte im Mittelteile des Schiffes. Nachdem es torpediert war, neigte sich das Panzerschiff sogleich auf die Seite, bis sein Verdeck ins Wasser tauchte. 9 Minuten später kenterte es. Nachdem es noch 20 Minuten lang kieloben geschwommen war, verschwand es völlig. Ein Teil der Besatzung war auf das Verdeck gestürzt und von den Torpedobootszerstörern und anderen an Ort und Stelle herbeigeeilten Schiffen gerettet worden. Während es sehr leicht gewesen wäre, durch Schrapnellfeuer die im Wasser schwimmenden feindlichen Matrosen zu töten und die Rettungsboote zu zerstören, hinderten unsere Artilleristen, ihrem edlen Gefühl der Menschlichkeit folgend, die Rettungsarbeiten nicht. Das Unterseeboot wurde lange von englischen Torpedobootszerstörern verfolgt, entkam aber unbeschädigt. Der „Triumph" war ein Panzerschiff von 12 000 Tonnen mit einer Besatzung von 800 Mann. Anscheinend wurde der größte Teil der Besatzung durch die Wirkung der Explosion getötet. Zu Beginn des Krieges nahm dieses Panzerschiff unter dem Kommando eines japanischen Admirals an der Beschießung von Tsingtau teil. Es wurde damals von den deutschen Batterien ernstlich beschädigt. Am 25. April feuerte unser Panzerschiff „Torgut Reiß" — das frühere Linienschiff „Weißenburg" — eine Granate gegen das Schiff ab, die ein Volltreffer war. Das Erscheinen deutscher Unterseeboote hat unter den übrigen feindlichen Kriegsschiffen vor den Dardanellen große Unruhe hervorgerufen."

Wie berechtigt diese Unruhe war, ergab die zwei Tage später einlaufende Meldung, daß das englische Linienschiff „Majestic" vor Sedd=il=Bahr in den Grund gebohrt worden sei. Gleichzeitig wurde ein zweites Schlachtschiff mit zwei Masten und zwei Schornsteinen torpediert. Eine große Wassersäule wurde bemerkt, worauf das Schiff sich zur Seite neigte und in der Richtung auf Imbros abgeschleppt wurde. Um 11 Uhr wurde das in Frage kommende Schiff an der südöstlichen Küste von Imbros liegend bemerkt, umgeben von kleinen Dampfern. Das torpedierte Schiff gehörte der „Agamemnon"= Klasse an.

Am 31. Mai versenkte ein deutsches Unterseeboot bei den Stratoinseln einen englischen, 12 000 Tonnen fassenden Hilfskreuzer; von dessen 800 Mann zählender Besatzung wurden 120 Mann durch den englischen Dampfer „Spy" gerettet und nach der Bucht von Mudros gebracht. Am 2. Juni torpedierte ein Unterseeboot einen englischen Linienschiffskreuzer bei Tenedos.

Die Fülle der Ereignisse hatte am 19. Mai den Rücktritt Sir Winston Churchills und des Ersten Seelords Fisher herbeigeführt. Unmittelbar nach den glänzenden Erfolgen der deutschen Unterseeboote in den Dardanellen hielt Churchill in Dundee eine Rede, die eine der tollsten Überhebungen und eine unfaßbare, nur in einem britischen Hirne mögliche Verkennung der Tatsachen zeigte. Die vier Jahre seiner Verwaltung der Admiralität, sagte Churchill, seien die wichtigste Periode der Seegeschichte Englands gewesen. In den Kämpfen an den Dardanellen müsse man große Verluste erwarten, aber die Armee und die Flotte seien nur durch wenig Meilen Gestrüpp und Hügel von einem Siege getrennt, wie man einen solchen in diesem Kriege noch nicht gesehen hätte, der die Vernichtung des feindlichen Reiches, die Vernichtung des Heeres und der Flotte des Feindes und den Fall der weltberühmten Hauptstadt herbeiführen werde. Durch die engen Dardanellen und die Hügel der Gallipolihalbinsel führe der sicherste Weg zu einem triumphierenden Frieden. Die Seekämpfe an den Dardanellen würden von der überschüssigen Flotte geführt, die sonst untätig in den südenglischen Häfen liegen würde. Die große Zahl alter Schiffe, aus der sie bestehe, würde jedenfalls vor Jahresschluß ausrangiert werden, da ihre Bemannungen gebraucht würden, um die bis dahin fertigen neuen Schiffe zu bemannen.

Aber der mit so großem Pomp angekündigte Erfolg wollte sich nicht zeigen. Am gleichen Tage, da Churchill seine Rede hielt, kam die Nachricht, daß ein deutsches Unterseeboot vor Sedd=il=Bahr einen großen französischen Transportdampfer, die „Carthage", versenkt habe. Der Dampfer ging in 3 Minuten unter.

Einen weiteren Verlust hatte am 26. Juli die französische Flotte dadurch, daß in der Meerenge das Unterseeboot „Mariotte" zum Sinken gebracht und die Besatzung gefangengenommen wurde.

Allmählich sah man bei der Entente die Erfolglosigkeit der so unheilvollen Dardanellenoperation ein. Es verlautete, daß General Hamilton einen Sonderkurier an Lord Kitchener gesandt habe, um ihm mitzuteilen, daß an eine Fortsetzung der Operationen an den

Dardanellen nicht zu denken sei. Ein neuer Angriff habe nur dann Aussicht auf Erfolg, wenn es gelinge, mit einem Balkanstaat ein Abkommen zu treffen, wonach dieser selbst an der Aktion teilnehmen oder aber mindestens den Durchmarsch der russischen Armee gestatten müßte.

Auch der Verlust des türkischen Linienschiffes „Barbaroß Haireddin" — der frühere „Kurfürst Friedrich Wilhelm" —, das am 8. August durch ein feindliches Unterseeboot versenkt wurde, konnte die Stimmung der Türken nicht herabstimmen. Ein türkisches Wasserflugzeug brachte am gleichen Tag ein feindliches Unterseeboot zum Sinken, am 3. September ging ein weiteres feindliches Unterseeboot, am 4. September das englische Tauchboot „E 7" in den Dardanellen verloren.

Im Schwarzen Meere hatten inzwischen die Türken eine Reihe von Erfolgen zu verzeichnen gehabt.

Bei einem Gefecht am 11. Juni versenkte der türkische Kreuzer „Midilli" einen großen russischen Torpedobootszerstörer und kehrte unbeschädigt zurück. Am 14. Oktober wurde der russische Dampfer „Cadia" vor Sewastopol vernichtet.

Am 27. Oktober griff ein Unterseeboot im westlichen Teile des Schwarzen Meeres die russische Flotte an und torpedierte ein Linienschiff des Typs „Panteléimon", welches schwer beschädigt wurde. Die russische Flotte zog sich darauf schleunigst nach Sewastopol zurück.

Mitte Oktober gab ein Londoner Korrespondent des Mailänder „Secolo" der allgemeinen Stimmung beredten Ausdruck. Er nannte die Dardanellenunternehmung unter Anführung der schweren englischen Verluste ein mißglücktes Unternehmen. Die Einstellung der Dardanellenexpedition sei nicht ausgeschlossen, um so mehr, als die auf Gallipoli kämpfenden Truppen nutzbringender in Serbien verwendet werden könnten. Sicherlich könne man nur mit Schmerz an dieses unglückselige Unternehmen, an die Irrtümer und an die außerordentlichen Schwierigkeiten denken. Die Dardanellenunternehmung sei nicht etwa ein launischer Streich Englands oder Frankreichs gewesen, sondern sie sei aus drei Gründen von Rußland dringend verlangt worden, erstens damit Rußland einen Ausfuhrweg für Getreide offen habe, zweitens um den Druck der türkischen Truppen im Kaukasus zu vermindern, drittens um auch in Rußland den Krieg mit dem seit Jahrhunderten von den Russen gehegten Traum, Konstantinopel zu beherrschen und eine Mittelmeermacht zu werden, volkstümlich zu machen. Diese Zwecke seien natürlich nicht bekanntgegeben worden. Wie und von wem das Unternehmen organisiert worden sei, sei noch nicht ganz klar, es sei aber sicher, daß die Durchführung nicht hätte schlechter sein können. Die Zahl der Verluste an den Dardanellen wurde jetzt bereits auf 96 399 Mann beziffert.

Von da an hat der Feind einen ernst zu nehmenden Seeangriff auf die Meerenge nicht mehr ausgeführt. Am 9. November fiel das französische Unterseeboot „Turquoise" in die Hände der Türken, am 13. November wurde bekannt, daß das englische Tauchboot „E 20" im Marmarameere versenkt sei.

Der große Landsieg bei Anaforte und Ari Burnu am 2. Dezember, der die Halbinsel Gallipoli endgültig von den gelandeten Truppen säuberte, bedeutete das eigentliche Ende des Dardanellenunternehmens, welches die deutsch=türkische Waffenbrüderschaft in dem glänzendsten Lichte gezeigt hat. Am 9. Januar 1916 **verließ der letzte Feind den Boden Gallipolis**.

XIV.

Am 10. Juli 1916 teilte Lord Robert Cecil auf eine Anfrage im englischen Unterhause mit, daß bewaffnete britische Handelsschiffe regelmäßig mit verschiedenen Ländern verkehrten. Damit war offiziell bestätigt, was man in Deutschland schon lange wußte, daß englischerseits ein Freischärlertum zur See organisiert sei. Bereits im März hatte Kapitän Bell von dem Dampfer „Thordis", der am 28. Februar ein deutsches Unterseeboot gerammt haben wollte, den Rang eines Leutnants in der Marinereserve und den Verdienstorden erhalten. Deutsche Flugzeuge waren wiederholt von englischen Handelsschiffen beschossen worden, ohne daß sie diese angegriffen hätten.

Die Feindseligkeit der Briten gegen unsere Seestreitkräfte erreichte allmählich einen immer höheren Grad und führte schließlich zu den widerlichsten Erscheinungen, die in dem „Baralong"=Fall und der Haltung der Besatzung des Fischdampfers „King Stephen" gipfelten.

Doch mögen vorerst noch aus der Fülle der Erfolge unserer Flotte und namentlich unserer U-Boote die bemerkenswertesten bis zum Ablaufe des Jahres 1915 aufgeführt werden.

Am 8. August wurde der englische Hilfskreuzer „India" (7900 Tonnen) nördlich von Bodö beim Einlaufen in den Westfjord torpediert. Der schwedische Dampfer „Göthaland" ging mit 80 Mann der Besatzung nach Narvik ab. Etwa 72 Mann wurden auf Helligvärk gelandet.

Am 11. August wurde bekannt, daß nach kühnem Durchbruche durch die feindlichen Bewachungsstreitkräfte S. M. Hilfsschiff „Meteor" an verschiedenen Stellen der britischen Küste Minen geworfen und sodann Handelskrieg geführt hatte. In der Nacht vom 7. zum 8. August stieß er südöstlich der Orkneyinseln auf den britischen Hilfskreuzer „The Ramsey", griff ihn an und vernichtete ihn, wobei er 40 Mann der Besatzung, darunter 4 Offiziere, retten konnte. Am folgenden Tage wurde er von vier britischen Kreuzern gestellt. Da ein Kampf aussichtslos und ein Entkommen unmöglich war, versenkte der Kommandant sein Schiff, nachdem die Besatzung, die englischen Gefangenen und die Mannschaft eines als Prise versenkten Seglers geborgen worden waren. Die gesamte Besatzung des „Meteor" erreichte wohlbehalten einen deutschen Hafen.

Am 14. August wurde auf der Höhe der Scillyinseln der englische Transportdampfer „Royal Edward" von einem Unterseeboote versenkt. Er führte 220 Mann Besatzung und 1350 Mann Truppen mit 32 Offizieren. 600 Mann wurden gerettet.

Am 17. August griffen fünf Boote einer unserer Torpedobootsflottillen bei Horns-Riff-Feuerschiff an der jütischen Westküste einen englischen modernen kleinen Kreuzer und acht Torpedobootszerstörer an und brachten den Kreuzer und einen der englischen Zerstörer durch Torpedoschüsse zum Sinken. Unsere Streitkräfte hatten keinerlei Verluste. Die englischen Streitkräfte wurden durch den Angriff der deutschen Torpedoboote völlig überrascht. Der Kreuzer, der dem neuesten englischen Typ der „Aurora"-Klasse angehörte, sank innerhalb 4 Minuten, der Zerstörer unmittelbar nach dem Torpedotreffer.

Am 27. August wurde bekannt, daß Mitte August eins unserer Unterseeboote die bei Harrington an der Frischen See liegende Benzolfabrik einschließlich des Benzollagers und der zugehörigen Koksöfen durch Geschützfeuer vernichtet hatte. Die Werke flogen mit hoher Stichflamme in die Luft. Dasselbe U=Boot wurde in der Frischen See von einem großen Passagierdampfer, anscheinend der Royal Mail Steam Packet Comp., auf weite Entfernung beschossen, obwohl es ihn nicht angegriffen hatte. Es wurde ausdrücklich festgestellt, daß der Handelsdampfer von seinem Geschütze zum Angriffe, nicht etwa zu seiner Verteidigung Gebrauch gemacht hat. Die zerstörte Benzolfabrik war eine der größten Englands und für die englische Sprengstofferzeugung von um so höherem Wert, als es nur wenige derartige Werke in England gibt.

Am 20. Oktober wurde ein englisches Transportschiff bei der Insel Wight durch ein deutsches Unterseeboot torpediert. Der Dampfer legte sich über und sank. Drei Tage später lief der Kreuzer „Argyll" an der Ostküste von Schottland auf und ging vollständig verloren. Am 17. November lief das Hospitalschiff „Anglia" im britischen Kanal auf eine Mine und sank. Es hatte 385 Mann an Bord, ungefähr 300 wurden durch ein Patrouillenboot gerettet. Als die „Anglia" auflief, setzte das Kohlenschiff „Lusitania", das sich in der Nähe befand, sofort zwei Boote aus. Während die Leute nach der „Anglia" ruderten, sahen sie, wie ihr eigenes Schiff in die Luft flog. Sie waren jedoch imstande, den Rest der Besatzung zu retten. Torpedoboote retteten zahlreiche Überlebende der „Anglia".

Eine wunderbare Mär aber, welche die Operationen der U=Boote in entfernten Gebieten erklären sollte, tischte die französische Presse auf. „Républicain" meldete aus Madrid, daß die Zeitung „El Mundo" berichtet habe, daß Anfang August ein Unterseeboot während der Nacht vor der Küste von Asturien kreuzte. Eine mit Neugierigen gefüllte Barke, die am nächsten Morgen das Unterseeboot näher sehen wollten, mußte auf Befehl des Unterseebootes umkehren. Das Unterseeboot verschwand darauf. Ende Juni war ein anderes deutsches Unterseeboot in den Gewässern von Concha de Artedo erschienen. Der Dampfer „Marcela" aus Bilbao hätte das Unterseeboot mit 50 Tonnen Benzin versorgt, die während der Nacht von vier Barken an Bord des Unterseebootes geschafft wurden. Die Kapitäne der Barken hätten je 100 Pesetas Belohnung erhalten.

Die spanische Gesandtschaft in Paris sah sich daraufhin veranlaßt, in verstärkter Weise alle Meldungen der Presse über das Bestehen von Verproviantierungsstationen für deutsche Unterseeboote in spanischen Gewässern zu dementieren. Der Ursprung der Nachrichten sei unerklärlich. Gleichzeitig veröffentlichte das französische Marineministerium eine Bekanntmachung, welche besagte, daß die Anwesenheit deutscher Unterseeboote an den Küsten des Ozeans auf der Höhe der Mündungen der Loire und Gironde die Bevölkerung nicht erregen dürfe. Das Ministerium habe die notwendigen Vorkehrungen gegen etwaige Angriffe deutscher Unterseeboote getroffen. Die vorhandenen Seestreitkräfte seien bereits verstärkt worden und würden es nötigenfalls noch. Ebenso wie im Ärmelkanal, wo die Verteidigung äußerst wirksam gewesen sei, werde das deutsche Verfahren, das dem Menschenrecht und den Grundsätzen der Menschlichkeit zuwiderlaufe, nur zu wenig zahlreichen und vereinzelten Unternehmungen führen können.

Während so die Entente einer guten und ehrlichen Waffe gegenüber sich auf die angeblich gefährdete Menschlichkeit berief, kam eine aufsehenerregende Meldung aus Neuyork. Der aus England zurückgekehrte amerikanische Tierarzt Banks berichtete, daß ein britisches Wachtschiff unter amerikanischer Flagge sich einem deutschen U=Boote genähert und als es herangekommen war, das Sternenbanner niedergeholt, die britische Flagge gehißt und das U=Boot beschossen und zum Sinken gebracht habe. Banks, der den Angriff von Bord des von dem U=Boot angegriffenen und beschossenen Viehdampfers „Nicosian" mitansah, sagte ferner, den Offizieren und Mannschaften des Wachtschiffes, auf welches die Besatzung der „Nicosian" übergegangen war, sei strengstes Stillschweigen anbefohlen worden. In einem Privatbriefe, der in amerikanischen Blättern veröffentlicht worden ist, teilte Banks mit, daß die Briten rücksichtslos auf die im Wasser schwimmenden und auf die „Nicosian" gekletterten deutschen Matrosen geschossen hätten.

Das deutsche Unterseeboot, um das es sich handelte, konnte nur das am 6. September amtlich als verlorengegangen gemeldete Boot „U 27" sein.

In derselben Angelegenheit meldete die amerikanische Zeitung „World" aus Neuorleans: „Vier Amerikaner, Mitglieder der Mannschaft des Maultierschiffes „Nicosian", haben eine schriftliche, eidliche Erklärung niedergelegt, in der sie schildern, wie Engländer elf hilflose Mitglieder der Besatzung eines deutschen Tauchbootes kaltblütig ermordeten. In den eidlichen Erklärungen wird zunächst der Angriff des Tauchbootes auf die „Nicosian" beschrieben. Nachdem die Mannschaft die „Nicosian" in Booten verlassen hatte, begann das Tauchboot die Zerstörung der „Nicosian" durch Beschießung. Inzwischen näherte sich ein vorher am Horizont gesichteter Dampfer, auf dessen Außenseite mittschiffs zwei Bretter mit aufgemalter amerikanischer Flagge angebracht waren. Die Insassen des Bootes waren erfreut durch den Gedanken, daß ein neutraler Dampfer in der Nähe sei, um sie aufzunehmen. Das die amerikanische Flagge führende Schiff, das sich später als das englische Kriegsschiff „Baralong" unter Kapitän McBride herausstellte, kam an die „Nicosian" heran. Gleichzeitig verschwanden die vorerwähnten Bretter, und an Stelle der amerikanischen wurde die britische Flagge gehißt. Die „Baralong" feuerte sofort auf das Tauchboot. Später schoß die „Baralong" mit schwerem Geschütz. Mehrere Deutsche auf dem Tauchboote wurden getroffen. Das Tauchboot sank langsam. Die Mannschaft stand bis zur Hälfte im Wasser. Elf Mann, darunter der Kommandant, sprangen ins Wasser und schwammen auf die „Nicosian" zu. Fünf von ihnen erreichten den Bord der „Nicosian", die anderen sechs hielten sich an herabgelassenen Tauen fest. Inzwischen erreichten alle unsere Boote die „Baralong", und wir gingen an Bord. Kapitän McBride schien hocherfreut, darauf befahl er seinen Leuten, sich an der Reeling aufzustellen und auf die sechs Deutschen unten im Wasser zu feuern. Alle sechs wurden getötet. Sodann wies jemand darauf hin, daß fünf Deutsche auf der „Nicosian" seien. Von einigen Offizieren zur „Nicosian" begleitet, suchten nun britische Seesoldaten die Deutschen an Bord der „Nicosian" auf. Kapitän McBride befahl den Seesoldaten, mit allen aufzuräumen und keine Gefangenen zu machen. Die Schriftstücke schildern eingehend, wie die einzelnen Deutschen erschossen wurden. Der Schiffszimmermann der „Baralong" ließ einen Deutschen mit hochgestreckten Händen auf sich zukommen und erschoß ihn dabei mit einem Revolver. Der Kommandant des Tauchbootes sprang von der „Nicosian" und schwamm mit erhobenen Händen auf die „Baralong" zu. Die Seesoldaten feuerten auf ihn von der „Nicosian" aus. Ein Schuß traf ihn in den Mund. Schließlich versank er. Sodann kehrten die Seesoldaten auf die „Baralong" zurück. Es herrschte große Freude unter ihnen."

Die Amerikaner, die über den Fall der „Baralong" aussagten, haben die Fahrt der „Nicosian" aus Abenteurerlust mitgemacht. Alle stammen aus guter Familie. Der Zeuge Curron ist Abiturient eines Kollegs und langjähriger Geschäftsreisender, Pallen gehört zum Theater, Cosby ist der Sohn eines Sägemühlenbesitzers, Clark ist der Sohn eines Automobilfabrikanten, Hightower Abiturient eines Kollegs und Sohn eines Methodistengeistlichen. Zeuge Curron erklärte: Weitere dreißig Amerikaner, die die Fahrt der „Nicosian" als Maultierwärter mitmachten, deren Vormann ich war, sind bereit, gleichfalls auszusagen. Alle sind Weiße, nicht wie einige Blätter angeben, Neger. Als die Amerikaner in Liverpool ankamen, sprach ein englischer Rekrutierungsoffizier vor und versuchte, sie zu bewegen, in das englische Heer einzutreten. Er sagte ihnen, sie würden im Werbungslager in England verbleiben und nicht an die Front geschickt werden. Der Krieg dauere nur noch ein halbes Jahr. Er versprach ihnen eine besondere Vergütung und am Ende des Krieges 40 Pfund Sterling extra. Zwanzig Mann begaben sich auf das Bureau der Offiziere, wo ihnen gesagt wurde, sie sollten sich für Kanadier ausgeben. Dreizehn von ihnen trugen sich dann für das Heer ein und beschworen die falschen Angaben bezüglich ihrer Nationalität. Die übrigen sieben traten im letzten Augenblicke zurück. —.

Die deutsche Regierung sandte nunmehr eine Denkschrift über die ganze Angelegenheit an die amerikanische Botschaft zur Mitteilung an die britische Regierung. Sie stellte fest, daß auf Grund des vorliegenden Materials es keinem Zweifel unterliegen kann, daß der Kommandant des britischen Hilfskreuzers „Baralong", McBride, der ihm unterstellten Mannschaft den Befehl gegeben habe, hilf- und wehrlose deutsche Seeleute nicht zu Gefangenen zu machen, sondern sie feige zu ermorden sowie daß seine Mannschaft den Befehl befolgt und sich dadurch des Mordes mitschuldig gemacht habe.

Die deutsche Regierung teilte diese furchtbare Tat der britischen Regierung mit und nahm bestimmt an, daß diese, nachdem sie von dem Sachverhalt und den anliegenden Verhandlungen Kenntnis genommen habe, unverzüglich den Kommandanten und die beteiligte Mannschaft des Hilfskreuzers „Baralong" wegen Mordes zur Verantwortung ziehen und nach den Kriegsgesetzen bestrafen würde. Sie erwarte in kürzester Frist eine Äußerung der britischen Regierung, daß diese das Verfahren zur Sühnung des empörenden Vorfalls eingeleitet hat; demnächst erwarte sie eine eingehende Äußerung über das Ergebnis des nach Möglichkeit zu beschleunigenden Verfahrens, um sich selbst davon überzeugen zu können, daß die Tat durch eine ihrer Schwere entsprechende Strafe geahndet worden sei. Sollte sie sich in ihrer Erwartung täuschen, so würde sie sich zu schwerwiegenden Entschließungen wegen Vergeltung des ungesühnten Verbrechens genötigt sehen.

Die britische Regierung beantwortete die deutsche Denkschrift über den „Baralong"-Fall dahin, daß sie einerseits die Richtigkeit der ihr von der deutschen Regierung mitgeteilten Tatsachen in Zweifel ziehe, andererseits gegen die deutschen Streitkräfte zu Lande und zu Wasser den Vorwurf erhebe, vorsätzlich ungezählte Verbrechen wider das Völkerrecht und die Menschlichkeit begangen zu haben, die keine Sühne erfahren hätten und denen gegenüber die angebliche Straftat des Kommandanten und der Mannschaft der „Baralong" völlig zurücktrete. Die britische Regierung schlug vor, diese Fälle durch einen aus amerikanischen Marineoffizieren bestehenden Gerichtshof untersuchen zu lassen und erklärte sich unter dieser Voraussetzung bereit, dem bezeichneten Gerichtshof auch den „Baralong"-Fall zu unterbreiten.

In einer neuen Denkschrift legte die deutsche Regierung die schärfste Verwahrung ein gegen die unerhörten und durch nichts erwiesenen Anschuldigungen der britischen Regierung gegen die deutsche Armee und die deutsche Marine sowie gegen die Unterstellung, als ob die deutschen Behörden etwaige zu ihrer Kenntnis gelangenden

Straftaten solcher Art unverfolgt ließen. Sie stellte fest, daß die deutsche Armee und die deutsche Marine auch im gegenwärtigen Kriege die Grundsätze des Völkerrechts und der Menschlichkeit beobachten und die leitenden Stellen streng darauf halten, daß alle dagegen etwa vorkommenden Verstöße genau untersucht und nachdrücklich geahndet werden.

Die britische Regierung hatte zur Glaubhaftmachung ihrer Anschuldigungen drei Einzelfälle herausgesucht, welche deutscherseits einer eingehenden Untersuchung unterzogen wurden. Dabei hat sich zunächst in dem Falle der Versenkung des britischen Dampfers „Arabic" durch ein deutsches Unterseeboot ergeben, daß der Kommandant des Unterseebootes nach Lage der Umstände die Überzeugung gewinnen mußte, der Dampfer sei im Begriffe, sein Fahrzeug zu rammen; er glaubte daher in berechtigter Notwehr zu handeln, als er seinerseits zum Angriff auf das Schiff überging. Der weiter angeführte Fall des Angriffes eines deutschen Torpedobootszerstörers auf ein britisches Unterseeboot in den dänischen Hoheitsgewässern hat sich in der Weise abgespielt, daß es in diesen Gewässern zwischen den beiden Kriegsschiffen zum Kampfe gekommen ist, und daß sich dabei das Unterseeboot durch Geschützfeuer gewehrt hat; daß bei dem deutschen Angriffe die dänische Neutralität verletzt worden ist, wird von der britischen Regierung um so weniger geltend gemacht werden können, als die britischen Seestreitkräfte in einer Reihe von Fällen deutsche Schiffe in neutralen Gewässern angegriffen haben. In dem Falle der Vernichtung des britischen Dampfers „Ruel" endlich hat das deutsche Unterseeboot lediglich die von der deutschen Regierung im Februar 1915 angekündigten Vergeltungsmaßnahmen zur Anwendung gebracht; diese Maßnahmen entsprechen dem Völkerrecht, da England bemüht ist, durch die völkerrechtswidrige Lahmlegung des legitimen Seehandels der Neutralen mit Deutschland diesem jede Zufuhr abzuschneiden und damit das deutsche Volk der Aushungerung preiszugeben, gegenüber völkerrechtswidrigen Handlungen aber angemessene Vergeltung geübt werden darf. In allen drei Fällen hatten es die deutschen Seestreitkräfte nur auf die Zerstörung der feindlichen Schiffe, keineswegs aber auf die Vernichtung der sich rettenden wehrlosen Personen abgesehen; die entgegenstehenden Behauptungen der britischen Regierung müssen mit aller Entschiedenheit als unwahr zurückgewiesen werden.

Das Ansinnen der britischen Regierung, diese drei Fälle gemeinsam mit dem „Baralong"-Fall durch einen aus amerikanischen Marineoffizieren gebildeten Gerichtshof untersuchen zu lassen, lehnte die deutsche Regierung als unannehmbar ab. Sie stellte sich auf den Standpunkt, daß die gegen Angehörige der deutschen Streitmacht erhobenen Beschuldigungen von den eigenen zuständigen Behörden untersucht werden müssen, und daß diese jede Gewähr für eine unparteiische Beurteilung und gegebenenfalls auch für eine gerechte Bestrafung bieten. Ein anderes Verlangen hat sie, wie sie ausführte, auch gegenüber der britischen Regierung in dem „Baralong"-Fall nicht gestellt, wie sie denn keinen Augenblick zweifelt, daß ein aus britischen Seeoffizieren zusammengesetztes Kriegsgericht den feigen und heimtückischen Mord gebührend ahnden würde. Dieses Verlangen war aber um so berechtigter, als die der britischen Regierung vorgelegten eidlichen Aussagen amerikanischer, also neutraler Zeugen, die Schuld des Kommandanten und der Mannschaft der „Baralong" so gut wie außer Frage stellen.

Die Denkschrift schließt:

„Die Art, wie die britische Regierung die deutsche Denkschrift beantwortet hat, entspricht nach Form und Inhalt nicht dem Ernst der Sachlage und macht es der deutschen Regierung unmöglich, weiter mit ihr in dieser Angelegenheit zu verhandeln. Die deutsche Regierung stellt daher als Endergebnis der Verhandlungen fest, daß die britische Regierung das berechtigte Verlangen auf Untersuchung des „Baralong"-Falles unter nichtigen Vorwänden unerfüllt gelassen und sich damit für das dem Völkerrecht wie der Menschlichkeit hohnsprechende Verbrechen selbst verantwortlich gemacht hat. Offenbar will sie den deutschen Unterseebooten gegenüber eine der ersten Regeln des Kriegsrechts, nämlich außer Gefecht gesetzte Feinde zu schonen, nicht mehr innehalten, um sie so an der Führung des völkerrechtlich anerkannten Kreuzerkrieges zu verhindern.

Nachdem die britische Regierung eine Sühnung des empörenden Vorfalls abgelehnt hat, sieht sich die deutsche Regierung genötigt, die Ahndung des ungesühnten Verbrechens selbst in die Hand zu nehmen und die der Herausforderung entsprechenden Vergeltungsmaßnahmen zu treffen."

Da die britische Regierung keinerlei Anstalten traf, das Verbrechen der „Baralong"-Mörder zu sühnen, stellte die deutsche Regierung noch einmal fest, daß sich die britische Regierung trotz des ihr mitgeteilten Materials geweigert habe, selbst eine Untersuchung einzuleiten; damit habe sie anerkannt, daß sie es nicht wagen kann, den Fall vor ein Gericht der eigenen Standesgenossen der Beschuldigten zu bringen. —

Während die britische Regierung sich schützend vor eine Mörderbande stellte, hatten die Deutschen im ordentlichen Gerichtsverfahren einen jener Freischärler zur See verurteilt, welche das Leben unserer tapferen U-Boot-Besatzungen feige zu vernichten strebten. Am 27. Juli 1916 fand in Brügge die Verhandlung des Feldgerichts des Marinekorps gegen den Kapitän Charles Fryatt von dem als Prise eingebrachten englischen Dampfer „Brussels" statt. Der Angeklagte wurde zum Tode verurteilt, weil er, obwohl nicht Angehöriger der bewaffneten Macht, den Versuch gemacht hat, am 28. März 1915 um 2 Uhr 30 Minuten nachmittags bei dem Maas-Feuerschiffe das deutsche Unterseeboot „U 33" zu rammen.

Der Angeklagte hatte, ebenso wie der erste Offizier und der leitende Maschinist des Dampfers, seinerzeit für sein „tapferes Verhalten" bei dieser Gelegenheit von der britischen Admiralität eine goldene Uhr als Belohnung erhalten und war im Unterhause lobend erwähnt worden. Bei der damaligen Begegnung hatte er, ohne sich um die Signale des U-Bootes, das ihn zum Zeigen seiner Nationalflagge und zum Stoppen aufforderte, zu kümmern, im entscheidenden Augenblicke mit hoher Fahrt auf das Unterseeboot zugedreht, das nur durch sofortiges Tauchen um wenige Meter von dem Dampfer freikam. Er gab zu, hiermit nach den Weisungen der Admiralität gehandelt zu haben. Das Urteil wurde bestätigt und am 27. nachmittags durch Erschießen vollstreckt.

Eine von den vielen ruchlosen Franktireurhandlungen der englischen Handelsschiffahrt gegen unsere Kriegsfahrzeuge hatte so eine zwar späte, aber gerechte Sühne gefunden.

Die Verurteilung erregte in England eine frenetische Wut. Es wurden Vorschläge laut, daß der Kaiser und die ganze Hohenzollernfamilie vor ein englisches Kriegsgericht gestellt werden müßten —, wenn man ihrer habhaft geworden sein würde. Da auch die amtlichen englischen Stellen Äußerungen verlauten ließen, die, gelinde gesagt, von einer bedenklichen Begriffsverwirrung zeugten, erließ die deutsche Regierung eine amtliche Verlautbarung folgenden Inhalts:

Nach einer Reuter-Meldung hat der Viscount Grey erklärt, daß nach Ansicht der englischen Regierung die Handlungsweise des Kapitäns Fryatt vom englischen Dampfer „Brussels", der zum Tode verurteilt worden ist, weil er versucht hat, ein deutsches U-Boot zu rammen, vollkommen gesetzmäßig war. Er soll ferner behauptet haben, daß die Handlung, auf ein feindliches U-Boot loszusteuern und es zum Untertauchen zu zwingen, tatsächlich eine Verteidigungsmaßnahme sei, und daß diese Handlung auf gleiche Stufe zu stellen sei mit dem Gebrauche der Bewaffnung eines Handelsschiffes zu dem Zwecke, sich der Beschlagnahme durch ein Kriegsschiff zu widersetzen. Die englische Regierung sehe solche „Verteidigung" von seiten eines Handelsschiffes als berechtigt an.

In einer weiteren Meldung heißt es: die englische Regierung könne nur schwer glauben, daß, nachdem die deutsche Unterseeboot-Flotte die Praxis angenommen habe, Kauffahrteischiffe ohne Warnung und ohne Rücksicht auf das Leben der Passagiere zu versenken, der Kapitän eines Handelsschiffes, der die Maßregeln ergriffen hat, welche die einzige Aussicht zu bieten schienen, nicht nur sein Schiff, sondern auch das Leben aller Mann an Bord zu retten, wegen dieser Tat mit Überlegung und kaltblütig erschossen worden sein könnte.

Es ist nur zu verständlich, daß die englische Regierung den Versuch macht, die Handlung des Kapitäns Fryatt zu rechtfertigen, denn sie selbst ist in hohem Maße mitschuldig. Kapitän Fryatt hat nur auf den Rat seiner Regierung so gehandelt, wie er es getan hat.

In den Äußerungen der englischen Regierung liegt aber auch eine bewußte Irreführung der Öffentlichkeit. Kapitän Fryatt hat nicht versucht, dem warnungslosen Unterwasserangriff eines U-Bootes zuvorzukommen; das U-Boot war über Wasser und hatte ihn nach den völkerrechtlichen Regeln des Kreuzerkrieges über Wasser durch

Signal zum Stoppen aufgefordert. Deshalb hat er auch nicht versucht, das Leben seiner Besatzung zu retten; denn das war gar nicht in Gefahr. Kapitän Fryatt hat vielmehr am 28. März 1915 ein U=Boot, das sich seinem Schiffe zwecks Untersuchung näherte, nahe herankommen lassen, um es dann in hinterlistiger Weise plötzlich zu rammen und dadurch zu vernichten, um sich so die von der englischen Regierung ausgesetzte Belohnung zu verdienen. Das war keine Verteidigung, sondern der heimtückische Überfall eines gedungenen Mörders.

Er hat sich seiner Tat gerühmt, wenn er auch glücklicherweise sein Ziel, das U=Boot zu vernichten, nicht erreicht hat. Dies wurde ihm in der Gerichtssitzung dadurch vor Augen geführt, daß Zeugen aus der Besatzung des U=Bootes jetzt vor Gericht gegen ihn sprachen. Im englischen Parlament ist sein Erfolg geglaubt und lobend erwähnt worden, die englische Regierung hat ihn belohnt. Das deutsche Kriegsgericht hat ihn zum Tode verurteilt, weil er eine Kriegshandlung gegen die deutschen Seestreitkräfte unternommen hat, ohne in die Streitmacht seines Landes eingereiht zu sein. Er ist nicht kaltblütig und mit Überlegung ohne weiteres erschossen, wie die englische Regierung behauptet, sondern von einem Gerichte — selbstverständlich nach kaltblütiger Überlegung und gründlicher Prüfung — als Franktireur verurteilt worden.

Wie das Kriegsrecht an Land den Angehörigen des Heeres vor dem Meuchelmorde des Freischärlers durch Androhung der Todesstrafe schützt, so schützt dasselbe Kriegsrecht den Angehörigen der Seestreitkräfte vor dem Meuchelmord auf See. Deutschland wird auch in Zukunft von diesem Kriegsrechte Gebrauch machen, um seine U=Bootsbesatzungen nicht zur Beute von Freischärlern auf See werden zu lassen.

XV.

Eine der schönsten seemännischen Leistungen in diesem Kriege war die Kreuzfahrt S. M. S. „Möwe" unter Führung des Kommandanten Korvettenkapitän Burggraf und Graf zu Dohna-Schlodien. Am 27. Januar 1916 meldete Reuters Bureau: „Der Dampfer der Elder Dempster=Linie „Appam", 7781 Bruttotonnen, ist aus Dakar mit einer großen Zahl Passagieren 11 Tage überfällig. Es herrscht seinetwegen große Besorgnis." Die Überfälligkeit der „Appam" fand einige Tage später eine seltsame Aufklärung.

Am 15. Februar lief die „Appam" unter Führung des Leutnants Berg mit der deutschen Kriegsflagge am Heck in Newport News ein. Sie hatte mehrere hundert Engländer an Bord, darunter die Gouverneure der englischen Kolonien Sierra Leone und Nigeria, Sir Edward Merewether und Mr. James.

In einem weiteren Telegramm an die „Times" wurde berichtet, daß das deutsche Schiff, welches die „Appam" nahm, der Kreuzer „Möwe" war. Die „Möwe" solle aus Kiel gekommen und durch die Linie der britischen Flotte in der Nordsee in den Atlantischen Ozean geschlüpft sein.

Erst am 4. März fand diese Meldung eine hochwillkommene Bestätigung. Eine amtliche deutsche Meldung besagte, daß S. M. S. „Möwe" nach mehrmonatiger erfolgreicher Kreuzfahrt mit 4 englischen Offizieren, 29 englischen Seesoldaten und Matrosen, 166 Köpfen feindlicher Dampferbesatzungen — darunter 103 Indern — als Gefangenen, sowie 1 Million Mark in Goldbarren in einen heimischen Hafen eingelaufen sei. Die „Möwe" hatte sich zunächst an der englischen Ostküste durch Minenlegen nützlich gemacht — am 9. Januar fiel das englische Linienschiff „King Edward" an der schottischen Küste einer dieser Minen zum Opfer, ein Vorfall, der in England ein dumpfes Unbehagen und eine fast abergläubische Niedergeschlagenheit erregte — und hatte dann erfolgreich Kreuzerkrieg getrieben. Eines seiner ersten Opfer war die „Appam" gewesen, die Graf Dohna dem Leutnant Berg übergab. Insgesamt hatte die „Möwe" 15 englische Schiffe mit zusammen rund 60 000 Tonnen aufgebracht. Ein Heldenstück, welches die Heldentaten der „Emden", „Karlsruhe" und ihrer tapferen Schwesterschiffe in angenehmste Erinnerung brachte.

Graf Dohna hat später über seine Taten, die ihn zu einem der volkstümlichsten Seehelden Deutschlands machten, ausführlich berichtet. An Bord der Appam fanden sich 20 Deutsche mit 3 Frauen und 8 Kriegsgefangene von der Kameruner Schutztruppe. Sie waren Anfang Januar in Duala auf die „Appam" gebracht worden, um in England interniert zu werden. Ihre Freude über die glückliche, so ganz unverhoffte Befreiung schildert Graf Dohna als unbeschreiblich, sie wurde begreiflicherweise von Herzen geteilt, und bei einem Glase Sekt wurde ein Hoch auf den Kaiser ausgebracht. — Die Prisenoffiziere hatten gemeldet, daß auf der „Appam" in dem Augenblick eine wahre Panik ausgebrochen sei, als die „Möwe" ihren wahren Charakter als Kriegsschiff zu erkennen gegeben habe. Die Passagiere wie die Besatzung waren von blassem Entsetzen erfüllt und gaben sich den trostlosesten Vermutungen über das Schicksal hin, das ihnen die deutschen Seehunnen aller Wahrscheinlichkeit nach bereiten würden.

„Das Furchtbarste in diesem Weltkriege," schreibt Graf Dohna hierzu, „ist und bleibt doch die systematische infame Verhetzung und Vergiftung der öffentlichen Meinung, die unsere Gegner, allen voran natürlich die Engländer, gegen uns ins Werk gesetzt haben. Von Anfang an ist ihnen, besonders der britischen Presse, keine Verleumdung, keine Lüge zu niedrig gewesen, um an Stelle der fehlenden Kriegsbegeisterung wenigstens die flammende Entrüstung der Bevölkerung über unser schändliches Barbarentum wachzurufen. Zugleich sollten aber mit dem Geschrei hierüber die massenhaft zu erwartenden Beschwerden über die völlige Mißachtung ihrer Rechte durch den Vierverband übertönt werden."

Charakteristisch ist auch die Begegnung mit dem schottischen Dampfer „Clan Mc. Tavish" gewesen. Der Dampfer suchte zu entfliehen, und als die „Möwe" einen Warnungsschuß abgab, nahm er das Gefecht auf. Eine Granate schlug dicht neben der „Möwe" ins Wasser. Dagegen saßen drei Schüsse des deutschen Kreuzers. Der dritte traf die Kommandobrücke. Im weiteren Verlaufe des Feuergefechts wurden 17 Laskaren getötet. Als Graf Dohna dem schottischen Kapitän nachher Vorwürfe machte, daß er durch seinen Leichtsinn das Leben so vieler seiner Leute auf dem Gewissen habe, antwortete dieser, daß er persönlich jede Verantwortung ablehne, er habe von seiner Regierung den Befehl bekommen, das Schiff nach England zu bringen. Die Regierung habe ihm zu diesem Zweck eine Kanone mitgegeben, und so habe er es auch für seine selbstverständliche Pflicht gehalten, sie zu benutzen, um dem gegebenen Befehle nachzukommen.

Ein weiterer Trupp der Besatzungen der versenkten Schiffe wurde mit der „Westburn" unter Führung des Prisenkommandanten Badewitz nach Teneriffa entsandt. Die „Westburn" ist am 22. Februar 1916 am hellen lichten Nachmittage vor Santa Cruz auf Teneriffa eingetroffen. Einige Stunden vorher war, von Norden kommend, der große englische Panzerkreuzer „Sutlej" (12 200 Tonnen) im Hafen vor Anker gegangen. Seine Ausguckposten haben scheinbar geschlafen, daß sie das Nahen der „Westburn" nicht meldeten. Als auf dem englischen Kriegsschiff erkannt wurde, daß am Heck der „Westburn" stolz die deutsche Kriegsflagge wehte, da befand sie sich bereits innerhalb der Dreimeilenzone, also in spanischen Hoheitsgewässern, und ihre Einfahrt war somit nicht mehr zu verhindern. Bei der Ausfahrt von Teneriffa explodierte der Kessel und das Schiff versank in dem Augenblick, als der englische Kreuzer sich schon auf die gute Prise freute.

Nachdem die Welt durch die „Appam" von der Tätigkeit des deutschen Kreuzers erfahren hatte, war die Lage des Schiffes natürlich in hohem Maße gefährdet. Graf Dohna lenkte deshalb der deutschen Heimat zu. Es gelang ihm, den Bereich der feindlichen Wachtschiffe zu durchbrechen. Der Chef der deutschen Hochseeflotte, dem durch Funkspruch die Annäherung der „Möwe" gemeldet war, sandte ihr mehrere deutsche Torpedoboote entgegen. Am 5. März begrüßte der oberste Kriegsherr die Ankunft der „Möwe" mit folgendem Telegramm:

„Ich heiße Sie und Ihre tapfere Besatzung nach langer und von glänzenden Erfolgen begleiteter Kreuzfahrt herzlich im Heimathafen willkommen und spreche Ihnen allen Meinen Kaiserlichen Dank für Ihre Taten aus, welche im ganzen deutschen Volke Widerhall gefunden haben. Der gesamten Besatzung verleihe Ich das Eiserne Kreuz zweiter Klasse, Sie selbst ersuche Ich, sich baldmöglichst bei Mir im Hauptquartier persönlich zu melden."

Graf Dohna schließt seinen Bericht mit folgenden ebenso charakteristischen wie wohltuenden Worten:

„Was immer die „Möwe" erreicht haben mag, verdankt sie neben ihren trefflichen See-Eigenschaften und dem guten Glücke dem über alles Lob erhabenen, nie versagenden Eifer meiner Untergebenen.

Nie werde ich vergessen, mit welcher Pflichttreue und Hingebung sie auch unter Verhältnissen, die die höchsten Ansprüche an sie stellten, stets freudig ihr Bestes hergegeben haben. Mit solchen Leuten an Bord braucht unsere Flotte den Kampf auch mit stärkeren Gegnern nicht zu scheuen, als sie uns beschieden waren."

XVI.

Kurz bevor die Nachricht von dem Unglück des „King Edward" nach England kam — es war am gleichen Tag, an dem der letzte Feind die Halbinsel Gallipoli verließ — war das englische Unterseeboot „E 17" auf der Flucht vor deutschen Patrouillenfahrzeugen bei Texel aufgelaufen und gesunken. Zwei Wochen darauf strandete das englische Tauchboot „H 6" bei Schiermonnikoog und wurde von der holländischen Marine nach Nieuwe Diep gebracht. Unliebsames Aufsehen erregte am 1. Februar das Erscheinen deutscher Unterseeboote in der Themsemündung: ein englischer armierter Bewachungsdampfer sowie ein belgischer und drei bewaffnete Fischdampfer wurden versenkt. —

In der Nacht vom 10. zum 11. Februar trafen bei einem Torpedobootsvorstoße deutsche Boote auf der Doggerbank etwa 120 Seemeilen östlich der englischen Küste auf mehrere englische Kreuzer, die alsbald die Flucht ergriffen. Unsere Boote nahmen die Verfolgung auf, versenkten den neuen Kreuzer „Arabis" und erzielten einen Torpedotreffer auf einem zweiten Kreuzer, der ebenfalls sank.

Durch unsere Torpedoboote wurden der Kommandant der „Arabis", ferner 2 Offiziere und 27 Mann gerettet. Unsere Streitkräfte erlitten keinerlei Beschädigungen oder Verluste.

Um diese Zeit wurde wieder ein Beispiel krassen Flaggenschwindels bekannt. Anfang Februar forderte ein deutsches Unterseeboot einen unter holländischer Flagge fahrenden Dampfer durch Signal auf, zur Prüfung der Schiffspapiere ein Boot zu schicken. Dies geschah nach einiger Zeit. Sicherheitshalber tauchte das Unterseeboot und besichtigte durch das Sehrohr den Dampfer. Es war ein zirka 3000 Tonnen großer normaler Frachtdampfer mit glattem Deck, erhöhter Back und Hütte. Nichts Verdächtiges war zu sehen, der Name „Melanie" am Bug deutlich zu lesen. Als das Unterseeboot neben dem Schiffsboot in etwa 1000 Meter Entfernung vom Dampfer auftauchte, eröffnete dieser unter holländischer Flagge aus zwei Geschützen mittleren Kalibers und Maschinengewehren ein heftiges Feuer; das U-Boot konnte sich gerade noch durch schnelles Tauchen retten. Der Dampfer versuchte dann noch zweimal, das Unterseeboot zu rammen. Während der ganzen Aktion führte das Schiff die holländische Flagge. In diesem Zusammenhang ist auch eine Meldung der Agence Havas vom 28. Januar interessant, der zufolge der bewaffnete französische Postdampfer „Plata", ohne angegriffen zu sein, das Feuer auf ein Unterseeboot eröffnete und es versenkt haben will.

In einer Besprechung über diesen Fall versicherte der französische Admiral Lacaze dem Korrespondenten des „Petit Journal", daß die französischen Handelsschiffe ausdrücklich Befehl hätten, auch wenn sie nicht angegriffen seien, auf jedes feindliche Unterseeboot das Feuer zu eröffnen oder es zu rammen. —

Die deutsche — und gleichzeitig die österreichisch-ungarische Regierung — sahen sich jetzt genötigt, die Frage der bewaffneten Handelsschiffe energisch anzuschneiden. Beide Regierungen veröffentlichten am 10. Februar inhaltlich ziemlich gleiche Noten. Die Erklärung der deutschen Regierung lautete:

„Schon vor Ausbruch des gegenwärtigen Krieges hatte die britische Regierung den englischen Reedereien Gelegenheit gegeben, ihre Kauffahrteischiffe mit Geschützen zu armieren. Am 26. März 1913 gab der damalige Erste Lord der Admiralität Winston Churchill im britischen Parlamente die Erklärung ab, daß die Admiralität die Reedereien aufgefordert habe, zum Schutze gegen die in gewissen Fällen von schnellen Hilfskreuzern anderer Mächte drohenden Gefahren eine Anzahl erstklassiger Liniendampfer zu bewaffnen, die dadurch aber nicht etwa selbst den Charakter von Hilfskreuzern annehmen sollten. Die Regierung wollte den Reedereien dieser Schiffe die notwendigen Geschütze, genügende Munition und geeignetes Personal zur Schulung von Bedienungsmannschaften zur Verfügung stellen.

Die englischen Reedereien sind der Aufforderung der Admiralität bereitwillig nachgekommen. So konnte der Präsident der Royal Mail Steam Packet Company, Sir Owen Philipps, den Aktionären der Gesellschaft bereits im Mai 1913 mitteilen, daß die größeren Dampfer der Gesellschaft mit Geschützen ausgerüstet seien. Ferner veröffentlichte im Januar 1914 die britische Admiralität eine Liste, derzufolge 29 Dampfer verschiedener englischer Gesellschaften Heckgeschütze führten. In der Tat stellten bald nach Ausbruch des Krieges deutsche Kreuzer fest, daß englische Liniendampfer bewaffnet werden. Beispielsweise trug der Dampfer „La Correntina" der Houlderlinie in Liverpool, der am 7. Oktober 1914 von dem deutschen Hilfskreuzer „Kronprinz Wilhelm" aufgebracht wurde, zwei 4:7zöllige Heckgeschütze. Auch wurde am 1. Februar 1915 ein deutsches Unterseeboot im Kanal durch eine englische Jacht beschossen.

Was den völkerrechtlichen Charakter bewaffneter Kauffahrteischiffe betrifft, so hat die britische Regierung für die eigenen Kauffahrteischiffe den Standpunkt eingenommen, daß solche Schiffe so lange den Charakter von friedlichen Handelsschiffen behalten, als sie Waffen nur zu Verteidigungszwecken führen. Demgemäß hat der britische Botschafter in Washington der amerikanischen Regierung in einem Schreiben vom 25. August 1914 die weitestgehenden Versicherungen abgegeben, daß britische Kauffahrteischiffe niemals zu Angriffszwecken, sondern nur zur Verteidigung bewaffnet werden, infolgedessen niemals feuern, es sei denn, daß zuerst auf sie gefeuert wird. Für bewaffnete Schiffe anderer Flaggen hat dagegen die britische Regierung den Grundsatz aufgestellt, daß sie als Kriegsschiffe zu behandeln seien. In den Prize Court Rules, die durch die Order in Council vom 5. August 1914 erlassen worden sind, ist unter Nr. 1, Order 1, ausdrücklich bestimmt: „Ship of war shall include armed ship."

Die deutsche Regierung hat keinen Zweifel, daß ein Kauffahrteischiff durch Armierung mit Geschützen einen kriegsmäßigen Charakter erhält, und zwar ohne Unterschied, ob die Geschütze nur zur Verteidigung oder auch zum Angriffe dienen sollen. Sie hält jede kriegerische Betätigung eines feindlichen Kauffahrteischiffes für völkerrechtswidrig, wenn sie auch der entgegenstehenden Auffassung dadurch Rechnung trägt, daß sie die Besatzung eines solchen Schiffes nicht als

Piraten, sondern als Kriegführende behandelt. Im einzelnen ergibt sich ihr Standpunkt aus der im Oktober 1914 der amerikanischen Regierung und inhaltlich auch anderen neutralen Mächten mitgeteilten Aufzeichnung über die Behandlung bewaffneter Kauffahrteischiffe in neutralen Häfen.

Die neutralen Mächte haben sich zum Teile der britischen Auffassung angeschlossen und demgemäß den bewaffneten Kauffahrteischiffen der kriegführenden Mächte den Aufenthalt in ihren Häfen und Reeden ohne die Beschränkungen gestattet, die sie Kriegsschiffen durch ihre Neutralitätsbestimmungen auferlegt hatten. Zum Teile haben sie aber auch den entgegengesetzten Standpunkt eingenommen und bewaffnete Kauffahrteischiffe Kriegführender den für Kriegsschiffe geltenden Neutralitätsregeln unterworfen.

Im Laufe des Krieges wurde die Bewaffnung englischer Kauffahrteischiffe immer allgemeiner durchgeführt. Aus den Berichten der deutschen Seestreitkräfte wurden zahlreiche Fälle bekannt, in denen englische Kauffahrteischiffe nicht nur deutschen Kriegsschiffen bewaffneten Widerstand entgegensetzten, sondern ihrerseits ohne weiteres zum Angriff auf sie übergingen, wobei sie sich häufig auch noch falscher Flaggen bedienten. Die Zusammenstellung solcher Fälle, die nach der Lage der Sache nur einen Teil der wirklich erfolgten Angriffe umfassen kann, ist der Denkschrift beigefügt. Aus der Zusammenstellung geht hervor, daß sich das geschilderte Verhalten nicht auf englische Kauffahrteischiffe beschränkt, vielmehr von Kauffahrteischiffen der Verbündeten Englands nachgeahmt wird.

Die Aufklärung für das geschilderte Vorgehen der bewaffneten englischen Kauffahrteischiffe enthalten die geheimen Anweisungen der britischen Admiralität, die von den deutschen Seestreitkräften auf weggenommenen Schiffen gefunden worden sind und in acht Anlagen photographisch wiedergegeben werden. Diese Anweisungen regeln bis ins einzelne den artilleristischen Angriff englischer Kauffahrteischiffe auf deutsche Unterseeboote. Sie enthalten genaue Vorschriften über Aufnahme, Behandlung, Tätigkeit und Kontrolle der an Bord der Kauffahrteischiffe übernommenen britischen Geschützmannschaften, die zum Beispiel in neutralen Häfen keine Uniform tragen sollen, also offenbar der britischen Kriegsmarine angehören. Vor allem aber ergibt sich daraus, daß diese bewaffneten Schiffe nicht etwa irgendeine seekriegsrechtliche Maßnahme der deutschen Unterseeboote abwarten, sondern diese ohne weiteres angreifen sollen.

In dieser Hinsicht sind folgende Vorschriften besonders lehrreich: Die „Regeln für die Benützung und sorgfältige Instandhaltung der Bewaffnung von Kauffahrteischiffen, die zu Verteidigungszwecken bewaffnet sind", bestimmen im Abschnitt „Gefecht" unter Nr. 4: „Es ist nicht ratsam, das Feuer auf eine größere Entfernung als 800 Yards zu eröffnen, es sei denn, daß der Feind das Feuer bereits vorher eröffnet hat."

Grundsätzlich hat hiernach das Kauffahrteischiff die Aufgabe, das Feuer zu eröffnen, ohne Rücksicht auf die Haltung des Unterseebootes.

Die „Anweisungen, betreffend Unterseeboote, herausgegeben für Schiffe, die zu Verteidigungszwecken bewaffnet sind", schreiben unter Nr. 3 vor: „Wenn bei Tag ein Unterseeboot das Schiff offensichtlich verfolgt, und wenn es dem Kapitän augenscheinlich ist, daß es feindliche Absichten hat, dann soll das verfolgte Schiff zu seiner Verteidigung das Feuer eröffnen, auch wenn das Unterseeboot noch keine feindliche Handlung, wie zum Beispiel das Abfeuern eines Geschützes oder eines Torpedos, begangen hat."

Auch hiernach genügt also das bloße Erscheinen eines Unterseebootes im Kielwasser eines Kauffahrteischiffes als Anlaß für einen bewaffneten Angriff. In allen diesen Befehlen, die sich nicht etwa nur auf die Seekriegszone um England beziehen, sondern in ihrem Geltungsbereich unbeschränkt sind, wird auf Geheimhaltung der größte Nachdruck gelegt, und zwar offenbar deshalb, damit das völkerrechtswidrige und mit den britischen Zusicherungen in vollem Widerspruch stehende Vorgehen der Kauffahrteischiffe dem Feinde wie den Neutralen verborgen bleibe. Hiernach ist klargestellt, daß die bewaffneten englischen Kauffahrteischiffe den amtlichen Auftrag haben, die deutschen Unterseeboote überall, wo sie in ihre Nähe gelangen, heimtückisch zu überfallen, also rücksichtslos gegen sie Krieg zu führen. Da die Seekriegsregeln Englands von seinen Verbündeten ohne weiteres übernommen werden, muß der Nachweis auch für die bewaffneten Kauffahrteischiffe der anderen feindlichen Staaten als erbracht gelten.

Unter den vorstehend dargelegten Umständen haben feindliche Kauffahrteischiffe, die mit Geschützen bewaffnet sind, kein Recht mehr darauf, als friedliche Handelsschiffe angesehen zu werden. Die deutschen Seestreitkräfte werden daher nach einer kurzen, den Interessen der Neutralen Rechnung tragenden Frist den Befehl erhalten, solche Schiffe als Kriegführende zu behandeln. Die deutsche Regierung gibt den neutralen Mächten von dieser Sachlage Kenntnis, damit sie ihre Angehörigen warnen können, weiterhin ihre Person oder Vermögen bewaffneten Kauffahrteischiffen der mit dem Deutschen Reich im Kriege befindlichen Mächten anzuvertrauen."

Die englische Regierung veröffentlichte nunmehr die Instruktionen der Admiralität für die britischen Handelsschiffe, die „zur Verteidigung" bewaffnet seien. Die Instruktionen tragen das Datum: 20. Oktober 1915. Die wichtigsten Sätze daraus sind folgende:

„Das Recht von Handelsschiffen, sich gegen Durchsuchungen gewaltsam zur Wehr zu setzen und zu ihrer Selbstverteidigung zu kämpfen, wird im Völkerrecht anerkannt und im deutschen Prisengesetz in einem Zusatze vom Juni 1914, also aus einer Zeit, wo bekannt war, daß eine Anzahl Schiffe zur Verteidigung bewaffnet wurden, ausdrücklich zugegeben. Die Bewaffnung geschieht ausschließlich zum Zwecke, bei einem Angriffe durch ein bewaffnetes feindliches Fahrzeug Widerstand zu leisten und darf nicht zu irgendeinem anderen Zwecke gebraucht werden. Die Schiffe müssen, ehe sie das Feuer eröffnen, die britische Flagge hissen. Die Erfahrung hat gelehrt, daß feindliche U-Boote zuweilen Handelsschiffe ohne vorherige Warnung angegriffen haben. Es ist deshalb wichtig, daß diesen Fahrzeugen und den Flugzeugen nicht gestattet wird, sich bis auf einen Abstand zu nähern, von dem aus ohne Warnung und mit fast unbedingter Sicherheit des Erfolges ein Torpedo lanciert oder eine Bombe geworfen werden kann. Die Unterseeboote Englands und seiner Bundesgenossen haben den Befehl erhalten, sich keinem Handelsschiffe zu nähern. Infolgedessen kann man annehmen, daß jedes U-Boot und jede Flugmaschine, die absichtlich auf Handelsschiffe zufahren oder sie verfolgen, dies in feindlicher Absicht tun. In solchen Fällen kann das Handelsschiff das Feuer zur Selbstverteidigung eröffnen, um vorzubeugen, daß das feindliche Fahrzeug oder die Flug=

maschine sich bis auf einen Abstand nähere, in dem Verteidigung gegen einen plötzlichen Bomben= oder Torpedoangriff unmöglich wäre. Ein bewaffnetes Handelsschiff, das der Mannschaft eines anderen in See= not befindlichen Schiffes zu Hilfe kommt, soll keinen Kampf mit irgendeinem feindlichen Fahrzeuge suchen, auch dann nicht, wenn es selbst angegriffen wird. Dabei kann aber das Feuer zur Selbst= verteidigung eröffnet werden. Man soll sich daran erinnern, daß die Flagge kein Beweis für die Nationalität ist. Deutsche U=Boote und bewaffnete Handelsfahrzeuge haben häufig die britische Flagge oder die einer verbündeten oder neutralen Macht verwendet, um sich un= entdeckt zu nähern. Wenn die Benutzung einer Maskierung und einer falschen Flagge, um der Gefangennahme zu entgehen, eine legitime Kriegslist ist, so könnte ihre Anwendung bei bewaffneten Handels= schiffen, die für die Verteidigung bewaffnet sind, doch leicht zu einer falschen Auffassung führen. Diesen Schiffen ist es deshalb verboten, irgendeine Maskierung zu gebrauchen, die zur Folge haben könnte, daß man sie für neutrale Schiffe hält."

Dazu bemerkte die englische Admiralität:

„Diese Instruktionen, die gegenwärtig gelten, sind die letzte Ausgabe. Es wurden mehrere aufeinander folgende Vorschriften er= lassen, aber nicht, weil die Politik geändert wurde. Diese ist immer gleich geblieben. Es handelt sich nur darum, den Wortlaut zu ver= bessern und den reinen defensiven Zweck der Bewaffnung der Handels= schiffe mit größerer Deutlichkeit zu betonen. Die Admiralität hat es infolge der falschen Deutung dieser Instruktionen und infolge der sehr gezwungenen Auslegung der durch die deutsche Regierung von früheren Instruktionen angeführten Teile für wünschenswert erachtet, diese Instruktionen in extenso zu veröffentlichen, um die Besorgnisse der Neutralen zu zerstreuen."

Deutscherseits wurde hierauf folgendes erwidert:

„1. Nachdem England drei Wochen lang geflissentlich versucht hat, die Existenz geheimer Angriffsbefehle in Zweifel zu ziehen, kann die britische Admiralität jetzt anscheinend nicht mehr umhin, den Inhalt der deutschen Denkschrift vom 8. Februar 1916 zu bestätigen. Sie veröffentlicht allerdings Instruktionen, die angeblich am 20. Oktober 1915 erlassen sein sollen. Der Dampfer „Woodfield", ein Transportdampfer der britischen Admiralität, auf dem die deutscherseits veröffentlichten britischen Instruktionen gefunden worden sind, hat aber England erst am 26. Oktober 1915 verlassen und hatte dennoch Instruktionen vom 31. Mai 1915 an Bord! Die britische Admiralität wird sich also nicht wundern dürfen, wenn man vorläufig annimmt, daß diese angeblich vom 20. Oktober stammenden neuen Instruktionen erst jetzt angefertigt sind. Politische Gründe haben es außerdem offenbar gleichzeitig wünschenswert erscheinen lassen, diese neuen Befehle gegenüber den früheren Befehlen in der Fassung abzumildern oder, wie der englischen Admiralität es auszudrücken beliebt, sie zu „verbessern". Das Urteil über diese „Verbesserungsversuche" und die angeblich falsche deutsche Interpretation wollen wir getrost den Neutralen überlassen, die ja die Photographien der deutscherseits aufgefundenen Instruktionen bereits lange in Händen haben.

2. Es ist unwahr, daß die Anlage zur deutschen Prisenordnung vom Juni 1914 dem Handelsschiff ein Widerstandsrecht zugesteht. Der in Frage kommende Satz lautet: „Leistet ein bewaffnetes feindliches Kauffahrteischiff bewaffneten Widerstand gegen prisenrechtliche Maßnahmen, so ist dieser mit allen Mitteln zu brechen." Wenn dann weiter bestimmt wird, daß die Besatzung als kriegsgefangen zu behandeln ist, so ist dies lediglich aus Billigkeitsgründen geschehen, um die Besatzung nicht leiden zu lassen für das Befolgen der völkerrechtswidrigen Anweisungen ihrer Vorgesetzten. Dagegen bestimmt der Befehl, daß Passagiere, die sich an dem Widerstande beteiligen, als Seeräuber behandelt werden. Die Frage, wie ein Kauffahrteischiff zu behandeln ist, das gegen Kriegsschiffe angriffsweise von seinen Waffen Gebrauch macht, ist in dem Befehl überhaupt nicht berührt; Handelsschiffen gegenüber wird solches Vorgehen ausdrücklich als Seeraub bezeichnet. Es gehört schon die ganze Verdrehungskunst der Engländer dazu, um aus diesem klaren Satze herauszulesen, Deutschland habe das Recht anerkannt, daß Handelsschiffe sich gewaltsam zur Wehr setzen und zu diesem Zwecke sogar zum Angriff übergehen dürften.

3. Die neuen Instruktionen enthalten nun ebenfalls den Befehl zum Angriff auf jedes in Sicht kommende U=Boot. Der Versuch, diesen befohlenen Angriff zu einer Verteidigungsmaßnahme zu

stempeln, ist mehr wie dürftig. Wie verträgt sich übrigens dieser Befehl mit der feierlichen Zusicherung der englischen Regierung in Washington, wonach britische Handelsschiffe niemals feuern werden, wenn nicht zuvor auf sie gefeuert worden ist?

Ausdrücklich sei schließlich noch festgestellt, daß die britische Admiralität lediglich auf Grund der von ihr aufgestellten allgemeinen Vermutung, daß jedes in Sicht kommende U=Boot feindliche Absichten habe, ihren bewaffneten Handelsschiffen den Befehl zum sofortigen Angriff gegeben hat. In keiner Weise konnte die Schlußfolgerung des deutschen Weißbuches besser bestätigt werden, wo gesagt ist: Hiernach ist klargestellt, daß die bewaffneten englischen Kauffahrteischiffe den amtlichen Auftrag haben, die deutschen Unterseeboote überall, wo sie in ihre Nähe gelangen, heimtückisch zu überfallen, also rücksichtslos gegen sie Krieg zu führen."

Zu der Angelegenheit nahm jetzt Präsident Wilson in einem Brief an den Senator Stone das Wort, indem Wilson sagte:

„Die Haltung, die die Mittelmächte, wie sie angekündigt haben, in Zukunft in der Unterseebootkriegführung annehmen wollen, widerspricht so offenbar den ausdrücklichen Versicherungen, die sie uns jüngst gegeben haben, daß ich annehmen muß, es werden demnächst Erklärungen folgen, die ein anderes Licht auf die Frage werfen. Aber in jedem Falle liegt unsere Aufgabe klar vor uns. Keine Nation oder Gruppe von Nationen hat das Recht, während der Dauer des gegenwärtigen Krieges Grundsätze zu ändern oder außer acht zu lassen, auf die sich alle Nationen zur Milderung der Schrecken und Leiden des Krieges geeinigt haben, und wenn die klaren Rechte amerikanischer Bürger etwa unglücklicherweise durch eine solche Handlung beeinträchtigt oder bestritten werden sollten, so würde die Rücksicht auf unsere Ehre uns keine Wahl in bezug auf unsere Haltung lassen. Ich kann keine Beeinträchtigung der Rechte amerikanischer Bürger nach irgendeiner Richtung zulassen. Die Ehre und die Selbstachtung unserer Nation stehen auf dem Spiele.

Wir lieben den Frieden und werden ihn um jeden Preis bewahren, außer um den Preis unserer Ehre. Unseren Mitbürgern zu verbieten, von ihren Rechten Gebrauch zu machen, aus Furcht, wir könnten in die Lage kommen, diese Rechte für sie geltend zu machen, wäre eine tiefe Erniedrigung; es wäre in der Tat eine Zustimmung zur Verletzung der Rechte der Menschheit an jedem Orte, durch jede Nation und unter jedem Vorwand. Ein freiwilliges Aufgeben unserer bisherigen stolzen Haltung als Wortführer der Gesetzlichkeit und des Rechts mitten in den Wogen des Krieges, würde alles, was wir bisher erreicht haben, bedeutungslos und wertlos machen.

Wenn wir jetzt Nützlichkeitserwägungen an die Stelle von Grundsätzen treten ließen, so wären noch weiteren Zugeständnissen Tür und Tor geöffnet. Man gestatte nur ein einziges Abweichen vom Recht, und zahlreiche andere Demütigungen werden zweifellos folgen, und das ganze schöne Gebäude des Völkerrechts würde unter unseren Händen Stück für Stück abbröckeln. Amerika kann nicht nachgeben, ohne seine eigene Ohnmacht einzugestehen und seine unabhängige Stellung unter den Nationen der Welt tatsächlich preiszugeben."

Deutscherseits wurde zu diesem Briefe halbamtlich folgendes bemerkt:

„Die in der deutschen Denkschrift dargelegten Grundsätze widersprechen keineswegs dem Völkerrechte. Denn die in der Denkschrift veröffentlichten Geheimbefehle der englischen Marine weisen die armierten englischen Handelsschiffe ausdrücklich an, sich nicht nur zu verteidigen, sondern auch ihrerseits zum Angriff überzugehen, und die weiter mitgeteilten zahlreichen Einzelfälle erweisen, daß dieser Befehl befolgt wird; solche Schiffe hören aber nach den Grundsätzen des Völkerrechts damit auf, friedliche Handelsschiffe zu sein. Andererseits erscheint das Verhalten unserer Gegner als ein grober Bruch des Völkerrechts, da diese mit ihren Handelsschiffen Kriegsakte auf der See vornehmen, zu denen nur wirkliche Kriegsschiffe berufen sind. Wenn der Präsident Wilson in seinem Bericht an den Senator Stone behauptet, daß die angekündigten Maßnahmen gegen bewaffnete feindliche Handelsschiffe den ausdrücklichen Versicherungen Deutschlands und Österreich-Ungarns widersprechen, so beruht dies offenbar auf einem Mißverständnisse. Denn diese Versicherungen bezogen sich nur auf friedliche Passagierschiffe, nicht aber auf solche, die mit ihrer Armierung Angriffszwecke verbinden. Das Mißverständnis ist anscheinend darauf zurückzuführen, daß sich die Denkschrift mit dem beigefügten Material noch nicht in den Händen der amerikanischen

Regierung befindet und daher von dem Präsidenten Wilson noch keiner Prüfung unterzogen sein kann."

Unter dem 10. März machte der Kaiserliche Botschafter in Washington dem Staatssekretär der Vereinigten Staaten folgende Mitteilung:

„Die Kaiserliche Regierung legt Wert darauf, die bisherige Entwicklung noch einmal mit aller der Offenheit zu präzisieren, die den freundschaftlichen Beziehungen der beiden großen Völker und dem ehrlichen Wunsche der Kaiserlichen Regierung, diese vor allen Trübungen zu bewahren, entspricht.

Bei Beginn des Krieges hat die deutsche Regierung auf Vorschlag der Vereinigten Staaten von Amerika sich sofort bereit erklärt, die Londoner Seekriegsrechts-Erklärung zu ratifizieren. Die deutsche Prisenordnung wurde schon vorher auf Grund der Bestimmungen der Londoner Seekriegsrechts-Erklärung ohne jede Einschränkung erlassen. Dadurch wurde anerkannt, daß die geltenden Bestimmungen des Völkerrechts, die dem legalen Handel der Neutralen — auch mit den Kriegführenden — „Freiheit des Meeres" sicherten, deutscherseits in vollem Umfange berücksichtigt werden sollten. England hat es im Gegensatze hierzu abgelehnt, die Londoner Seekriegsrechts-Erklärung zu ratifizieren, und begann nach Ausbruch des Krieges den legalen Handel der neutralen Staaten zu beschränken, um dadurch Deutschland zu treffen. Den systematischen Verschärfungen der Konterbandebestimmungen vom 5. August, 20. August, 21. September und 29. Oktober folgte am 3. November 1914 der Erlaß der britischen Admiralität, daß die ganze Nordsee als ein Kriegsgebiet anzusehen sei, in welchem die Handelsschiffahrt jeder Art den schwersten Gefahren durch Minen und Kriegsschiffe ausgesetzt sei. Der Protest der neutralen Staaten hatte keinen Erfolg. Schon von diesem Zeitpunkt an gab es kaum noch Freiheit des neutralen Handels mit Deutschland. Im Februar 1915 sah Deutschland sich gezwungen, Gegenmaßnahmen zu treffen, die das völkerrechtswidrige Verfahren der Gegner bekämpfen sollten. Es wählte für seine Gegenmaßnahmen neue Kriegsmittel, deren Verwendung im Völkerrecht überhaupt noch nicht geregelt war, brach damit kein geltendes Recht, sondern trug nur der Eigenart der neuen Waffe — des U-Bootes — Rechnung.

Der Gebrauch der neuen Waffe mußte die Bewegungsfreiheit der Neutralen einschränken und bildete eine Gefahr, der durch besondere Warnung begegnet werden sollte, entsprechend der vorausgegangenen englischen Warnung vor den Gefahren des Kriegsgebietes der Nordsee.

Die Regierung der Vereinigten Staaten von Amerika trat, da beide kriegführenden Parteien, in der deutschen Note vom 17. Februar 1915 und in der englischen Note vom 18. und 20. Februar 1915, den Anspruch erhoben, daß ihr Vorgehen nur Vergeltung der Rechtsbrüche der Gegner sei, an beide kriegführenden Parteien heran, um nochmals zu versuchen, das vor dem Krieg anerkannte Völkerrecht wieder zur Geltung zu bringen. Sie forderte einerseits Deutschland auf, den Gebrauch seiner neuen Waffe den Bestimmungen für die alten Seekriegsmittel anzupassen, andererseits England, Lebensmittel für die nichtkämpfende Bevölkerung Deutschlands zur Verteilung unter amerikanischer Kontrolle passieren zu lassen.

Deutschland erklärte am 1. März 1915 seine Bereitwilligkeit, während England am 15. März eine Verständigung auf Grund der amerikanischen Vorschläge ablehnte. England beseitigte sogar durch seine Order vom 11. März 1915 den letzten Rest der völkerrechtsmäßigen Freiheit des neutralen Handels mit Deutschland und dessen neutralen Nachbarländern; der Zweck war, Deutschland durch Aushungerung zu bezwingen. Trotzdem entsprach Deutschland im weiteren Verlaufe des Krieges, nachdem bei verschiedenen Gelegenheiten gegen seinen Wunsch und Willen neutrale Bürger ums Leben gekommen waren, in der praktischen Verwendung seiner U=Boots=Waffe den Wünschen der Regierung der Vereinigten Staaten in so entgegenkommender Weise, daß die Rechte der Neutralen auf legalen Handel tatsächlich deutscherseits überall unbeschränkt waren.

Nunmehr machte England dem U=Boot die Ausübung des den Völkerrechtsbestimmungen entsprechenden Handelskrieges dadurch unmöglich, daß es nahezu sämtliche Handelsschiffe bewaffnete und angriffsweisen Gebrauch der Geschütze anordnete. Die Photographien der englischen Befehle sind den neutralen Regierungen mit der Denkschrift vom 8. Februar 1916 zugestellt worden. Die Befehle widersprechen direkt den Erklärungen des englischen Botschafters in Washington vom 25. August 1914. Die Kaiserliche Deutsche Regierung hat gehofft, daß dies Tatsachenmaterial die neutralen Regierungen auf Grund der von der Regierung der Vereinigten Staaten am 23. Januar d. J. gemachten Entwaffnungsvorschläge instand setzen würde, die Entwaffnung der Handelsschiffe durchzusetzen. Tatsächlich ist aber die Bewaffnung mit Geschützen von unseren Gegnern mit großer Energie weiter betrieben worden.

Der Grundsatz der amerikanischen Regierung, ihre Bürger von feindlichen Handelsschiffen nicht fernzuhalten, wurde von England und seinen Alliierten dazu benutzt, Handelsschiffe für den Angriff zu bewaffnen. So können nämlich Kauffahrteischiffe die U=Boote leicht zerstören und sich im Falle des Mißglückens ihres Angriffs durch die Anwesenheit amerikanischer Bürger an Bord gesichert glauben.

Der Befehl des Waffengebrauchs wurde ergänzt durch die Weisung an die Führer der Handelsschiffe, falsche Flaggen zu führen und die U=Boote zu rammen; die Nachrichten über ausgezahlte Prämien und Verleihung von Ehrenzeichen an erfolgreiche Handels= schiffsführer zeigen die Wirkung dieser Befehle. Diesem englischen Vorgehen haben sich die Verbündeten angeschlossen.

Jetzt steht Deutschland vor der Tatsache:

a) daß eine völkerrechtswidrige Blockade (vgl. amerikanische Note an England vom 5. November 1915) seit einem Jahre den neutralen Handel den deutschen Häfen fernhält und Deutschlands Ausfuhr un= möglich macht,

b) daß völkerrechtswidrige Verschärfungen der Konterbande= Bestimmungen (siehe amerikanische Note an England vom 5. November 1915) seit eineinhalb Jahren den für Deutschland in Frage kommenden Seeverkehr der neutralen Nachbarländer ver= hindern,

c) daß völkerrechtswidrige Eingriffe in die Post (siehe amerikanisches Memorandum an England vom 10. Januar 1916) jede Verbindung Deutschlands mit dem Auslande zu verhindern streben,

d) daß systematisch gesteigerte Vergewaltigung der Neutralen nach dem Grundsatz „Macht über Recht" den Verkehr mit Deutsch=

land über die Landgrenzen unterbindet, um die Hungerblockade der friedlichen Bevölkerung der Zentralmächte zu vervollständigen,

e) daß Deutsche, die von unseren Feinden auf See angetroffen werden, ohne Rücksicht darauf, ob Kämpfer oder Nichtkämpfer, der Freiheit beraubt werden,

f) daß unsere Gegner ihre Handelsschiffe für den Angriff bewaffnet und dadurch die Verwendung des U=Bootes nach den Grundsätzen der Londoner Deklaration unmöglich gemacht haben (siehe deutsche Denkschrift vom 8. Februar 1916).

Das englische Weißbuch vom 5. Januar 1916 über die Unterbindung des deutschen Handels rühmt, daß durch diese Maßnahme Deutschlands Ausfuhrhandel fast völlig unterbunden, seine Einfuhr vom Belieben Englands abhängig gemacht ist.

Die Kaiserliche Regierung darf hoffen, daß gemäß den freundschaftlichen Beziehungen, die in einer hundertjährigen Vergangenheit zwischen den beiden Völkern bestanden haben, der hier dargelegte Standpunkt trotz der durch das Vorgehen unserer Feinde erschwerten Verständigung zwischen beiden Völkern von dem Volke der Vereinigten Staaten gewürdigt werden wird."

Am 24. März wurde der Passagierdampfer „Sussex" auf der Überfahrt von Folkestone nach Dieppe torpediert, und dabei wurden 80 Passagiere getötet oder verwundet, darunter Bürger der Vereinigten Staaten. Die amerikanische Regierung erklärte in einer Note vom 27. April, daß eine sorgfältige, eingehende und gewissenhaft unparteiische Untersuchung durch Offiziere der Flotte und der Armee der Vereinigten Staaten schlüssig die Tatsache ergeben habe, daß die „Sussex" ohne Warnung oder Aufforderung zur Übergabe torpediert wurde, und daß der Torpedo, durch den sie getroffen wurde, deutscher Herstellung war. Nach Ansicht der Regierung der Vereinigten Staaten machten diese Tatsachen von Anfang an den Schluß unvermeidlich, daß der Torpedo von einem deutschen Unterseeboot abgefeuert war.

Die Regierung der Vereinigten Staaten bedauerte, sagen zu müssen, daß sie aus den Darlegungen und Vorschlägen der deutschen Note den Eindruck erhalten habe, daß die Kaiserliche Regierung ver=

fehlte, den Ernst der Situation zu würdigen, die sich nicht nur durch den Angriff auf die „Sussex" ergeben hat, sondern durch die ganze Methode und den Charakter des Unterseebootskrieges, wie sie zutage getreten sind infolge der während eines Zeitraums von mehr als 12 Monaten von den Befehlshabern der deutschen U=Boote uneingeschränkt gehandhabten Übung unterschiedsloser Zerstörung von Handelsschiffen aller Art, Nationalität und Bestimmung. Wenn die Versenkung der „Sussex" ein vereinzelter Fall gewesen wäre, so würde das der Regierung der Vereinigten Staaten die Hoffnung ermöglichen, daß der für die Tat verantwortliche Offizier seine Befehle eigenmächtig übertreten oder in strafbarer Fahrlässigkeit die vorgeschriebenen Vorsichtsmaßregeln außer acht gelassen habe und daß der Gerechtigkeit durch seine entsprechende Bestrafung in Verbindung mit einer förmlichen Mißbilligung seiner Handlung und Bezahlung einer angemessenen Entschädigung durch die Kaiserliche Regierung Genüge geschehen könnte. Aber obwohl der Angriff auf die „Sussex" offenkundig nicht zu verteidigen wäre und einen so tragischen Verlust an Menschenleben verursachte, daß er als eines der schrecklichsten Beispiele der Unmenschlichkeit (?) des Unterseebootkrieges, wie ihn die Kommandanten der deutschen Schiffe führen, erscheine, so stehe er unglücklicherweise nicht allein.

Die Note fährt dann fort:

„Die Kaiserliche Regierung wird sich erinnern, daß, als sie im Februar 1915 ihre Absicht ankündigte, die Gewässer um Großbritannien und Irland als Kriegsgebiet zu behandeln und alle Handelsschiffe in feindlichem Eigentume, die innerhalb dieser Gefahrzone angetroffen werden sollten, zu vernichten, und als sie an alle Schiffe, sowohl der Neutralen wie der Kriegführenden die Warnung ergehen ließ, die so verfehmten Gewässer zu meiden oder sich auf eigene Gefahr dorthin zu begeben, die Regierung der Vereinigten Staaten ernstlich protestiert hat. Sie nahm den Standpunkt ein, daß eine solche Politik nicht verfolgt werden könnte, ohne beständige, schwere und offenkundige Verletzungen des anerkannten Völkerrechts, besonders wenn Unterseeboote als ihre Werkzeuge Verwendung finden sollten, insofern als die Regeln des Völkerrechts, Regeln, beruhend auf den Grundsätzen der Menschlichkeit, und zum Schutze des Lebens der Nichtkombattanten auf See aufgestellt, nach der Natur der Sache durch solche Schiffe nicht beobachtet werden könnten. Sie gründete ihren Protest darauf, daß Personen neutraler Nationalität und Schiffe neutraler Eigentümer äußersten und unerträglichen Gefahren ausgesetzt sein würden, und daß unter den damals obwaltenden Umständen die Kaiserliche Regierung keinen rechtmäßigen Anspruch dafür geltend machen konnte, einen Teil der hohen See zu schließen. Das hier in Betracht kommende Völkerrecht, auf das die Regierung der Vereinigten Staaten ihren Protest stützte, ist nicht neuen Ursprungs oder gegründet auf rein willkürliche, durch Vereinbarung aufgestellte Grundsätze. Es beruht im Gegenteil auf offenkundigen Grundsätzen der Menschlichkeit und ist seit langem in Geltung mit Billigung und durch ausdrückliche Zustimmung aller zivilisierten Nationen.

Die Kaiserliche Regierung bestand trotzdem darauf, die angekündigte Politik durchzuführen, indem sie die Hoffnung ausdrückte, daß die bestehenden Gefahren, jedenfalls für neutrale Schiffe, durch die Instruktionen auf ein Mindestmaß beschränkt würden, die sie den Kommandanten ihrer Unterseeboote gegeben hatte, und versicherte die Regierung der Vereinigten Staaten, daß sie jede mögliche Vorsichtsmaßregel anwenden würde, um die Rechte der Neutralen zu achten und die Leben der Nichtkombattanten zu schützen.

In Verfolg dieser Politik des Unterseebootkrieges gegen den Handel seiner Feinde, die so angekündigt und trotz des feierlichen Protestes der Regierung der Vereinigten Staaten begonnen wurde, haben die Unterseebootkommandanten der Kaiserlichen Regierung ein Verfahren solcher rücksichtslosen Zerstörung geübt, die mehr und mehr während der letzten Monate deutlich werden ließ, daß die Kaiserliche Regierung keinen Weg gefunden hat, ihnen solche Beschränkungen aufzuerlegen, wie sie gehofft und versprochen hatte. Immer wieder hat die Kaiserliche Regierung der Regierung der Vereinigten Staaten feierlich versichert, daß zum mindesten Passagierschiffe nicht in dieser Weise behandelt werden würden, und gleichwohl hat sie wiederholt zugelassen, daß ihre Unterseebootkommandanten diese Versicherungen ohne jede Ahndung mißachteten. Noch im Februar dieses Jahres machte sie davon Mitteilung, daß sie alle bewaffneten Handelsschiffe in feindlichem Eigentum als Teil der bewaffneten Seestreitkräfte ihrer

Gegner betrachten und als Kriegsschiffe behandeln werde, indem sie sich so, wenigstens implicite verpflichtete, nicht bewaffnete Schiffe zu warnen und das Leben ihrer Passagiere und Besatzungen zu gewährleisten; aber sogar diese Beschränkung haben ihre Unterseebootkommandanten unbekümmert außer acht gelassen.

Neutrale Schiffe, sogar neutrale Schiffe auf der Fahrt von neutralem nach neutralem Hafen, sind ebenso wie feindliche Schiffe in ständig wachsender Zahl zerstört worden. Manchmal sind die angegriffenen Handelsschiffe gewarnt und zur Übergabe aufgefordert worden, bevor sie beschossen oder torpediert wurden; manchmal ist ihren Passagieren und Besatzungen die dürftige Sicherheit zugebilligt worden, daß man ihnen erlaubte, in die Boote zu gehen, bevor das Schiff versenkt wurde. Aber wieder und wieder wurde keine Warnung gegeben, nicht einmal den Personen an Bord eine Rettung in die Boote gestattet. Große Ozeandampfer, wie die „Lusitania" und „Arabic", und reine Passagierschiffe, wie die „Sussex", sind ohne jede Warnung angegriffen worden, oft bevor sie gewahr wurden, daß sie sich einem bewaffneten feindlichen Schiffe gegenüber befanden, und das Leben der Nichtkombattanten, Passagiere und Mannschaften, wurde unterschiedslos und in einer Weise vernichtet, die die Regierung der Vereinigten Staaten nur als leichtfertig und jeder Berechtigung entbehrend erachten konnte. Keinerlei Grenze wurde in der Tat der weiteren unterschiedslosen Zerstörung von Handelsschiffen jeder Art und Nationalität außerhalb der Gewässer gesetzt, welche die Kaiserliche Regierung als in der Kriegszone gelegen zu bezeichnen beliebt hat. Die Liste der Amerikaner, die auf so angegriffenen und zerstörten Schiffen ihr Leben verloren haben, ist von Monat zu Monat gewachsen, bis die verhängnisvolle Zahl der Opfer in die Hunderte gestiegen ist.

Die Regierung der Vereinigten Staaten hat eine sehr geduldige Haltung eingenommen. Auf jeder Stufe dieser schmerzlichen Erfahrung von Tragödie über Tragödie war sie bestrebt, durch wohlüberlegte Berücksichtigung der außergewöhnlichen Umstände eines Krieges ohne Beispiel, sich lenken und durch Gefühle echtester Freundschaft für Volk und Regierung Deutschlands leiten zu lassen. Sie hat die aufeinander folgenden Erklärungen und Versicherungen der

Kaiserlichen Regierung als selbstverständlich in voller Aufrichtigkeit und gutem Glauben abgegeben angenommen und hat die Hoffnung nicht aufgeben wollen, daß es der Kaiserlichen Regierung möglich sein werde, die Handlungen der Befehlshaber ihrer Seestreitkräfte in einer Weise zu regeln und zu überwachen, die ihr Verfahren mit den anerkannten, im Völkerrecht verkörperten Grundsätzen der Menschlichkeit in Einklang bringen werde. Sie hat den neuen Verhältnissen, für die es keine Präzedenzfälle gibt, jedes Zugeständnis gemacht und war willens, zu warten, bis die Tatsachen unmißverständlich und nur einer Auslegung fähig wurden.

Sie ist nun einer gerechten Würdigung ihrer eigenen Rechte schuldig, der Kaiserlichen Regierung zu erklären, daß dieser Zeitpunkt gekommen ist. Es ist ihr zu ihrem Schmerze klar geworden, daß der Standpunkt, den sie von Anfang an einnahm, unvermeidlich richtig ist, nämlich, daß der Gebrauch von Unterseebooten zur Zerstörung des feindlichen Handels notwendigerweise, gerade wegen des Charakters der verwendeten Schiffe unter Angriffsmethoden, die ihre Verwendung naturgemäß mit sich bringt, gänzlich unvereinbar ist mit den Grundsätzen der Menschlichkeit, den seit langem bestehenden und unbestrittenen Rechten der Neutralen und den heiligen Vorrechten der Nichtkombattanten.

Wenn es noch die Absicht der Kaiserlichen Regierung ist, unbarmherzig und unterschiedslos weiter gegen Handelsschiffe mit Unterseebooten Krieg zu führen, ohne Rücksicht auf das, was die Regierung der Vereinigten Staaten als die heiligen und unbestreitbaren Gesetze des internationalen Rechts und die allgemein anerkannten Gebote der Menschlichkeit ansehen muß, so wird die Regierung der Vereinigten Staaten schließlich zu der Folgerung gezwungen, daß es nur einen Weg gibt, den sie gehen kann. Sofern die Kaiserliche Regierung nicht jetzt unverzüglich ein Aufgeben ihrer gegenwärtigen Methoden des Unterseebootkrieges gegen Passagiere und Frachtschiffe erklären und bewirken sollte, kann die Regierung der Vereinigten Staaten keine andere Wahl haben, als die diplomatischen Beziehungen zur deutschen Regierung ganz zu lösen. Einen solchen Schritt faßt die Regierung der Vereinigten Staaten mit dem größten Widerstreben ins Auge, sie fühlt sich aber ver=

pflichtet, ihn im Namen der Menschlichkeit und der Rechte neutraler Nationen zu unternehmen."

Darauf erwiderte die deutsche Regierung unter dem 5. Mai mit nachstehender bedeutsamer Note:

Die deutsche Regierung hat das ihr von der Regierung der Vereinigten Staaten in Sachen der „Sussex" mitgeteilte Material an die beteiligten Marinestellen zur Prüfung weitergegeben. Auf Grund des bisherigen Ergebnisses dieser Prüfung verschließt sie sich nicht der Möglichkeit, daß das in ihrer Note vom 10. v. M. erwähnte, von einem deutschen Unterseeboote torpedierte Schiff in der Tat mit der „Sussex" identisch ist. Die deutsche Regierung darf sich eine weitere Mitteilung hierüber vorbehalten, bis einige noch ausstehende, für die Beurteilung des Sachverhalts ausschlaggebende Feststellungen erfolgt sind. Falls es sich erweisen sollte, daß die Annahme des Kommandanten, ein Kriegsschiff vor sich zu haben, irrig war, so wird die deutsche Regierung die sich hieraus ergebenden Folgerungen ziehen.

Die Regierung der Vereinigten Staaten hat an den Fall der „Sussex" eine Reihe von Behauptungen geknüpft, die in dem Satze gipfeln, daß dieser Fall nur ein Beispiel für die vorbedachte Methode unterschiedsloser Zerstörung von Schiffen aller Art, Nationalität und Bestimmung durch die Befehlshaber der deutschen Unterseeboote sei. Die deutsche Regierung muß diese Behauptung mit Entschiedenheit zurückweisen. Auf eine ins einzelne gehende Zurückweisung glaubt sie indessen im gegenwärtigen Stadium der Angelegenheit verzichten zu sollen, zumal da die amerikanische Regierung es unterlassen hat, ihre Behauptung durch konkrete Angaben zu begründen. Die deutsche Regierung begnügt sich mit der Feststellung, daß sie, und zwar lediglich mit Rücksicht auf die Interessen der Neutralen, in dem Gebrauch der Unterseebootwaffe sich weitgehende Beschränkungen auferlegt hat, obwohl diese Beschränkungen notwendigerweise auch den Feinden Deutschlands zugute kommen, — eine Rücksicht, der die Neutralen bei England und seinen Verbündeten nicht begegnet sind.

In der Tat sind die deutschen Seestreitkräfte angewiesen, den Unterseebootkrieg nach den allgemeinen völkerrechtlichen Grundsätzen über die Anhaltung, Durchsuchung und Zerstörung von Handels=

schiffen zu führen, mit der einzigen Ausnahme des Handelskrieges gegen die im englischen Kriegsgebiete betroffenen feindlichen Fracht= schiffe, derentwegen der Regierung der Vereinigten Staaten niemals, auch nicht durch die Erklärung vom 8. Februar d. J., eine Zu= sicherung gegeben worden ist. Einen Zweifel daran, daß die ent= sprechenden Befehle loyal gegeben worden sind und loyal ausgeführt werden, kann die deutsche Regierung niemandem gestatten. Irrtümer, wie sie tatsächlich vorgekommen sind, lassen sich bei keiner Art der Kriegführung ganz vermeiden und sind in dem Seekriege gegen einen Feind, der sich aller erlaubten und unerlaubten Listen bedient, erklärlich. Aber auch abgesehen von Irrtümern birgt der Seekrieg genau wie der Landkrieg für neutrale Personen und Güter, die in den Bereich der Kämpfe gelangen, unvermeidliche Gefahren in sich. Selbst in Fällen, in denen die Kampfhandlung sich lediglich in den Formen des Kreuzerkrieges abgespielt hat, sind wiederholt neutrale Personen und Güter zu Schaden gekommen. Auf die Minengefahr, der zahlreiche Schiffe zum Opfer gefallen sind, hat die deutsche Regierung wiederholt aufmerksam gemacht.

Die deutsche Regierung hat der Regierung der Vereinigten Staaten mehrfach Vorschläge gemacht, die bestimmt waren, die un= vermeidlichen Gefahren des Seekrieges für amerikanische Reisende und Güter auf ein Mindestmaß zurückzuführen. Leider hat die Regierung der Vereinigten Staaten nicht geglaubt, auf diese Vorschläge eingehen zu sollen; anderenfalls würde sie dazu beigetragen haben, einen großen Teil der Unfälle zu verhindern, von denen inzwischen amerikanische Staatsangehörige betroffen worden sind. Die deutsche Regierung hält auch heute noch an ihrem Angebot fest, Vereinbarungen in dieser Richtung zu treffen.

Entsprechend den wiederholt von ihr ab= gegebenen Erklärungen kann die deutsche Regierung auf den Gebrauch der Unterseeboot= waffe auch im Handelskriege nicht verzichten. Wenn sie sich heute in der Anpassung der Methoden des Unterseebootkrieges an die Interessen der Neutralen zu einem weiteren Entgegenkommen entschließt, so sind für sie

Gründe bestimmend, die sich über die Bedeutung der vorliegenden Streitfrage erheben.

Die deutsche Regierung mißt den hohen Geboten der Menschlichkeit keine geringere Bedeutung bei als die Regierung der Vereinigten Staaten. Sie trägt auch voll Rechnung der langen gemeinschaftlichen Arbeit der beiden Regierungen an einer von diesen Geboten geleiteten Ausgestaltung des Völkerrechts, deren Ziel stets die Beschränkung des Land= und Seekrieges auf die bewaffnete Macht der Kriegführenden und die tunlichste Sicherung der Nichtkämpfenden gegen die Grausamkeiten des Krieges gewesen ist.

Für sich allein würden jedoch diese Gesichtspunkte, so bedeutsam sie sind, für die deutsche Regierung bei dem gegenwärtigen Stande der Dinge nicht den Ausschlag geben können.

Denn gegenüber dem Appell der Regierung der Vereinigten Staaten an die geheiligten Grundsätze der Menschlichkeit und des Völkerrechts muß die deutsche Regierung erneut und mit allem Nachdruck feststellen, daß es nicht die deutsche, sondern die britische Regierung gewesen ist, die diesen furchtbaren Krieg unter Mißachtung aller zwischen den Völkern vereinbarten Rechtsnormen auf Leben und Eigentum der Nichtkämpfer ausgedehnt hat, und zwar ohne jede Rücksicht auf die durch diese Art der Kriegführung schwer geschädigten Interessen und Rechte der Neutralen und Nichtkämpfenden. In der bittersten Notwehr gegen die rechtswidrige Kriegführung Englands, im Kampf um das Dasein des deutschen Volkes hat die deutsche Kriegführung zu dem harten, aber wirksamen Mittel des Unterseebootkrieges greifen müssen. Bei dieser Sachlage kann die deutsche Regierung nur erneut ihr Bedauern darüber aussprechen, daß die humanitären Gefühle der amerikanischen Regierung, die sich mit so großer Wärme den bedauernswerten Opfern des Unterseebootkrieges zuwenden, sich nicht mit der gleichen Wärme auch auf die vielen Millionen von Frauen und Kindern erstrecken, die nach der erklärten Absicht der englischen Regierung in den Hunger getrieben werden und durch ihre Hungerqualen die siegreichen Armeen der Zentralmächte zu schimpflicher Kapitulation zwingen sollen. Die deutsche Regierung und mit ihr das deutsche Volk hat für dieses ungleiche Empfinden um so weniger Verständnis, als sie zu wiederholten Malen sich ausdrücklich bereit erklärt hat, sich mit der Anwendung der Unterseebootwaffe streng an die vor dem Krieg anerkannten völkerrechtlichen Normen zu halten, falls England sich dazu bereit findet, diese Normen gleichfalls seiner Kriegführung zugrunde zu legen. Die verschiedenen Versuche der Regierung der Vereinigten Staaten, die großbritannische Regierung hierzu zu bestimmen, sind an der strikten Ablehnung der britischen Regierung gescheitert. England hat auch weiterhin Völkerrechtsbruch auf Völkerrechtsbruch gehäuft und in der Vergewaltigung der Neutralen jede Grenze überschritten. Seine letzte Maßnahme, die Erklärung deutscher Bunkerkohle als Bannware, verbunden mit den Bedingungen, zu denen allein englische Bunkerkohle an die Neutralen abgegeben wird, bedeutet nichts anderes als den Versuch, die Tonnage der Neutralen durch unerhörte Erpressung unmittelbar in den Dienst des englischen Wirtschaftskrieges zu zwingen.

Das deutsche Volk weiß, daß es in der Hand der Regierung der Vereinigten Staaten liegt, den Krieg im Sinne der Menschlichkeit und des Völkerrechts auf die Streitkräfte der kämpfenden Staaten zu beschränken. Die amerikanische Regierung wäre dieses Erfolges sicher gewesen, wenn sie sich entschlossen hätte, ihre unbestreitbaren Rechte auf die Freiheit der Meere England gegenüber nachdrücklich geltend zu machen. So aber steht das deutsche Volk unter dem Eindruck, daß die Regierung der Vereinigten Staaten von Deutschland in dessen Existenzkampf die Beschränkung im Gebrauch einer wirksamen Waffe verlangt, und daß sie die Aufrechterhaltung ihrer Beziehungen zu Deutschland von der Erfüllung dieser Forderung abhängig macht, während sie sich gegenüber den völkerrechtswidrigen Methoden seiner Feinde mit Protesten begnügt. Auch ist dem deutschen Volke bekannt, in wie weitem Umfang unsere Feinde aus den Vereinigten Staaten mit Kriegsmitteln aller Art versehen werden.

Unter diesen Umständen wird es verstanden werden, daß die Anrufung des Völkerrechts und der Gefühle der Menschlichkeit im deutschen Volke nicht den vollen Widerhall finden kann, dessen ein solcher Appell hier unter anderen Verhältnissen stets sicher ist.

Wenn die deutsche Regierung sich trotzdem zu einem äußersten Zugeständnis entschließt, so ist für sie entscheidend einmal die mehr als hundertjährige Freundschaft zwischen den beiden großen Völkern, sodann aber der Gedanke an das schwere Verhängnis, mit dem eine Ausdehnung und Verlängerung dieses grausamen und blutigen Krieges die gesamte zivilisierte Menschheit bedroht.

Das Bewußtsein der Stärke hat es der deutschen Regierung erlaubt, zweimal im Laufe der letzten Monate ihre Bereitschaft zu einem Deutschlands Lebensinteressen sichernden Frieden offen und vor aller Welt zu bekunden. Sie hat damit zum Ausdrucke gebracht, daß es nicht an ihr liegt, wenn den Völkern Europas der Friede noch länger vorenthalten bleibt. Mit um so stärkerer Berechtigung darf die deutsche Regierung aussprechen, daß es vor der Menschheit und der Geschichte nicht zu verantworten wäre, nach 21monatiger Kriegsdauer die über den Unterseebootkrieg entstandene Streitfrage eine den Frieden zwischen dem deutschen und dem amerikanischen Volk ernstlich bedrohende Wendung nehmen zu lassen.

Einer solchen Entwicklung will die deutsche Regierung, soweit es an ihr liegt, vorbeugen. Sie will gleichzeitig ein letztes dazu beitragen, um — solange der Krieg noch dauert — die Beschränkung der Kriegführung auf die kämpfenden Streitkräfte zu ermöglichen, ein Ziel, das die Freiheit der Meere einschließt und in dem sich die deutsche Regierung mit der Regierung der Vereinigten Staaten auch heute noch einig glaubt.

Von diesem Gedanken geleitet, teilt die deutsche Regierung der Regierung der Vereinigten Staaten mit, **daß Weisung an die deutschen Seestreitkräfte ergangen ist, in Beobachtung der allgemeinen völkerrechtlichen Grundsätze über Anhaltung, Durchsuchung und Zerstörung von Handelsschiffen auch innerhalb des Seekriegsgebietes Kauffahrteischiffe nicht ohne Warnung und Rettung der Menschenleben zu versenken, es sei denn, daß sie fliehen oder Widerstand leisten.**

In dem Daseinskampfe, den Deutschland zu führen gezwungen ist, kann ihm jedoch von den Neutralen nicht zugemutet werden, sich mit Rücksicht auf ihre Interessen im Gebrauch einer wirksamen Waffe Beschränkungen aufzuerlegen, wenn seinen Gegnern gestattet bleibt, ihrerseits völkerrechtswidrige Mittel nach Belieben zur An=

wendung zu bringen. Ein solches Verlangen würde mit dem Wesen der Neutralität unvereinbar sein. Die deutsche Regierung ist überzeugt, daß der Regierung der Vereinigten Staaten eine derartige Zumutung fernliegt; dies entnimmt sie aus der wiederholten Erklärung der amerikanischen Regierung, daß sie allen Kriegführenden gegenüber die verletzte Freiheit der Meere wiederherzustellen entschlossen sei.

Die deutsche Regierung geht demgemäß von der Erwartung aus, daß ihre neue Weisung an die Seestreitkräfte auch in den Augen der Regierung der Vereinigten Staaten jedes Hindernis für die Verwirklichung der in der Note vom 23. Juli 1915 angebotenen Zusammenarbeit zu der noch während des Krieges zu bewirkenden Wiederherstellung der Freiheit der Meere aus dem Wege räumt, und sie zweifelt nicht daran, daß die Regierung der Vereinigten Staaten nunmehr bei der großbritannischen Regierung die alsbaldige Beobachtung derjenigen völkerrechtlichen Normen mit allem Nachdruck verlangen und durchsetzen wird, die vor dem Krieg allgemein anerkannt waren und die insbesondere in den Noten der amerikanischen Regierung an die britische Regierung vom 28. Dezember 1914 und vom 5. November 1915 dargelegt sind. Sollten die Schritte der Regierung der Vereinigten Staaten nicht zu dem gewollten Erfolge führen, den Gesetzen der Menschlichkeit bei allen kriegführenden Nationen Geltung zu verschaffen, so würde die deutsche Regierung sich einer neuen Sachlage gegenübersehen, für die sie sich die volle Freiheit der Entschließungen vorbehalten muß."

Während des Verlaufs dieses Notenwechsels, der mit einem Entgegenkommen Deutschlands endigte, um einen Bruch der guten Beziehungen zu den Vereinigten Staaten zu vermeiden, hatte der Staatssekretär des Reichsmarineamts, Großadmiral von Tirpitz, seinen Abschied erhalten. Der Kaiser verlieh dem Schöpfer der deutschen Flotte den Stern der Großkomture des Königlichen Hausordens von Hohenzollern mit Schwertern und richtete folgendes Handschreiben an ihn:

Mein lieber Großadmiral von Tirpitz!

Nachdem Ich aus Ihrer Krankmeldung und Ihrem Mir unter dem 12. d. M. vorgelegten Abschiedsgesuche zu Meinem lebhaften

Bedauern ersehen habe, daß Sie die Geschäfte des Staatssekretärs des Reichsmarineamts nicht mehr zu führen vermögen, entspreche Ich hierdurch Ihrem Gesuch und stelle Sie unter Enthebung von Ihren Ämtern als Staatsminister und als Staatssekretär des Reichsmarineamts mit der gesetzlichen Pension zur Disposition. Es ist Mir ein Bedürfnis, Ihnen auch bei dieser Gelegenheit Meinen Kaiserlichen Dank für die ausgezeichneten Dienste zum Ausdrucke zu bringen, welche Sie in Ihrer langen Laufbahn als Baumeister und Organisator der Marine dem Vaterlande geleistet haben. Ganz besonders möchte Ich hierbei hervorheben, was während des Krieges selbst durch Bereitstellung neuer Kampfmittel auf allen Gebieten der Seekriegführung und durch Schaffung des Marinekorps von Ihnen geleistet worden ist. Sie haben damit der Geschichte Ihrer so erfolgreichen Friedensarbeit ein Ruhmesblatt der schweren Kriegszeit hinzugefügt. Das erkennt mit Mir das deutsche Volk freudig an. Ich möchte selbst dem Ausdruck geben durch Verleihung des beifolgenden Sterns der Großkomture mit Schwertern Meines Königlichen Hausordens von Hohenzollern und durch die Verfügung, daß Ihr Name in der Marinerangliste weitergeführt werden soll. Mit den aufrichtigsten Wünschen für Ihr ferneres Wohlergehen verbleibe Ich immer Ihr wohlgeneigter

Wilhelm I. R.

Großes Hauptquartier, den 15. März 1916.

Der Admiral z. D. von Capelle wurde unter Wiedereinreihung in das aktive Seeoffizierkorps zum Staatssekretär des Reichsmarineamts ernannt. —

XVII.

Die Gefechtstätigkeit in der Nordsee hatte inzwischen ebensowenig geruht wie die Arbeit unserer Unterseeboote. Am 26. und 27. Februar wurden in Le Havre zwei französische Hilfskreuzer und in der Themsemündung ein bewaffneter englischer Bewachungsdampfer zum Sinken gebracht.

Der Hilfskreuzer „Greif", der seit einiger Zeit in der Nordsee tätig gewesen war, befand sich am 29. Februar vormittags auf der Höhe der Shetlandinseln und etwa 70 Seemeilen von der norwegischen Küste entfernt, als er den englischen Hilfskreuzer „Andes" sichtete, dem sich kurz darauf ein zweiter Hilfskreuzer, der „Alcantara", zugesellte. Während der „Andes" zunächst in weitem Abstande den Bewegungen des „Greif" folgte, dampfte der „Alcantara" mit höchster Fahrt auf ihn zu, um ihn anzuhalten und zu untersuchen. Beide englischen Dampfer waren erheblich größer und offenbar schneller als der „Greif". Unter diesen Umständen konnte der „Greif" nicht an ein Entkommen denken.

Als der „Alcantara" sich genähert und zwei Warnungsschüsse abgefeuert hatte, ließ der Kommandant des „Greif" die deutschen Kriegsflaggen hissen. Sofort entbrannte ein heftiges Artilleriegefecht auf etwa 2000 Meter Entfernung zwischen beiden Schiffen. Gleich die zweite Salve des „Greif" traf den „Alcantara" in der Wasserlinie und brachte eine Störung des Maschinengetriebes hervor, was an dem Rückwärtsgang der Schiffsschrauben zu erkennen war. Der „Alcantara" begann sich mit Wasser zu füllen und auf die Seite zu legen. Um sich dieses Gegners schnellstens zu entledigen, gab jetzt der Kommandant mit schnellem Entschluß den Befehl zum Aufdrehen und zur Abgabe eines Torpedoschusses. Mit voller Wirkung traf der Torpedo den Heizraum des „Alcantara", so daß er schnell sich noch mehr überlegte und sein gefährliches Artilleriefeuer verstummte.

Dem sinkenden Kameraden war inzwischen der „Andes" zur Hilfe geeilt. Er eröffnete jetzt das Geschützfeuer auf den „Greif", der, wie es bei einem Kampf auf so nahe Entfernungen nicht gut anders sein konnte, schon verschiedene Volltreffer davongetragen hatte, die seine Manövrierfähigkeit und Geschützwirkung stark herabgesetzt hatten. Das Mittelschiff stand in Flammen, die auch bald das ganze Brückendeck ergriffen. Die Funkenstation und sämtliche Kompasse waren zerstört. Der Artillerieoffizier war schwer verwundet, und die Geschütze feuerten selbständig. Das Löschen des Feuers war unmöglich geworden, da die Rohrleitungen der Feuerspritzen zerstört waren. Die hintere Munitionskammer geriet in Brand, was zur Folge hatte, daß, sobald an den hinteren Geschützen die vorhandene Munition verfeuert war, dort das Feuer eingestellt werden mußte, da der mittschiffs wütende Brand die Verbindung mit der vorderen Munitionskammer abgeschnitten hatte.

Mit den vorderen Geschützen allein wehrte sich der „Greif" gegen den neuen Gegner in ungleichem Kampfe. Bald wurde das Schiff steuerlos, da Granaten das Hauptdampfrohr zweier Kessel und die Rudermaschine unbrauchbar gemacht hatten. Die Lage wurde noch bedeutend verschlimmert durch einen Granattreffer in den Torpedoraum, der die Torpedos zur Explosion brachte und die dortige Mannschaft bis auf zwei Unteroffiziere tötete.

Während dieses Gefechtes hatten sich der englische Kreuzer „Comus" und zwei Zerstörer dem Kampfplatze genähert und die im Wasser treibende Besatzung des inzwischen gesunkenen „Alcantara" aufgefischt, bevor auch sie in das Artilleriegefecht eingriffen, das deutscherseits jetzt nur noch mit einem einzigen Geschütz geführt werden konnte. Als auch bei diesem der Verschluß infolge übermäßiger Beanspruchung klemmte und der Artilleriemechaniker beim Versuche, die Störung abzustellen, schwer verwundet worden war, mußte der Kommandant die Unmöglichkeit weiterer Verteidigung erkennen und Sorge tragen, daß das Schiff nicht in Feindeshand fiel. Es erfolgte der Befehl zum Versenken und Verlassen des Schiffes. Die noch unbeschädigten Boote wurden im feindlichen Feuer für die Verwundeten zu Wasser gebracht; die übrige Mannschaft hielt sich, soweit die Boote und Flöße nicht ausreichten, an Planken, Lukendeckeln und leeren Munitionsbüchsen über Wasser. Zuletzt verließen der Kommandant, Fregattenkapitän Tietze, und die Offiziere das sinkende Schiff, das um 1 Uhr nachmittags mit wehender Kriegsflagge im Topp unterging.

Der Kreuzer „Comus" beteiligte sich zunächst an dem Rettungswerk, eröffnete aber dann plötzlich ein wildes Feuer auf die treibenden Boote und Flöße, weil, wie später in Erfahrung gebracht wurde, sein Kommandant ein deutsches Unterseeboot entdeckt zu haben glaubte. Nach einigen 20 Schuß hörte das Feuer wieder auf — es war nämlich kein deutsches U-Boot zur Stelle. Leider aber waren der tapfere Kommandant des „Greif", der von einem deutschen Kutter aufgenommen war, und mehrere Leute diesem Feuerüberfall zum Opfer gefallen.

Um diese Zeit kamen noch ein englischer Kreuzer und drei Zerstörer in Sicht, die sich aber nicht mehr am Kampfe beteiligten.

Der größte Teil der Überlebenden wurde von dem Kreuzer „Comus", die übrigen von dem „Andes" aufgenommen und nach Edinburgh übergeführt. Sehr erstaunt waren die Deutschen über die wiederholt an sie gerichtete Frage, welche Extravergütung sie denn für ihr waghalsiges Unternehmen erhalten würden.

Die englische Admiralität verschwieg, nachdem sie die Bekanntgabe des deutschen Admiralstabes abgewartet hatte, in ihrem Berichte die Teilnahme des „Comus", des „Andes" und der Zerstörer an dem Gefechte, schrieb hingegen die Versenkung des „Greif" und eines deutschen Unterseebootes der britischen Artillerie und Schießkunst zu. Wörtlich hieß es: „Der „Greif" wurde von dem englischen Artilleriefeuer versenkt, „Alcantara" vermutlich durch einen Torpedo." Dazu bemerkte eine Reutersche Privatmeldung: „Das Gefecht war außerordentlich erbittert, die „Alcantara" war unterlegen bezüglich der Artillerie, aber die Tüchtigkeit der Kanoniere und Seeleute glich diesen Nachteil aus. Der „Greif" ging zuerst unter, dann die „Alcantara". Englische Torpedojäger eilten zu Hilfe und nahmen die Verwundeten auf. Gleichzeitig wurde, wie gemeldet, ein deutsches U=Boot versenkt."

Diesen Ableugnungen und Verdrehungen Reuters und der englischen Admiralität gegenüber sei zusammenfassend nochmals festgestellt, daß „Greif" sich mit drei englischen Kriegsschiffen, den Hilfskreuzern „Alcantara" und „Andes" (die an Tonnengehalt jeder mehr als dreimal so groß sind als der „Greif") und dem kleinen Kreuzer „Comus" sowie mit zwei Zerstörern im Gefechte befand, daß er von der eigenen Besatzung, nachdem alle Geschütze und sonstige Kampfmittel außer Gefecht gesetzt waren, gesprengt und versenkt wurde, und zwar lange, nachdem „Alcantara" in den Fluten verschwunden war, und schließlich, daß kein deutsches U=Boot auf dem Kampfplatz anwesend war. Die Leistung des „Greif" an diesem Kampf ist eine der schönsten Heldentaten der deutschen Flotte.

Am 10. März bewährte sich wieder einmal die Tätigkeit unserer Minenleger an der Ostküste Englands. Der englische Zerstörer „Coquette", das Torpedoboot Nr. 11 und der englische Hilfskreuzer „Fauvette" gerieten auf Minen und versanken.

Vor der flandrischen Küste fand am 20. März ein für uns erfolgreiches Gefecht zwischen drei deutschen Torpedobooten und einer Division von fünf englischen Zerstörern statt. Der Gegner brach das Gefecht ab, nachdem er mehrere Volltreffer erhalten hatte und dampfte mit hoher Fahrt aus Sicht.

Am 25. März unternahmen englische Seestreitkräfte in größerer Zahl, die ein Mutterflugzeugschiff mit sich führten, einen Fliegerangriff auf den nördlichen Teil der nordfriesischen Küste. Der Angriff mißlang. Auf deutscher Seite gingen zwei Vorpostenboote (armierte Fischdampfer) verloren, von den gegnerischen Schiffen wurde die „Medusa", ein Torpedobootszerstörer erst kampfunfähig, später sank das Schiff. Drei englische Flugzeuge wurden zum Niedergehen gezwungen.

Am 24. April morgens erschienen vor der flandrischen Küste zahlreiche englische Streitkräfte, aus Monitoren, Torpedobootszerstörern, größeren und kleinen Dampfern bestehend, welche anscheinend Minen suchten und Bojen zur Bezeichnung von Bombardementsstellungen auslegten. Drei unserer in Flandern befindlichen Torpedoboote stießen mehrfach gegen die Monitore, Zerstörer und Hilfsfahrzeuge vor, drängten sie zurück und hinderten sie an der Fortführung ihrer Arbeiten. Trotz heftiger Gegenwirkung blieben unsere Torpedoboote unbeschädigt.

Als Gegenstoß führten unsere Hochseestreitkräfte am folgenden Tag eine Beschießung der Befestigungswerke und militärisch wichtigen Anlagen von Great Yarmouth und Lowestoft mit gutem Erfolge aus. Danach nahmen sie eine Gruppe feindlicher kleiner Kreuzer und Torpedobootszerstörer unter Feuer. Auf einem der Kreuzer wurde ein schwerer Brand beobachtet, ein Torpedobootszerstörer und zwei feindliche Vorpostenschiffe wurden versenkt. Eins der letzteren war der englische Fischdampfer „King Stephen", der sich seinerzeit weigerte, die Besatzung des in Seenot befindlichen deutschen Luftschiffes „L 19" zu retten. Die Besatzung des Fischdampfers, die inzwischen ausgewechselt worden war (!), wurde gefangengenommen. Die übrigen feindlichen Seestreitkräfte zogen sich zurück, auf unserer Seite keine Verluste. Gleichzeitig mit dem Vorstoß unserer Seestreitkräfte griff in der Nacht vom 24. zum 25. April ein Marine-

Luftschiffgeschwader mit größtem Erfolge die östlichen Grafschaften Englands an.

Am 25. April wurde auch das englische U-Boot „E 22" in der südlichen Nordsee durch unsere Streitkräfte versenkt. Ein U-Boot erzielte an demselben Tag und in derselben Gegend auf einen englischen Kreuzer der „Arethusa"-Klasse einen Torpedotreffer.

Die Vorpostengefechte vor der flandrischen Küste vom 24. April wurden am 25. April fortgesetzt. Dabei wurden durch unsere Seestreitkräfte ein englischer Torpedobootszerstörer schwer beschädigt und ein Hilfsdampfer versenkt, dessen Besatzung gefangen nach Zeebrügge eingebracht wurde. Der Feind zog sich aus dem Gebiete der flandrischen Küste wieder zurück.

In der nächsten Nacht wurden von Teilen unserer Vorpostenstreitkräfte auf der Doggerbank ein größeres englisches Bewachungsfahrzeug vernichtet und ein englischer Fischdampfer als Prise aufgebracht. Leider ging gleichzeitig an der Ostküste Englands unser Unterseeboot „U C 5" verloren, die Besatzung fiel in die Hände der Engländer.

Am 5. Mai wurde westlich von Horns Riff das englische Unterseeboot „E 31" durch das Artilleriefeuer eines deutschen Schiffes zum Sinken gebracht.

Gelegentlich einer Erkundungsfahrt hatten zwei unserer Torpedoboote nördlich Ostende am 8. Mai ein kurzes Gefecht mit fünf englischen Zerstörern, wobei ein Zerstörer durch Artillerietreffer schwer beschädigt wurde. Am 16. Mai wiederholte sich an der flandrischen Küste das Artilleriegefecht zwischen englischen Seestreitkräften und deutschen Torpedofahrzeugen. Der 31. Mai brachte einem deutschen Unterseeboot einen schönen Erfolg, indem es einen großen englischen Zerstörer versenken konnte.

XVIII.

Die deutschen Luftangriffe auf englische befestigte Plätze und militärisch wichtige Anlagen haben sich seit dem 14. April 1915 mit großer Regelmäßigkeit wiederholt. In den meisten Fällen sind einwandfrei gute Erfolge erzielt worden, und dem entsprach das Wutgeschrei der englischen Presse. Amtlich wurden zwar jedesmal die deutschen Angriffe als ergebnislos hingestellt, und es kann keinem Zweifel unterliegen, daß diese kühnen Unternehmungen, an denen vorwiegend Marineluftschiffe und Marineflugzeuge beteiligt waren, am meisten dazu beigetragen haben, um England trotz seiner vorgeblichen insularen Unnahbarkeit die Schrecken des Krieges fühlbar zu machen.

Am 14. April überflog ein Marineluftschiff die Werftanlagen am Tyne, in der folgenden Nacht wurden mehrere befestigte Plätze an der Ostküste erfolgreich mit Bomben beworfen, dabei wurde auch ein englisches Schlachtschiff erheblich beschädigt. Am 3. Mai hatte ein deutsches Marineluftschiff in der Nordsee ein Gefecht mit mehreren englischen Unterseebooten gehabt. Es bewarf die Boote mit Bomben und brachte eines von ihnen zum Sinken. Die Unterseeboote beschossen das Luftschiff mit Geschützen, ohne es zu treffen. Am 10. Mai erschien ein Zeppelin über der Themsemündung und überflog Southend. Die „Daily Mail" erinnerte anläßlich dieses Angriffes an eine Rede Churchills vom 17. März 1914, worin er sagte: Alle feindlichen Flugzeuge und Luftschiffe, die unsere Küsten erreichen, würden sofort von einem Schwarme sehr gefährlicher Hornissen in größerer Stärke angegriffen werden. Das Publikum beginne sich zu fragen, wann Churchills Versprechen verwirklicht werden wird.

In der Nacht vom 17. zum 18. Juni machten deutsche Marineluftschiffe einen erfolgreichen Angriff auf Dover und Calais. Am 1. Juni wurden zum ersten Male die Werften und Docks im Ostviertel von London mit Bomben belegt, drei Tage später waren unsere Zeppeline über der Humbermündung und dem Flottenstützpunkte Harwich, in der zweitnächsten Nacht über Kingston und Grimsby am Humber. Am 15. Juni wurde die Tynemündung heimgesucht, dabei eine Reihe industrieller Anlagen und ein Hochofenwerk zerstört. Eine Strandbatterie, welche die Luftschiffe heftig beschoß, wurde zum Schweigen gebracht. Am 4. Juli morgens versuchten die Engländer, einen größeren Flugzeugangriff gegen unsere Stützpunkte in der deutschen Bucht der Nordsee anzusetzen. Unsere Luftschiffe stellten die anmarschierenden englischen Streitkräfte in

Stärke von mehreren Flugzeugmutterschiffen, begleitet von Kreuzern und Torpedobootszerstörern, bereits bei Tagesanbruch in der Höhe der Insel Terschelling fest und zwangen sie zum Rückzug. Ein englisches Wasserflugzeug, dem es gelungen war, aufzusteigen, wurde von unseren Flugzeugen verfolgt und entkam dadurch, daß es über holländisches Gebiet flog.

In der Nacht vom 9. zum 10. August führten unsere Marineluftschiffe Angriffe gegen befestigte Küsten- und Hafenplätze der englischen Ostküste aus. Trotz starker Gegenwirkung wurden britische Kriegsschiffe auf der Themse, die Docks von London, ferner der Torpedobootsstützpunkt Harwich und wichtige Anlagen am Humber mit Bomben beworfen. Drei Tage später wurde der Angriff erneuert und die militärischen Anlagen in Harwich mit gutem Erfolge beschossen. In der Nacht vom 17. zum 18. August waren wieder deutsche Luftschiffe über London; der Besuch wurde vom 8. zum 9. September wiederholt und dabei zum ersten Male der Westteil der City von London, ferner große Fabrikanlagen bei Norwich sowie die Hafenanlagen und Eisenwerke von Middlesborough mit gutem Erfolg angegriffen. Starke Explosionen und zahlreiche Brände wurden beobachtet.

Bei dem Angriff auf die City von London wurden insbesondere die Stadtteile um den Holborn Viadukt herum getroffen. Zahlreiche umfangreiche Einstürze und gewaltige Brände konnten von den Luftschiffen, da die Verhältnisse für die Beobachtung äußerst günstig waren, einwandfrei festgestellt werden. Bei Norwich wurde eine große Industrieanlage im Südwesten der Stadt ausgiebig mit Bomben belegt, worauf mehrere langanhaltende Explosionen und Brände beobachtet wurden. Bei Middlesborough wurden hauptsächlich die Hafenanlagen und die Hochofenwerke an der Bahn Southbank—Redcar mit Bomben belegt. Auch hier konnte guter Erfolg festgestellt werden.

In der Nacht vom 13. zum 14. Oktober besuchten deutsche Luftschiffe die östlichen Grafschaften und einen Teil des Londoner Distrikts und warfen Bomben ab. Ein Luftschiff wurde von der Abwehrkanone getroffen. Fünf Flugzeuge stiegen auf. Wegen der atmosphärischen Verhältnisse vermochte nur eines ein Luftschiff zu entdecken. Auch diesem gelang es nicht, das Luftschiff einzuholen, ehe es im Nebel verschwand. Köstlich liest sich der amtliche englische Bericht über diesen sehr erfolgreichen Angriff. Es heißt darin: „Die Verdunkelung der Hauptstadt und die Höhe, in der die Zeppeline flogen, verhinderte sie, wichtige Ortlichkeiten zu finden wie das letztemal. Aus dem Berliner amtlichen Berichte geht es hervor, daß die Flieger über die Plätze, die sie mit Bomben belegten, im Irrtume sind. Wenn sie ein anderes Ziel verfolgten, als auf gut Glück Nichtkämpfer zu töten und Eigentum zu verwüsten, so mißlang die Absicht vollständig. Mit einer Ausnahme wurden nur Bauten beschädigt, die mit dem Kriege nichts zu tun haben. Die 127 Personen, die getötet und verwundet wurden, sind außer 2 Soldaten, die auf der Straße getroffen wurden, alle Zivilisten. Infolge der frühen Stunde wurde die Anwesenheit des Feindes von viel mehr Personen bemerkt als bei früheren Gelegenheiten. Hunderte und Tausende, die die Bomben hörten, blieben ruhig. Man regte sich womöglich noch weniger auf als bei früheren Gelegenheiten. Die amtliche Warnung, Zufluchtstätten aufzusuchen, wurde besser beachtet. Sobald die Luftschiffe fort waren, hörte die Beschießung auf. Die meisten, die nur die Beschießung abgewartet hatten, gingen zu Bett, ohne sich viel um einen neuerlichen Angriff zu kümmern. In den Theatern, wo das Schießen und die Explosionen gehört wurden, entstand keine Panik."

XIX.

Der Luftkrieg gegen England wurde im Jahre 1916 mit noch wesentlich größerem Nachdruck geführt.

Nachdem am 22. und 23. Januar deutsche Wasserflugzeuge den Bahnhof, die Kasernen und die Dockanlagen von Dover und die Luftschiffhallen in Hougham westlich Dover ausgiebig mit Bomben belegt hatten, erschien in der Nacht vom 31. Januar zum 1. Februar ein Luftschiffgeschwader über Westengland. Der Erfolg dieses ungeheure Erregung verursachenden Unternehmens war ein ganz ausgezeichneter. In Liverpool wurde eine Reihe von Brücken- und Hafenanlagen schwer beschädigt. Es soll auch eine Anzahl von Schiffen auf dem Mersey schwer getroffen sein, u. a. ein unterhalb

Birkenhead liegender Kreuzer und ein Transportschiff der Leyland=Linie. Eine Stallung wurde durch Feuer zerstört; die Pferde und die kanadischen Wachmannschaften sollen dabei umgekommen sein. In Birkenhead, Garston und Bootle ist großer Schaden angerichtet worden. Booth Line und Yeoward Line wurden durch die teilweise Zerstörung ihrer Dockanlagen schwer beschädigt. Drei Schiffe wurden sehr mitgenommen. Die angrenzenden Trockendocks und Maschinen=fabriken sowie die „Birkenhead Drydock, Engine & Boiler Works" wurden vollkommen zerstört. Im ganzen wurden über 200 Häuser durch Bomben oder Brand zerstört. An der Merseymündung (in Bootle) wurde eine Pulverfabrik völlig zerstört, in Crewe, südöstlich von Liverpool, wurden die Bahnanlagen stark beschädigt und Militärlager in Brand gesetzt.

In Manchester waren Angriffsziel in erster Linie die Hochofen=werke, die mit gutem Erfolge mit Bomben belegt wurden. Zwei Hochofenwerke und zwei größere Fabriken (Eisenwerke) wurden völlig zerstört. Im Süden der Stadt Sheffield wurden zwei Hochöfen be=worfen, von denen der eine zum großen Teile zerstört wurde. Ferner wurden mehrere große Industrieanlagen und der Bahnhof mit Bomben belegt.

In Nottingham wurden Angriffe ausgeführt auf große Fabrik=anlagen und Hochöfen, wobei sehr gute Wirkung beobachtet wurde, ferner auf eine Batterie, die, nachdem sie unsere Luftschiffe wirkungs=los beschossen hatte, zum Schweigen gebracht wurde. Eine Munitions=fabrik und mehrere Fabrikanlagen wurden stark beschädigt. Östlich von Nottingham bei Grantham wurden die Bahnanlagen zerstört, so daß der Betrieb mehrere Tage unterbrochen werden mußte. Der bei weitem größte Schaden ist in Sheffield und Nottingham angerichtet worden; Londoner Versicherungsgesellschaften schätzten denselben auf 400 000 Pfund Sterling.

In Birmingham wurden zwei große Regierungswerke und zwei Munitionsfabriken völlig zerstört, eine Brauerei beschädigt. Großer Schaden wurde überhaupt in Staffordshire, Shropshire, Ceshire, Leicestershire, Lincolnshire und Yorkshire angerichtet. In Ecclesshill bei Bradford wurden eine Munitionsfabrik und 3 Spinnereien, in Partington wurden durch eine Bombe 22 Häuser zerstört.

Am Humber wurde eine Batterie, die ihr Feuer ohne Ergebnis auf eins unserer Luftschiffe richtete, angegriffen und zum Schweigen gebracht. Geschütze und Scheinwerfer der Batterie wurden zerstört. Ferner wurden auf eine Anzahl von Industrieanlagen am Humber sowie auf ein Hochofenwerk mit ausgedehnten Anlagen Bomben geworfen. Überall wurden gute Erfolge beobachtet. In Grimsby wurden die Kais, Werften und Lagerhäuser zum Teile schwer beschädigt, ebenso mehrere Fracht- und Fischdampfer. Zwischen Hedon und Salt Enden (unterhalb Hull) wurde ein Pulvermagazin zerstört, in der Nähe von Hull eine Eisengießerei schwer beschädigt. In der Kingstreet zu Hull wurde ein Häuserblock gänzlich zerstört. Die Bahn- und Hafenanlagen hatten derart gelitten, daß große Schwierigkeiten in den Betrieben entstanden. Oberhalb Goole wurde ein Hochofen schwer beschädigt. Ferner wurden auf dem Humber der kleine Kreuzer „Caroline" und die Zerstörer „Eden" und „Nith" versenkt. Der kleine Kreuzer „Caroline" ging in 6 Minuten unter. 31 Mann der Besatzung wurden getötet, 58 verwundet und 47 ertranken.

Die moralische Wirkung des Angriffs scheint sehr stark gewesen zu sein. Bestätigt wurde dies indirekt durch die englische Presse, die über die bisher wirkungslosen Abwehrmaßnahmen klagte und die die Forderungen des englischen Binnenlandes nach Luftabwehrgeschützen und Flugzeugen lebhaft unterstützte.

Leider kehrte das Marineluftschiff „L 19" nicht zurück.

Die angestellten Nachforschungen blieben ergebnislos. Das Luftschiff wurde nach einer Reutermeldung am 2. Februar von dem in Grimsby beheimateten englischen Fischdampfer „King Stephen" in der Nordsee treibend angetroffen, Gondeln und Luftschiffkörper teilweise unter Wasser; die Besatzung befand sich auf dem über Wasser befindlichen Teile des Luftschiffes. Die Bitte um Rettung wurde von dem englischen Fischdampfer abgeschlagen unter dem Vorgeben, daß seine Besatzung schwächer sei als die des Luftschiffes. Der Fischdampfer kehrte vielmehr nach Grimsby zurück. Die amtliche deutsche Berichterstattung entsprach der englischen Darstellung: Der in Grimsby eingetroffene Fischdampfer „King Stephen" berichtete, daß er den Zeppelin „L 19" in der Nordsee bemerkte. Seine Gondel und ein Teil der Hülle waren unter Wasser. Die Besatzung, die 17 bis

20 Köpfe stark war, war auf der Spitze der Hülle versammelt und bat um Aufnahme. Da die Besatzung des „Zeppelins" der Besatzung des Fischdampfers an Zahl überlegen war, lehnte der Kapitän des Fischdampfers ab, der Bitte zu willfahren. Er kehrte sogleich nach Grimsby zurück, um die Angelegenheit den Seebehörden mitzuteilen.

Die unmenschliche Handlungsweise des Kapitäns des „King Stephen" wurde in der englischen Presse, ja selbst von den Kanzeln Londoner Kirchen herab hochgepriesen. Die Tragik des Schicksals der todesmutigen Besatzung erhellte aus einer Flaschenpost, die ein dänischer Fischer Anfang August im Skagerrak fand und die den letzten Bericht des Kommandanten, Kapitänleutnants Löwe, des „L 19" enthielt.

Der Bericht, der an Korvettenkapitän Strasser gerichtet ist, lautet: Mit 15 Mann auf der Plattform von „L 19", unter 3 Grad östlicher Länge schwimmt die Hülle ohne Gondel. Ich versuche, einen letzten Bericht zu erstatten. Dreimal Motorhavarie, leichter Gegenwind auf dem Rückwege verzögerte die Reise und führte mich im Nebel nach Holland, wo wir aus Gewehren beschossen wurden. Drei Motore versagten gleichzeitig und machten unsere Stellung schwieriger. Nachmittags ungefähr um eins ist unsere letzte Stunde angebrochen. Löwe.

Die Flasche, eine gewöhnliche Bierflasche, enthält ferner einige Postquittungen und außerdem 15 letzte Kartengrüße der Besatzung an ihre Angehörigen. Löwe schreibt an seine Gattin: Die letzte Stunde auf der Plattform mit meinen Leuten! Lange denke ich an Dich. Vergib mir alles! Erziehe unser Kind! — Obermaschinist Flade schreibt: Meine innig geliebte Martha und Kinder! Jetzt ist also der Augenblick gekommen, wo ich mein Leben lassen muß. Auf hoher See auf dem Wrackstück unseres Luftschiffes sende ich Dir die letzten Grüße. Es muß aber so sein. Grüße auch die Eltern und Geschwister. Die letzten herzlichen Grüße und Küsse von Deinem treuen Mann! — In einem anderen Schreiben heißt es: 11 Uhr vormittags am 2. 2. 1916. Wir leben noch alle, haben aber nichts zu essen. Früh war hier ein Fischdampfer, ein englischer, er wollte uns jedoch nicht retten. Er hieß „King Stephen" und war aus Grimsby. Der Mut sinkt, der Sturm nimmt zu. Euer an Euch noch immer denkender

Hans. Um 11½ Uhr hatten wir ein gemeinsames Gebet, dann nahmen wir voneinander Abschied. . . . —

Am Nachmittage des 9. Februar belegten einige unserer Marineflugzeuge die Hafen- und Fabrikanlagen sowie die Kasernen von Ramsgate (südlich der Themsemündung) ausgiebig mit Bomben. Am 20. Februar mittags griffen Marineflugzeuge die englische Küste an. Es wurden Fabrikanlagen in Deal, Bahn- und Hafenanlagen sowie ein Gasometer in Lowestoft ausgiebig und mit gutem Erfolge mit Bomben belegt. Hauptbahnhof und Hafenanlagen in Lowestoft wurden mehrfach getroffen, der Gasometer brach unter der Wirkung einer Bombe zusammen. Ferner wurden in den Downs zwei Tankdampfer beworfen.

In der Nacht vom 5. zum 6. März waren deutsche Marineluftschiffe über Hull, dessen Dockanlagen unsere Zeppelinbomben zu kosten bekamen, am 19. suchten Marineflugzeuge wieder Dover, Deal und Ramsgate heim.

Eine Reihe von Luftangriffen brachten die ersten Tage des April. In der ersten Aprilnacht waren deutsche „Zeppeline" über London und dem Platze der englischen Südostküste. Dabei wurde „L 15" angeschossen und fiel in die Themsemündung. In der folgenden Nacht wurden namentlich die Hochöfen, Eisenwerke und Industrieanlagen am Südufer des Teeflusses sowie die Hafenanlagen bei Middlesborough und Sunderland beschossen. Als eine außerordentliche Leistung war der in der dritten Aprilnacht erfolgende Vorstoß eines deutschen Marineluftschiffes auf den nördlichen Teil der englischen Ostküste anzusprechen, der sich bis nach Edinburgh erstreckte und Leith, Newcastle und die Anlagen am Tynefluß heimsuchte. Am 4. April wurden die Befestigungsanlagen bei Great Yarmouth unter Feuer genommen, in der Nacht vom 5. zum 6. April wieder die westlichen Grafschaften, in erster Linie der Mittelpunkt der englischen Tuchindustrie, die Stadt Leeds, mit Bomben belegt.

Am 24. April folgte ein Angriff eines Marineluftschiffes auf die Industrieanlagen in Cambridge und Norwich und auf Vorpostenschiffe an der Küste. Tags darauf griff eine Marinefeldfliegerabteilung die Befestigungen und Hafenanlagen in Dünkirchen an. Ein besonders erfolgreicher Vorstoß wurde in der Nacht zum 3. Mai auf den mittleren und nördlichen Teil der englischen Ostküste unternommen. Bei Middlesborough, bei Stockton und Sunderland und in Hartlepool wurden Industrieanlagen und Küstenbatterien bombardiert, am Eingang des Firth of Forth wurden englische Kriegsschiffe mit sichtbarem Erfolge mit Bomben belegt. Leider wurde auf der Rückreise das Marineluftschiff „L 20" nach Norden abgetrieben und ging bei Stavanger verloren. Die Besatzung wurde von norwegischen Schiffen gerettet. Am 7. Mai wurde bekannt, daß „L 7" von einem Aufklärungsfluge nicht zurückgekehrt sei. Nach amtlicher Veröffentlichung der englischen Admiralität war es am 4. Mai in der Nordsee durch englische Seestreitkräfte vernichtet worden.

In der Nacht vom 19. zum 20. Juni belegte ein Marineflugzeuggeschwader von der flandrischen Küste aus die Hafen- und Befestigungsanlagen in Dover, Deal, Ramsgate, Broadstairs und Morgate ausgiebig und erfolgreich mit Bomben.

Zwei deutsche Marineflugzeuge belegten nachts vom 9. zum 10. Juli die Hafenanlagen und Küstenwerke von Harwich und Dover und in der Nacht vom 10. zum 11. Juli Calais und Truppenlager bei Bray-Dunes mit Bomben. In der Nacht vom 2. zum 3. August griff wiederum eine größere Zahl unserer Marineluftschiffe die südöstlichen Grafschaften Englands an und erzielte besonders in London, dem Flottenstützpunkte Harwich und militärisch wichtigen Industrieanlagen in der Grafschaft Norfolk mit einer großen Zahl Spreng- und Brandbomben gute Erfolge.

In der Nacht vom 8. zum 9. August griffen mehrere unserer Marineluftschiffgeschwader England erneut an und belegten Marinestützpunkte der Ostküste und Industrieanlagen von militärischer Bedeutung in den Küstengrafschaften von Northumberland herunter bis nach Norfolk ausgiebig mit Sprengbomben schwersten Kalibers und mit Brandbomben. Der Erfolg war an allen Stellen hervorragend und konnte bei der verhältnismäßig hellen Nacht deutlich beobachtet werden. So wurden in Eisen- und Benzolfabriken bei Middlesborough sehr starke Explosionen und große Brände, in den Hafenanlagen von Hull und Hartlepool und den Werftanlagen am Tyne sehr gute Spreng- und Brandwirkung festgestellt. Auch in den Industrieanlagen bei Whitby und den Bahnanlagen bei Kings Lynn wurde starke Wirkung erzielt. Sämtliche Luftschiffe sind trotz der heftigen Gegenwirkung durch Scheinwerfer, Abwehrbatterien und Seestreitkräfte unbeschädigt zurückgekehrt.

Da die englische Regierung in ihrer Hilflosigkeit zu dem Mittel griff, einzelne Angriffe überhaupt glatt abzustreiten, stellte die deutsche Admiralität die Wirkung unserer Zeppelinbesuche vom 28. zum 29. Juli, 31. Juli und vom 2. zum 3. August wie folgt zusammen. Es wurde dabei ausgesprochen, daß der Angriff vom 1. August der schwerste war, den London bisher durchgemacht hatte.

In Lincoln wurden zwei Fabriken schwer beschädigt, eine im Bau befindliche Halle, in der ein Remontedepot untergebracht war, wurde völlig zerstört; der größte Teil der Pferde kam in den Flammen um. Die Bahnlinie nach Chesterfield ist an mehreren Stellen unterbrochen worden. Bei Reepham, 20 Kilometer südwestlich Cromer, wurden Eisenbahngebäude und Anlagen schwer beschädigt.

An der Humbermündung wurde ein Leuchtturm zerstört, verschiedene Brände wurden beobachtet. Ein kleiner Kreuzer mit 3 Schornsteinen und 1 Mast wurde durch eine Bombe getroffen und schwer beschädigt. Unterhalb Grimsby sind 2 Schuppen, die Munition enthielten, völlig zerstört worden.

Zwischen Grimsby und Cleethorpes wurden Hafenanlagen und Gebäude und vor allem in der Nähe von Cleethorpes ankernde Fahrzeuge sehr schwer beschädigt. In Immingham und Grimsby und bei Spurn Head wurde schwerer Schaden angerichtet.

Die in Hull angerichteten Beschädigungen gehen in die Millionen, mehrere Waffen- und Munitionsfabriken sowie sonstige Anlagen von militärischer Bedeutung wurden zerstört, besonders bei South-Bridge-Road, King Street, Mason Street und Princeß Dock. Eine Eisenbahnstation und die Newjoint Dockanlagen wurden schwer beschädigt. Unter der Bevölkerung brach eine Panik aus, als erkannt wurde, daß die Abwehrbatterien gegen die Luftschiffe vollkommen ohnmächtig waren. Der Hafen von Immingham ist wegen der bedeutenden Schäden, die in den Docks und Kohlenlagern angerichtet sind, gesperrt worden.

Die Bahnlinie der Great Central Railway zwischen Norwich und Yarmouth wurde an verschiedenen Stellen durch Bomben getroffen und beschädigt. Nordwestlich von Norwich wurden auf der Bahnlinie Norwich—North Walsham und in einer Eisenbahnhalle beträchtliche Zerstörungen angerichtet. In der Nähe von Watton, 30 km westlich von Norwich, wurden eine Reihe von Schuppen durch Bomben zerstört. Südlich Cambridge wurde eine große Fabrikanlage in Brand gesetzt. Eine Scheinwerferbatterie bei Great Yarmouth wurde zerstört, desgleichen eine Abwehrbatterie vernichtet. In Harwich brannte eine im Bau befindliche Luftschiffhalle nieder.

In Dover wurden die Wellington-Docks getroffen und Brandbomben auf eine Luftschiffhalle im Nordosten Dovers geworfen. Eine halbe Stunde lang wurde dort ein Brand beobachtet. Woolwich und Umgebung sind schwer beschädigt. Verschiedene Munitionsfabriken wurden getroffen.

In einer östlichen Vorstadt Londons wurde eine zur Hülsenfabrikation benutzte Spinnerei vollständig vernichtet. Über 1000 Männer und Frauen sind hierdurch beschäftigungslos geworden. Mehrere große Themsebrücken, darunter die Laufbrücke der Tower-Bridge, wurden beschädigt. In den Docks sind mehrere Magazine und Anlegebrücken vollständig zerstört. Dort ankernde Schiffe wurden zum Teile schwer beschädigt. In einem der Docks sind zahlreiche Schiffe, darunter ein großer englischer Frachtdampfer, die Lebensmittel für die Truppen nach Frankreich bringen sollten, verbrannt. Durch Ballon-Abwehrgeschütze sind viele Personen teilweise schwer verletzt worden. Auf der Themse ist ein Torpedoboot durch eine Bombe getroffen und versenkt worden. Bomben fielen ferner an der Themse zwischen Northend und Erith, bei Lillwall Docks und Deptford. In Oxted bei London sind zwei Munitionsfabriken vernichtet worden. Die Umgebung der Fabriken stand noch am nächsten Tage in Flammen.

Über die beim Luftangriffe vom 8. zum 9. August auf die englische Ostküste erzielten Erfolge wurde trotz möglichster Geheimhaltung durch die englischen Behörden folgendes festgestellt:

In Hull am Humber wurden in der Dockstation der North Eastern Eisenbahngesellschaft sowie in Holzlagern in der Nähe davon große Brände verursacht. Kohlenübernahmeschütten am Humber und Kaianlagen wurden schwer beschädigt, eine Munitionsfabrik in Brand gesetzt, ein voller Getreidespeicher von 200 m Länge brannte gänzlich ab. Die Monumentalbrücke ist völlig zerstört, das große Zollhaus und verschiedene Häuser in seiner Nähe sind bis auf den Grund abgebrannt. Großer Schaden wurde in den Alexandra-Docks angerichtet, ein ganzes Dock soll unbrauchbar gemacht sein. Ferner wurden zwei bei Hawthorn, Leßlie & Co. (Hebburn) auf Stapel liegende Torpedoboote vernichtet. Bei Gates Head flog ebenfalls eine Munitionsfabrik in die Luft. Ein Ladung nehmender russischer Dampfer wurde total vernichtet. In Middlesborough, West-Hartlepool und Whitby sind große Brände, besonders von Fabriken, und Einstürze von Lagerhäusern am Pier festgestellt worden. Allgemein herrschte in England große Trauer und Bestürzung über diese neuen großen Erfolge unserer Luftschiffe. Die Erregung unter der Bevölkerung war groß. Der Regierung wurden schwere Vorwürfe gemacht. Mit Schrecken sah man neuen Angriffen entgegen. Die Vorschriften über Abblenden sowie sonstige Abwehrmaßregeln wurden dauernd nach Möglichkeit verschärft. —

Die Verdunkelung der Hauptstadt machte sich auf das unangenehmste bemerkbar und verstärkte, wie von englischen Ärzten festgestellt wurde, die natürliche, auf den Nebel zurückzuführende Anlage der Londoner zum Spleen noch um ein Bedeutendes. Als Heilmittel wurde ein Aufenthalt in den noch nicht verdunkelten westlichen Provinzstädten vorgeschlagen — bald sollte sich indes herausstellen, daß auch diese Kur nicht mehr durchzusetzen war. „Daily Chronicle" schrieb damals in einem Leitartikel: „Wenn die Dunkelheit in den Londoner Straßen andauert, werden wir mehr Menschenleben durch Straßenunfälle verlieren, als durch Luftangriffe." —

XX.

Ende Juli wurde eine besonders kühne Tat eines unserer U-Boote gemeldet. Am 20. Juli hatte das Unterseeboot sich bis nach Scapa Flow, dem Verstecke der englischen Flotte bei den Orkneyinseln vorgewagt, ein englisches Großkampflinienschiff mit Torpedos angegriffen und zwei Treffer erzielt. Am 27. Juli fand 15 Seemeilen südöstlich von Arendal ein Gefecht zwischen einem deutschen Hilfs= kreuzer und dem bewaffneten englischen Dampfer „Erkum" statt. Der Dampfer wurde überwältigt und aufgebracht.

Am 13. August meldete der englische Dampfer „Grenadier" aus Newcastle, daß 8 Meilen westlich des Leuchtschiffes Maas ein ihn begleitender englischer Zerstörer auf eine Mine gestoßen und gesunken sei. Die Mannschaft habe sich in 3 Boote gerettet, die später von anderen englischen Zerstörern aufgenommen worden seien. Tags darauf versenkte ein U=Boot im Kanal den englischen Zerstörer „Lassoo". Am 19. August machten unsere U=Boote reiche Ernte. In den Gewässern der englischen Ostküste wurde ein feindlicher kleiner Kreuzer und ein Zerstörer vernichtet, ein weiterer kleiner Kreuzer und ein Linienschiff durch Torpedotreffer schwer beschädigt. Die britische Admiralität verbreitete darüber folgenden Bericht: Am 19. August entwickelte der Feind in der Nordsee beträchtliche Tätigkeit. Die deutsche Hochseeflotte kam heraus, kehrte aber, als sie erfuhr, daß die Stärke der britischen Streitkräfte ansehnlich war, ein Gefecht vermeidend, in den Hafen zurück. Auf der Suche nach dem Feinde verloren wir zwei leichte Kreuzer durch einen U=Boot=Angriff, und zwar die „Nottingham" und die „Falmouth". Alle Offiziere von „Nottingham" wurden gerettet, 38 Mann der Besatzung werden ver= mißt. Alle Offiziere und Mannschaften von „Falmouth" mit Aus= nahme eines Heizers, der an Verwundungen starb, wurden gerettet. Ein feindliches U=Boot wurde zerstört, ein anderes wurde gerammt und ist möglicherweise gesunken. Die deutsche Behauptung, daß ein britischer Zerstörer und ein britisches Schlachtschiff beschädigt wurden, ist unwahr." — Demgegenüber stellte der deutsche Admiralstab noch einmal folgendes fest:

„Das Unterseeboot traf am 19. August in der Abenddämmerung einen aus Schlachtschiffen und Panzerkreuzern bestehenden Teil der englischen Flotte, der von einer größeren Zahl von kleinen Kreuzern und Zerstörern umgeben war. Es gelang, auf die Schlachtschiffe zu Schuß zu kommen. Das U=Boot fuhr hierbei halb überflutet. Auf dem Turme standen 3 Offiziere. Nach dem Auftreffen eines Torpedos erhob sich am hinteren Schornsteine des letzten Linienschiffes eine etwa 20 Meter breite und 40 Meter hohe Feuersäule, in der der hintere Schornstein weißglühend erkennbar war, und die etwa 1 Minute stehen blieb. Gleichzeitig erfolgte ein heftiger Ausbruch von Kesseldampf. Nach Verschwinden der Feuererscheinung war nur noch der Rumpf des Schiffes ohne Schornstein und Masten zu sehen, während von den Nachbarschiffen noch die volle Silhouette erkennbar war. Der Kommandant hatte den Eindruck, daß der Torpedotreffer — abgesehen von einer schweren Verletzung der Kesselanlagen — einen großen Ölbrand verursacht hatte. Vorstehendes ist übereinstimmend von den Offizieren des Unterseebootes beobachtet worden. Danach ist das englische Schlachtschiff durch den Angriff des U=Bootes zum mindesten schwer beschädigt worden."

Hierzu wurden noch folgende Einzelheiten bekanntgegeben:

Am 19. August gegen 5 Uhr nachmittags sichtete eins unserer U=Boote fünf kleine englische Kreuzer mit südöstlichem Kurse, die von zwei Zerstörerflottillen begleitet waren. Hinter diesen standen sechs Schlachtkreuzer mit starker Zerstörersicherung. Dem U=Boote gelang es, auf einen der sichernden Zerstörer, der vier Schornsteine hatte und anscheinend dem Typ „Mohawc" angehörte, zu Schuß zu kommen. Kurz nach dem Treffer sank der Zerstörer, mit dem Heck hoch aus dem Wasser stehend. Als gleich darauf der gesamte englische Verband kehrt machte, griff das U=Boot einen der nunmehr hinten stehenden, 20 Seemeilen laufenden kleinen Kreuzer vom Type der „Chatham"=Klasse an. Es wurden zwei Treffer, der eine in der Back, der andere im Maschinenraum beobachtet. Das Schiff bekam sofort starke Schlagseite und blieb liegen. Wegen der starken feindlichen Sicherung gelang es dem U=Boot erst 2½ Stunden später, seinen Angriff auf den Kreuzer, der inzwischen ins Schlepp genommen worden war, zu wiederholen. Kurz vor dem Schusse des U=Bootes wurde beobachtet, wie ein 300 Meter querab stehender Zerstörer mit äußerster Kraft auf das U=Boot zulief und es zu rammen versuchte. Dieses ging augenblicklich auf größere Wassertiefe und vernahm gleich darauf eine starke Detonation über sich. Die feindlichen Zerstörer verfolgten das Boot bis zur Dunkelheit. Das Boot ist inzwischen wohlbehalten zurückgekehrt. Der schwerbeschädigte kleine

Kreuzer ist später von einem anderen unserer U-Boote vernichtet worden.

Bei diesem Zusammenstoße wollte das englische Tauchboot „E 23" einen erfolgreichen Angriff auf ein deutsches Schlachtschiff der „Nassau"-Klasse gemacht haben. Diese Meldung wurde deutscherseits insofern als zutreffend bezeichnet, als S. M. S. „Westfalen" von dem Unterseeboote bei seinem ersten Angriffe getroffen, aber so leicht beschädigt wurde, daß das Schiff gefechts- und manövrierfähig geblieben ist. „Westfalen" wird in kürzester Zeit wieder voll verwendungsbereit sein.

Am 24. August versenkte ein deutsches U-Boot in der nördlichen Nordsee den englischen Hilfskreuzer „Duke of Albany". Am 26. August konnte der Admiralstab mitteilen, daß alle an der Unternehmung vom 19. August beteiligten U-Boote in den Heimathafen zurückgekehrt seien.

XXI.

In der Ostsee stellte sich der Gegner den deutschen Streitkräften auch im Jahre 1916 nicht, und monatelang hörte man nichts von irgendwelchen Aktionen seiner U-Boote. Deutsche Marineflugzeuge unternahmen am 8. April einen Luftangriff auf die russische Flugstation Papensholm auf der Insel Oesel, wobei zwei feindliche Flugzeuge zur Landung gezwungen wurden. Der Angriff wurde mit ähnlichem Erfolg am 22. April wiederholt. Am 25. April wurde das russische Linienschiff „Slawa" im Rigaischen Meerbusen mit Bomben beworfen, der Luftangriff wiederholte sich am 3. Mai im Moonsunde, wobei „Slawa" und ein russisches Unterseeboot erfolgreich bombardiert wurden. Am 21. Mai wurde wieder Papensholm auf Oesel das Ziel eines Angriffes unserer Flugzeuggeschwader.

Am 19. Juni griff eins unserer Marineflugzeuge im Rigaischen Meerbusen bei Arensburg zwei russische Zerstörer mit Bomben an und erzielte auf einem derselben einen Volltreffer.

Am 2. Juli wurde ein Geleitzug von neun deutschen Handelsdampfern auf der Fahrt nach Swinemünde südlich der Insel Oeland durch ein feindliches U-Boot ohne vorherige Warnung unter Wasser angegriffen. Die Torpedolaufbahn wurde deutlich gesichtet, auch zwei starke Wasserstrudel, die durch das Ausstoßen des Torpedos verursacht waren. Der Torpedoschuß ging glücklicherweise zwischen den Handelsdampfern hindurch. Die armierten Begleitfahrzeuge, die die Dampfer begleiteten, drehten sofort auf den vermuteten Ort des U=Bootes zu und verjagten es. Der Geleitzug lief unversehrt in Swinemünde ein.

Hiermit war festgestellt, daß friedliche deutsche Handelsdampfer von einem feindlichen U=Boot **ohne vorherige Warnung** unter Wasser angegriffen worden waren.

Ein gleicher Fall ereignete sich wenige Tage später im Bottnischen Meerbusen südlich von Umea, wo der deutsche Dampfer „Dorita" versenkt wurde. Die in Saßnitz eingetroffenen Besatzungsmannschaften berichteten, daß in der genannten Nacht 2 Uhr bei Skag Udde in ungefähr 2 bis 3 Seemeilen Entfernung vom Land ein U=Boot in etwa 2 Seemeilen Abstand achteraus in Sicht kam und ohne Warnung Feuer auf den Dampfer eröffnete. Der an Deck kommende Kapitän ließ stoppen, worauf das U=Boot näher kam und durch Winke zu verstehen gab, daß die Mannschaft des Dampfers in die Boote gehen sollte. Der Kapitän erhielt den Befehl, die neuesten Seekarten und nautischen Instrumente mitzunehmen und wurde mit ihnen an Bord des U=Bootes zurückgehalten, während die Mannschaft des Dampfers an Land fahren durfte. Das U=Boot war offenbar russischer Nationalität. Es hat im ganzen ca. 50 Schuß auf den Dampfer abgegeben, von denen 4 bis 5 Treffer waren.

Am 17. Juli griffen drei russische Flugzeuge einen Teil unserer leichten Seestreitkräfte am Eingange zum Rigaischen Meerbusen an und warfen ohne Erfolg Bomben ab. Durch unser Abwehrfeuer wurde ein Flugzeug abgeschossen, die beiden anderen wurden vertrieben. Tags darauf griffen deutsche Seeflugzeuge die im Kriegshafen von Reval liegenden feindlichen Kreuzer, Torpedoboote, U=Boote und dortige militärische Anlagen mit Bomben an. Zahlreiche einwandfreie Treffer wurden auf den feindlichen Streitkräften erzielt, so auf einem U=Boot allein 4. In den Werftanlagen wurden große Brandwirkungen hervorgerufen. Trotz starker Beschießung von Land aus und trotz versuchter Gegenwirkung durch feindliche Flug=

zeuge kehrten unsere Seeflugzeuge sämtlich unversehrt zu den sie vor dem Finnischen Meerbusen erwartenden Seestreitkräften zurück. Obwohl letztere infolge großer Sichtigkeit sehr frühzeitig von Land beobachtet und durch feindliche Flugzeugaufklärung festgestellt waren, zeigten sich keine feindlichen Seestreitkräfte.

Eins unserer Seeflugzeuggeschwader griff am 25. Juli die russische Flugstation Zerel auf Oesel an und belegte sie mit Bomben, die Flugzeughallen und zum Aufluge bereitstehende russische Flugzeuge wurden getroffen. Trotz Beschießung durch feindliche Torpedoboote und Kampfflugzeuge konnte der Angriff planmäßig durchgeführt werden.

Am selben Tag unternahmen deutsche Marineluftschiffe einen Angriff auf den Hauptstützpunkt der russischen und englischen U-Boote in Mariehamn und bewarfen die dortigen Hafenanlagen mit 700 Kilogramm Sprengbomben.

Anfang August wurden hintereinander vier Flugzeugangriffe auf die feindlichen Flugstationen Arensburg und Papensholm ausgeführt. Die Flugzeughalle Arensburg wurde schwer beschädigt, die Decke ist eingestürzt. Auch die Insel Runö wurde mit Bomben belegt, ein Gegenangriff auf Angernsee verursachte nur geringen Sachschaden.

XXII.

Am Neujahrstage 1916 traf die Meldung ein, daß im Mittelmeere südlich von Kreta der Postdampfer „Persia" der Peninsular and Oriental-Linie am 30. Dezember versenkt worden sei. Die Mehrzahl der Passagiere und der Besatzung, etwa 355 Personen, sei umgekommen. Vier Boote vermochten das Schiff zu verlassen. Der letzte Hafen, welchen die „Persia" angelaufen hatte, war Malta, wo sie am 28. Dezember ankam.

Sowohl die deutsche als auch die österreichisch-ungarische Regierung erklärten, daß keins ihrer Unterseeboote beteiligt sei. Die Erregung in den Vereinigten Staaten, die noch dadurch erhöht wurde, daß Staatssekretär Lansing die Meldung, der Dampfer sei mit Geschützen bewaffnet gewesen, der amerikanischen Presse vorenthielt, legte sich daher sehr schnell wieder, zumal da auch niemand von den

Geretteten ein U-Boot gesehen hat. Es ist daher anzunehmen, daß der Dampfer entweder auf eine treibende Mine geraten oder infolge einer Kesselexplosion untergegangen ist. Vielleicht war auch an Bord befindliche Munition für den schnellen Untergang, der innerhalb 5 Minuten erfolgte, mit Veranlassung, doch wurde englischerseits selbstverständlich behauptet, daß sich keine Munition in der Ladung befunden habe.

Am 31. Januar torpedierte und versenkte angeblich das französische, den italienischen Seestreitkräften beigegebene Unterseeboot „Foucault" im unteren Adriatischen Meer ein österreichisch-ungarisches Kundschafterschiff, Typ „Novara". Da die österreichisch-ungarische Flotte glücklicherweise in der Lage war, kein Schiff zu vermissen, muß angenommen werden, daß die „Foucault" sich geirrt und ein Schiff der Alliierten versenkt hat.

Mitte Januar erfolgte die Besetzung Korfus durch die Truppen der Entente. Den Protest der Mittelmächte beantwortete die feindliche Presse mit der Behauptung, die Mittelmächte hätten diese Maßnahme notwendig gemacht, weil sie die 1864 verbürgte Neutralität Griechenlands dadurch schändeten, daß sie Korfu als Vorratsbasis für ihre Unterseeboote verwendeten. Demgegenüber wurde von maßgebender Seite folgendes festgestellt: Keins der Unterseeboote der Mittelmächte hat je Korfu und die umliegenden griechischen Gewässer als Vorratsbasis benützt. Bekanntlich liegt Korfu nur 170 Seemeilen von dem nächsten österreichisch-ungarischen Kriegshafen. Es wäre betrübend, wenn unsere Hochsee-Unterseeboote mit ihrem Aktionsradius dort eine Vorratsstation benötigen würden. Es sei übrigens bezeichnend, daß dieselben Blätter, welche den über ein Jahr langen Aufenthalt der Ententeflotte, speziell der französischen Flotte, in den Territorialgewässern von Korfu nicht als Schändung der im Jahre 1864 verbürgten Neutralität empfunden haben, immer wieder das alberne Märchen von Vorratsstationen von Unterseebooten auftischen und selbst daran zu glauben sich den Schein geben.

Am 17. Januar hielt ein deutsches Unterseeboot 150 Seemeilen östlich von Malta einen Dampfer an, der die holländische Flagge führte und am Bug den Namen „Melanie" trug. Der Dampfer stoppte und schickte ein Boot. Als sich darauf das Unterseeboot zur

Prüfung der Schiffspapiere dem Dampfer näherte, eröffnete dieser unter holländischer Flagge aus mehreren Geschützen und Maschinengewehren ein lebhaftes Feuer und versuchte, das Unterseeboot zu rammen. Diesem gelang es nur durch schnelles Tauchen, sich dem völkerrechtswidrigen Angriffe zu entziehen.

Dasselbe Unterseeboot vernichtete tags darauf den englischen armierten Transportdampfer „Marere" im Mittelmeer und am 23. Januar einen englischen Truppentransportdampfer im Golfe von Saloniki.

Am 8. Februar wurde der französische Panzerkreuzer „Admiral Charner" an der syrischen Küste durch ein deutsches Unterseeboot versenkt.

Anfangs glaubte das siegreiche deutsche U=Boot das dreimal größere Linienschiff „Suffren" erlegt zu haben, was bei den hohen Aufbauten des Panzerkreuzers und dem kleinen Bild im Sehrohr begreiflich war; aber auch so war der Erfolg ein höchst erfreulicher.

Ein weiteres Unglück betraf die französische Flotte am 26. Februar. Der Hilfskreuzer „Provence II.", der angewiesen war, Truppen nach Saloniki zu bringen, sank. Weder, ehe das Schiff sank, noch während des Unterganges wurde ein Periskop gesehen. Auch von einem Torpedo wurde keine Spur wahrgenommen, noch auch im Augenblicke der Explosion eine Wassersäule bemerkt. Die Bedienungsmannschaft der Geschütze blieb bis zum letzten Augenblick auf ihrem Posten. Es befanden sich mit der Besatzung ungefähr 1800 Mann an Bord, von denen nur 700 gerettet wurden. Das Wetter war klar, es herrschte nur leichter Nebel. Das Schiff wurde hinten getroffen und sank in 14 Minuten.

Am 18. März wurde der französische Torpedobootszerstörer „Renaudin" vor Durazzo von einem k. u. k. U=Boot versenkt. Am gleichen Tage wurde unweit Sebenico das österreichische Spitalschiff „Elektra" von einem feindlichen Unterseeboote bei guter Sicht und hellem Sonnenschein ohne jede Warnung zweimal anlanciert, einmal getroffen und schwer beschädigt. Ein Matrose ertrank, zwei Krankenschwestern des Roten Kreuzes wurden schwer verwundet. Eine schroffere Verletzung des Völkerrechts kann man sich zur See kaum denken.

Am 28. April gab die englische Admiralität den Verlust des Linienschiffs „Russell" bekannt, das im Mittelmeer auf eine Mine gelaufen und gesunken ist. „Russell" war ein Schiff von 14 220 Tonnen Wasserverdrängung und im Jahre 1901 vom Stapel gelaufen; es tat zuletzt Dienst als Flaggschiff des Kontreadmirals Fremantle. Der Admiral, 22 Offiziere und 653 Mann der Besatzung wurden gerettet, 124 Mann wurden vermißt.

Am 3. Mai fand ein ergebnisloses Feuergefecht zwischen österreichisch-ungarischen und italienischen Torpedobooten südöstlich der Pomündung statt, am folgenden Tage griff ein k. u. k. Flugzeuggeschwader die militärischen Anlagen von Valona und Brindisi an. Auf der Rückfahrt wurde die Besatzung des italienischen Kreuzers „Marco Polo" wirkungsvoll mit Maschinengewehren beschossen. In der Nacht zum 14. Mai versenkte türkisches Artilleriefeuer den englischen Monitor „M 30" bei der Insel Keuslen. Mitte des Monats liefen ein englisches und ein französisches Torpedoboot an der afrikanischen Küste auf Minen und gingen verloren. Einen schönen Erfolg erzielte am 23. Mai ein k. u. k. U-Boot vor der Insel Elba: es beschoß mit bester Wirkung die Hochöfen von Portoferrajo und versenkte den italienischen Dampfer „Washington". Gleichzeitig griffen deutsche Seeflugzeuge im Ägäischen Meere zwischen Dedeagatsch und Samothraki einen feindlichen Verband von vier Schiffen an und erzielten auf einem Flugzeugmutterschiffe Volltreffer. Die Flugzeugangriffe der besonders schneidigen österreichisch-ungarischen Flieger auf die italienische Küste wiederholten sich mit größter Regelmäßigkeit. Im Juni erzielten die k. u. k. U-Boote wieder gute Erfolge.

Am 23. Juni versenkte ein Unterseeboot in der Otrantostraße einen von einem Zerstörer, Typ „Fourche", begleiteten Hilfskreuzer, Typ „Principe Umberto". Der Zerstörer verfolgte das U-Boot mit Bombenwürfen, kehrte zur Sinkstelle zurück und wurde dann dort vom U-Boot ebenfalls versenkt.

Am 10. Juli vernichtete ein Unterseeboot in der Otrantostraße einen italienischen Torpedobootszerstörer des Typs „Indomito".

Anfang August fiel das italienische Unterseeboot „Giacinto Pullino" in der nördlichen Adria in die Hände der Österreicher und wurde fast ganz unbeschädigt nach Pola geschleppt. Die gesamte Bemannung, bestehend aus 3 Offizieren und 18 Mann, wurde unverwundet gefangengenommen.

Eine Gruppe der k. u. k. Torpedofahrzeuge beschoß am 2. August militärische Objekte in Molfetta; ein Flugzeughangar wurde demoliert, eine Fabrik in Brand geschossen, eine andere beschädigt; bei der Rückkehr hatten diese Torpedofahrzeuge und der zu ihnen gestoßene Kreuzer „Aspern" ein kurzes Feuergefecht mit einer aus einem Kreuzer und sechs Zerstörern bestehenden feindlichen Abteilung. Nachdem Treffer erzielt worden waren, wendeten die feindlichen Einheiten nach Süden ab und verschwanden. In den Morgenstunden desselben Tages wurden fünf feindliche Landflugzeuge, welche über Durz (Durazzo) Bomben abgeworfen hatten, ohne irgendeinen Schaden anzurichten, von den dort sofort aufgestiegenen Seeflugzeugen verfolgt. Eins der feindlichen Flugzeuge wurde einige Seemeilen südlich Durz (Durazzo) durch eins der Seeflugzeuge zum Absturze gebracht und, nur leicht beschädigt, erbeutet.

Ein schwerer Verlust traf die italienische Marine Mitte August: Der Überdreadnought „Leonardo da Vinci" wurde durch Feuer bis zur Unbrauchbarkeit beschädigt. Der „Leonardo da Vinci", der 1200 Mann Besatzung an Bord hatte, ankerte im Mar Piccolo, umgeben von zahlreichen Kriegsfahrzeugen, darunter einem englischen Panzerschiff, als gegen ½12 Uhr nachts an Bord in den Küchenräumlichkeiten Feuer ausbrach, das sofort große Ausdehnung annahm und auf die Schiffskammern übersprang. Der Kommandant ließ sofort die Munitionskammer unter Wasser setzen und versuchte, den Panzer nahe der Küste auf Grund laufen zu lassen. Infolge einer Explosion erhielt jedoch das Schiff Schlagseite und kenterte. Ein großer Teil der Besatzung fiel ins Wasser; ungefähr 300 Mann, darunter mehrere Offiziere, ertranken. Andere konnten sich retten.

Der prächtige Geist der k. u. k. Marine kam in glänzendster Weise zum Ausdrucke bei einem Heldenstück, das am 20. September in der südlichen Adria ausgeführt wurde. Ein österreichisch-ungarisches Marineflugzeug versenkte das französische Unterseeboot „Foucault" durch Bombenabwurf und rettete dann mit Hilfe eines zweiten Flugbootes die gesamte, 29 Köpfe starke Schiffsbesatzung. Als das

französische Tauchboot zu sinken begann, ging ein zweites k. u. k. Flug=
boot neben dem ersten nieder. Obwohl beide Piloten sich der größten
Gefahr aussetzten, daß ihre überlasteten Flugboote im Schlagwasser
des hohen Seeganges kentern oder aber daß feindliche Seestreitkräfte
sie samt ihren Gefangenen abfangen würden, riefen sie den schiff=
brüchigen, mit dem Ertrinken kämpfenden Franzosen zu, zu den
Flugbooten herüberzuschwimmen und sich an deren Schwimmkörpern
festzuhalten. Der U=Boot=Kommandant wurde zum einen Beob=
achter, der zweite Schiffsoffizier zum anderen hineingenommen. Die
Beobachter versuchten inzwischen durch Raketensignale eines der
Begleitschiffe herbeizurufen, die während jeder Fliegeraktion auf See
zu kreuzen pflegen. Nach Verlauf einer halben Stunde näherte sich
denn auch ein eigenes Torpedoboot unter Volldampf und nahm die
27 Mann der Schiffsbesatzung auf. Es genügt, dem Verhalten dieser
beiden Fliegerpaare den „Baralong"=Mord gegenüberzustellen. Es
genügt, an die feige Hilfsabsage des englischen Fischdampfers „King
Stephen" zu erinnern, der eine schiffbrüchige Zeppelinbesatzung elend
ertrinken ließ, um jeden Vorurteilslosen selber entscheiden zu lassen,
auf welcher Seite Ritterlichkeit und Menschlichkeit in diesem Kriege
noch zu finden sind.

XXIII.

Die Krönung der zahllosen deutschen Heldentaten zur See war
der Sieg, den die deutsche Hochseeflotte am 31. Mai und 1. Juni
über die an Zahl weit überlegenen englischen Streitkräfte errang.
Endlich war es den Deutschen gelungen, die Engländer mit ihrer
Hochseeflotte zum Kampfe zu stellen — eine Gelegenheit, die die
Unsrigen seit mehr als anderthalb Jahren herbeisehnten und die sie
mit allen Mitteln herbeizuführen gesucht hatten. Auch in den letzten
Maitagen hatte unsere Flotte den Heimathafen in der Hoffnung ver=
lassen, die Feinde stellen zu können, aber auch diesmal, auf der nord=
wärts in Richtung des Skagerraks führenden Fahrt, deutete nichts
darauf hin, daß die Engländer, geschweige die ganze englische Flotte,
in der Nähe seien.

Plötzlich, am 31. Mai, etwa 4 Uhr 30 Minuten nachmittags, ging von den auf dem linken Flügel aufklärenden kleinen Kreuzern die Meldung ein, daß leichte feindliche Streitkräfte in Sicht seien. Wie ein Bann löste es sich von den Seelen. Es waren Minuten atemloser Spannung, als von allen Seiten des Horizonts kleine Kreuzer, Torpedobootsflottillen und schließlich die ihnen zur Unterstützung beigegebenen 5 Panzerkreuzer der 1. Aufklärungsgruppe, bestehend aus 5 Panzerkreuzern der „Derfflinger"- und „Moltke"-Klasse sowie „von der Tann", weiße Schaumkämme vor dem in höchster Fahrt gehobenen Bug, der Stelle zustürmten, an der der Feind gesichtet war. Bald blitzte wie Wetterleuchten am westlichen Horizonte das erste Mündungsfeuer der Geschütze unserer kleinen Kreuzer auf. Der ferne Donner rollender Salven kündete das nahende Gewitter.

„Klar Schiff zum Gefecht!" In wenigen Minuten waren die letzten Vorbereitungen getroffen, und nach kurzer, fliegender Hast die Besatzungen angetreten, wie in Reih' und Glied. Es schien, als ob in dieser feierlichen Stille vor dem Sturme die Geister der großen Toten, deren Namen von den stählernen Flanken der Schiffe leuchteten, sich über den Wolken zu ihren Häuptern sammelten, um zu schauen, ob sich das späte Geschlecht auch ihrer wert zeige.

Der Punkt, auf den die Streitkräfte sammelten, liegt etwa 90 Seemeilen (160 Kilometer) westlich von Hanstholm, also von der Stelle, wo die westjütische Küste von ihrer allgemeinen nordsüdlichen Richtung nach Osten einspringt und weiter nördlich in flachem Bogen verlaufend die Jammerbucht bildet.

Die Schlacht ist dann in diesem Gebiet auf einem etwa 30 Seemeilen (etwa 50 Kilometer) breiten Raume geschlagen worden. Von der englischen Küste liegt dieses Seegebiet nur wenig weiter ab als von Helgoland. Es ist notwendig, dies festzustellen gegenüber englischen Versuchen, das Schlachtfeld in leicht erkennbarer Absicht an die deutsche Bucht heranzuschieben.

Die Schlacht trug den ausgesprochener Charakter einer Begegnungsschlacht. Luftaufklärung hatte nicht stattgefunden. Die deutsche Flottenleitung war auf die Meldungen der Kreuzer und später auf eigene unmittelbare Wahrnehmungen angewiesen. Es darf angenommen werden, daß auch der englische Flottenführer die Anwesenheit deutscher Streitkräfte in seiner Nähe erst durch seine Kreuzer erfuhr.

Aus den Kampfhandlungen des 31. Mai hoben sich deutlich vier Hauptgefechtsabschnitte heraus, die sich auf den Zeitraum von 4 Uhr 30 Minuten nachmittags bis 10 Uhr 30 Minuten abends verteilten.

Die äußeren Verhältnisse, Wetter, Sichtigkeit, Windrichtung und Beleuchtung, die auf See die Waffenverwendung in noch höherem Maße beeinflussen als auf dem Lande, wechselten, abgesehen von dem Fortschreiten der Tageszeit im Verlaufe der Schlacht, nicht unerheblich. Während der erste Gefechtsabschnitt, die Kreuzerschlacht, durch Sonnenschein und klares Wetter begünstigt war, breitete sich bei von Nordwest auf Südwest links drehendem, schwachem Wind ein allmählich sich verdichtender Dunstschleier über das ganze Seegebiet, der Ausblick und Übersicht, besonders während der letzten Phasen der Schlacht, nicht unwesentlich erschwerte. Die See blieb ruhig. Nur wurde durch die nach Hunderten zählenden und stundenlang mit höchster Fahrt und wechselnden Kursen laufenden Schiffe zeitweise eine flache Dünung erzeugt, die selbst die großen Schiffe in langsame Bewegungen versetzte.

Der Feind, der mehrere Flottillen modernster großer Zerstörer bei sich führte, wich unseren kleinen Kreuzern der nachdrängenden II. Aufklärungsgruppe, zunächst in nordwestlicher Richtung, aus. 5 Uhr 20 Minuten nachmittags sichteten unsere Panzerkreuzer in West Rauchwolken. Bald darauf wurden schwere Schiffe, in zwei Kolonnen östliche Kurse steuernd, erkannt.

Sie entwickelten sich in südöstlicher Richtung zur Linie und waren dann mit Sicherheit als das I. englische Schlachtkreuzergeschwader, unter dem Befehle des Vizeadmirals Beatty, bestehend aus 4 Schiffen der „Lion"- und 2 Schiffen der „Indefatigable"-Klasse, festzustellen. Unsere 5 Panzerkreuzer wurden von Vizeadmiral Hipper mit höchster Fahrt an die feindliche Linie herangeführt und auf ungefähr gleich gerichteten Kurs gelegt. Die Gegner des 24. Januar 1915 standen zu neuem Ringen einander gegenüber.

5 Uhr 49 Minuten nachmittags wurde von uns auf etwa 13 000 Meter mit der schweren Artillerie im laufenden Gefecht das Feuer auf die feindliche Linie eröffnet, die sofort lebhaft antwortete. Die Luft erzitterte unter den sich schnell folgenden Salven aus schwerstem Kaliber. Auf deutscher Seite waren 44 30,5- und 28-Zentimeter-Geschütze, auf englischer 48 34,3- und 30,5-Zentimeter-Geschütze in voller Tätigkeit. Nach etwa 15 Minuten des Feuerkampfes, also kurz nach 6 Uhr, erfolgte auf dem Schlußschiffe der englischen Linie, dem Schlachtkreuzer „Indefatigable", durch einen schweren Artillerietreffer verursacht, eine gewaltige Explosion. Eine schwarze Qualmwolke, die wohl 100 Meter Höhe erreichte, schoß himmelwärts, hüllte das Schiff ein und als sie sich nach ¼ Stunde verzog, war der Platz leer. Dieser Ausfall brachte eine fühlbare Entlastung. Auch bei uns traten natürlich Treffer ein. Die stählernen Körper erzitterten unter der Wucht der Schläge. Unter Führung der ersten Offiziere begann im Schiffsinneren der harte Kampf gegen die Verwüstungen der schweren Geschosse und der nachdrängenden Elemente, Feuer und Wasser, die gegen Freund und Feind blind wütend, ihre vernichtenden Kräfte entfesselten. Mancher Brave sank mit zerschmetterten Gliedern in ewigen Schlaf. Für die Verwundeten gab es keinen sicheren Platz. Der Arzt stand wie jeder Kämpfer im feindlichen Feuer. Alles arbeitete mit höchster Kräfteanspannung, der Offizier, der Mann am Geschütz, der schweißüberströmte Heizer vor den Feuern. Draußen schlugen schwere Salven, masthohe breite Wassersäulen auftürmend, oft so dicht neben den Schiffen ein, daß die herabstürzenden Wassermassen auf das Deck niederdonnerten. Schwirrend sausten dichte Splitterschwärme über Deck und durch die Aufbauten. Mächtige Stichflammen zischten lohend aus den Sprengwolken der Riesengeschosse, alles, was sie trafen, zerschmelzend und verkohlend.

Etwa 6 Uhr 20 Minuten nachmittags schloß sich an das feindliche Schlachtkreuzergeschwader, bei dem sich unsere Feuerwirkung bereits bemerkbar machte, aus Nordwest als wertvolle Unterstützung eine Division von 5 Schiffen der neuesten, mit 38-Zentimeter-Geschützen bewaffneten schnellen Linienschiffe der „Queen-Elizabeth"-Klasse heran. Nachdem sie einige Salven aus ihren gewaltigen Geschützen gegen unsere kleinen Kreuzer, die noch rückwärts der Panzerkreuzer standen, auf etwa 24 000 Meter entsandt hatten, schwenkte das Feuer der nun hinzutretenden 40= bis 38=Zentimeter=Geschütze auf unsere Panzerkreuzer.

Um die jetzt beim Feind eingetretene erhebliche Überlegenheit nach Möglichkeit auszugleichen, brachen 6 Uhr 20 Minuten unsere Torpedobootsflottillen zum Torpedoangriff auf die feindliche Linie vor, aus der heraus sich ihnen etwa 15 bis 20 modernste große Zerstörer der N=Klasse entgegenwarfen. Die vorstürmenden Massen näherten sich einander bis auf 1000 Meter. Im Vorbeilaufen kam es zum Artilleriekampf, in den von unserer Seite auch der kleine Kreuzer „Regensburg" eingriff. Zwei unserer Boote wurden infolge von Artillerietreffern bewegungsunfähig. Ihre Besatzungen konnten von anderen Booten unserer Flottillen mitten im feindlichen Feuer aufgenommen werden. Ein feindlicher Zerstörer sank infolge von Artillerietreffern. Ein anderer wurde durch Torpedoschuß unserer Boote vernichtet. Zwei weitere Zerstörer, „Nestor" und „Nomad", blieben mit schweren Beschädigungen auf dem Kampfplatze zurück und wurden später durch Schiffe und Torpedoboote unseres Gros nach Rettung der Überlebenden vernichtet. Nach der Entwicklung dieses Teilkampfes ereignete sich auf dem dritten feindlichen Schlacht= kreuzer von der Spitze, der „Queen Mary", eine furchtbare Explosion. Über der dunklen, von roten Flammen durchzuckten Wolke sah man die Masten des Schiffes nach innen zusammensinken. Noch ehe der Qualm verwehte, hatte sich das Meer über dem zerschmetterten Riesenleibe geschlossen. Leichen, Wrackteile und wenige sich an ihnen festklammernde Überlebende, die in einer späteren Phase des Kampfes von unseren Torpedobooten aufgenommen wurden, bezeichneten die Stätte.

Um diese Zeit wurde unser Linienschiffsgros, bestehend aus drei Geschwadern, in südlicher Richtung, nördlichen Kurs steuernd, gesichtet. Die feindlichen, schnellen Verbände drehten darauf nach Norden ab. Unsere Panzerkreuzer setzten sich, auf nördlichen Kurs einschwenkend, vor die Spitze des Gros.

Damit war nach etwa einstündigem Kampfe der erste Gefechtsabschnitt, die Kreuzerschlacht, abgeschlossen. Er endete trotz zeitweiliger erdrückender Überlegenheit des Gegners

— 6 Schlachtkreuzer und 5 schnelle Linienschiffe gegen 5 Panzerkreuzer — mit der Vernichtung von 2 englischen Schlachtkreuzern und von 4 der modernsten Zerstörer gegenüber dem Verluste von 2 unserer Torpedoboote, deren Besatzungen von uns gerettet wurden, erheblich zu unseren Gunsten.

Unterdessen war es etwa 7 Uhr nachmittags geworden. Der Flottenchef, Vizeadmiral S ch e e r, übernahm von da ab unmittelbar auch die taktische Führung. Es begann der z w e i t e G e f e ch t s - a b s ch n i t t.

Der Gegner, der, von Norden gerechnet, in der Reihenfolge: Kleine Kreuzer mit Zerstörern, Schlachtkreuzergeschwader, „Queen-Elizabeth"-Division, mit hoher Fahrt vor der ihm scharf nachdrängenden deutschen Flotte nordwärts steuerte, versuchte im weiteren Verlaufe des Gefechts, sich in flachem Bogen vor unsere Spitze zu ziehen. Unsere Panzerkreuzer blieben dabei in einem an Heftigkeit zunehmenden Feuerkampfe, besonders mit der „Queen-Elizabeth"-Division, mit der auch die an der Spitze marschierenden Linienschiffsdivisionen unseres Gros, kurz vor 7 Uhr beginnend, ein bisweilen abreißendes Feuergefecht auf große Entfernungen führten. Die erste Aufklärungsgruppe und die etwas vorgeschobenen kleinen Kreuzer mit den Flottillen stießen etwa in die Mitte des Bogens in der allgemeinen Richtung auf das abziehende Schlachtkreuzergeschwader vor, das sich allmählich in der Ferne verlor und, soweit beobachtet, sich, wohl infolge bereits erlittener erheblicher Beschädigungen, erst später wieder am Kampfe beteiligte.

Bereits in dieser Phase der Schlacht machte sich die zunehmende Unsichtigkeit, besonders nach Norden und Nordosten hin, unangenehm fühlbar. Der Bewegung des Feindes folgend, drehten unsere Linienschiffsverbände von nordnordwestlichen Kursen allmählich auf Nord und Nordnordost.

Während die eben geschilderte Gefechtslage noch, als im inneren Zusammenhange mit dem ersten Gefechtsabschnitte stehend, gewissermaßen als dessen Folge anzusehen war, leiteten die sich nun etwa 7 Uhr 50 Minuten entwickelnden Gefechtshandlungen bereits zum d r i t t e n G e f e ch t s a b s ch n i t t e, dem K a m p f e m i t d e r vollzählig versammelten englischen Hauptstreit= macht über.

Diese Übergangsphase des zweiten Abschnittes zum dritten war infolge vielfacher ineinander greifender Einzelhandlungen und über= raschender Wendungen in ihrem Aufbau episodenhaft und einiger= maßen verwickelt.

Etwa 7 Uhr 45 Minuten nachmittags lösten sich die bis dahin in der Nähe des englischen Schlachtkreuzergeschwaders stehenden kleinen englischen Kreuzer und Zerstörer von diesem los und wendeten sich in schnellem Angriff gegen unsere Panzerkreuzer, die den auf sie abgefeuerten Torpedos durch Abwenden auswichen. Während sich unsere kleinen Kreuzer mit den bei ihnen stehenden Flottillen diesem Angriff entgegenwarfen, erhielten sie überraschend Feuer aus schwerem Geschütz aus nordöstlicher Richtung. Aus der den nördlichen und nordöstlichen Horizont überlagernden schmutzigen Dunstschicht traten schattenhaft einzelne Schiffsrümpfe feindlicher Schlachtschiffe hervor. Da der Angriff der feindlichen leichten Streitkräfte pariert war und das schwere Feuer schnell an Heftigkeit zunahm, drehten unsere kleinen Kreuzer den Panzerkreuzern nach. Sie erhielten dabei schwere Treffer. „Wiesbaden" wurde durch einen Schuß in die Maschinen manövrierunfähig und mußte stoppen. Teile unserer Flottillen gingen, die Gefahr der sich plötzlich enthüllenden Lage erkennend, unverzüglich zum Torpedoangriff gegen die neu auf= tretenden Linienschiffe vor. Im Anlaufe näher kommend, erkannten sie eine lange Linie von mindestens 25 Schlachtschiffen, die zunächst auf nordwestlichem bis westlichem Kurse Vereinigung mit ihren Schlachtkreuzern und mit der „Queen=Elizabeth"=Division suchten, dann aber kehrtmachten und einen östlichen bis südöstlichen Kurs auf= nahmen. Der Angriff wurde unter schwerem Feuer an die feindliche Linie herangetragen. Der alle diese Bewegungen verursachende, bereits erwähnte, unter vollem Einsatz ausgeführte Vorstoß der leichten, feindlichen Streitkräfte gegen unsere Panzerkreuzer war von englischer Seite anscheinend unter dem Eindruck unternommen worden, daß sich unsere Streitkräfte in die Lücke zwischen ihrem Gros und die zur Zeit noch westlich unserer Panzerkreuzer stehende „Queen=Elizabeth"=Division hineinschieben und diese vom Gros ab=

drängen könnten. Die feindlichen Schlachtkreuzer waren wohl nicht mehr in der Lage, diese Lücke zu schließen. Von der „Queen=Elizabeth"=Division war unterdessen ein Schiff ausgefallen, das sich etwa 7 Uhr 20 Minuten mit geringer Fahrt und stark überliegend aus der Linie entfernte. Um die seit 8 Uhr in schwerem Feuer still=liegende „Wiesbaden" entspann sich sofort ein heißes Ringen. Ein Versuch der Schwesterkreuzer und Torpedoboote, sie aus ihrer hilf=losen Lage zu befreien, mußte aufgegeben werden, da er angesichts des schweren Feuers aussichtslos war und nur zu neuen Verlusten hätte führen müssen. Der Gegner machte verzweifelte Anstrengungen, ihr den Todesstoß zu versetzen, indem er ein Geschwader älterer Panzer=kreuzer vorschickte, deren Angriff, wie später gezeigt werden wird, völlig zusammenbrach. Schließlich suchte auch der Flottenchef die Brave durch die Bewegungen des Gros zu decken, mußte aber im höheren Interesse mit Rücksicht auf die allgemeine Lage von ihr ablassen. Das tapfere Schiff trieb, zwar unreitbar, aber unbesiegt auf dem Schlachtfelde weiter und sank dann mit wehender Flagge.

Die hier geschilderten Kampfhandlungen reichten zum Teile schon in den **nächsten Abschnitt** der Schlacht hinein, dessen Beginn man etwa auf 8 Uhr nachmittags festsetzen kann.

Es war bereits gesagt, daß eine unserer Flottillen bei ihrem Angriffe gegen die im Nordosten gesichteten feindlichen Linienschiffe die Phalanx der englischen Hauptmacht entdeckte. Danach konnte bei unserer Flottenleitung kein Zweifel mehr darüber herrschen, daß wir der vollzählig versammelten englischen Flottenmacht gegenüberstanden. Die weltgeschichtliche Entscheidung, ob Deutschlands junge Flotte den Kampf mit der fast doppelt überlegenen Seemacht Englands auf=nehmen sollte, war auf des Messers Schneide gestellt. Die Zeit türmte sich. Minuten erweiterten sich zu ewiger Bedeutung. Das Schlachtenschicksal war in die Hand des Führers gelegt. **Der Augenblick forderte den Entschluß. Der ihn faßte, kannte Waffen und Streiter. Er lautete: Angriff.**

Da die feindlichen Linienschiffsgeschwader den nach dem Angriff ablaufenden Booten in der sie umlagernden Dunstwolke wieder aus Sicht kamen, hielt unser Linienschiffsgros zunächst auf diese Dunst=

wolke und die mitten in schweren Einschlägen liegende „Wiesbaden" zu. Unser Torpedobootsangriff auf die in NO gesichteten Linienschiffe traf auch auf feindliche Zerstörer, die unter Führung eines kleinen Kreuzers nach Westen durchzubrechen versuchten. In dem sich entspinnenden Artilleriegefecht wurden 2 Zerstörer zum Sinken gebracht. Der kleine Kreuzer und 2 weitere Zerstörer wurden schwer beschädigt. Unsere Panzerkreuzer hatten sich vor die Spitze unseres Gros gesetzt. Im weiteren Vorlaufe stießen sie auf die aus der Qualmwand erneut auftauchende feindliche Linie, mit der sie, nach Süden abbiegend, sofort in ein ungleiches, sehr heftiges Artillerieduell verwickelt wurden. Ein in dieser Zeitspanne wohl vom englischen Gros aus in der Richtung der treibenden „Wiesbaden" angesetzter, schneidig durchgeführter Angriff kleiner Kreuzer und Zerstörer, der durch ein vom feindlichen Gros her in Richtung der treibenden „Wiesbaden" vorbrechendes Geschwader von 5 Panzerkreuzern der „Minotaur-Achilles"- und „Duke-of-Edinburgh"-Klasse gestützt wurde, traf, wohl infolge des Dunstes, überraschend auf unsere Panzerkreuzer und auf das Gros. Von den kleinen Kreuzern wurde durch Schiffe des Spitzengeschwaders einer versenkt, ein anderer schwer beschädigt. Der Rest entkam. Der Stoß der feindlichen Panzerkreuzer brach unter schweren Verlusten zusammen. „Defence" und „Black Prince" wurden nach heftigen, durch Treffer hervorgerufenen Explosionen bewegungsunfähig und sanken. Der Panzerkreuzer „Warrior" erreichte als Wrack noch die eigene Linie und mußte später aufgegeben werden.

Die Handlungen des dritten Abschnittes entwickelten sich zu ihrer ersten Hauptphase. Der schwere Artilleriekampf der Spitze gegen die gewaltige Front des feindlichen Gros pflanzte sich von unseren Panzerkreuzern durch das vorderste Geschwader von Schiff zu Schiff weiter fort, während das folgende Geschwader die nördlich stehende „Queen-Elizabeth"-Division unter Feuer nahm. Auf englischer Seite waren über 50 38-Zentimeter-Geschütze und je etwa 120 34,3- und 30,5-Zentimeter-Geschütze in voller Tätigkeit. An beiden Enden der englischen Hauptlinie, die sich aus drei Geschwadern zu je etwa 8 Schiffen, also ungefähr 24 Großkampfschiffen zusammensetzte, standen schnelle Divisionen, auf dem nördlichen

Flügel 3 Schlachtkreuzer des „Invincible"-Typs, auf dem südlichen 3 Großlinienschiffe der eben fertiggestellten „Royal=Sovereign"=Klasse.

Unsere Panzerkreuzer und der vordere Teil unserer Linie verschwanden zeitweise in Wassersäulen und Sprengwolken. Aber auch beim Feinde wurde gute Wirkung beobachtet. Auf unseren Schiffen kamen alle Waffen zum Tragen. Besonders zwischen 8 Uhr 20 Minuten und 8 Uhr 30 Minuten wurden viele Treffer, zum Teile von mächtigen Stichflammenerscheinungen und Explosionen begleitet, deutlich gesehen. Von mehreren Stellen wurde einwandfrei beobachtet, daß 8 Uhr 30 Minuten ein Schiff der „Queen=Elizabeth"=Klasse unter ganz ähnlichen Symptomen in die Luft flog wie vorher „Queen Mary". Ferner sank in dieser Phase der Schlachtkreuzer „Invincible", schwer getroffen, in die Tiefe. Ein Schiff der „Iron=Duke"=Klasse hatte schon vorher einen Torpedotreffer erhalten, eins der „Queen=Elizabeth"=Klasse war anscheinend in der Rudereinrichtung getroffen, es fuhr einen Kreis, und seine Artillerie schwieg. Auf unserer Seite vermochte von 8 Uhr 45 Minuten an der Panzerkreuzer „Lützow" seinen Platz in der Linie nicht mehr zu behaupten. Nach wenigstens 15 schweren Treffern mußte er Fahrt vermindern, blieb aber bewegungs= und schwimmfähig und zog sich aus dem Gefechte. Der Befehlshaber der Aufklärungsstreitkräfte, Vizeadmiral Hipper, schiffte sich in schwerem Feuer an Bord eines Torpedobootes auf einen anderen Panzerkreuzer um. Etwa um diese Zeit wurden Teile unserer Flottillen auf das feindliche Gros zum Angriffe gebracht und kamen gut zu Schuß. Detonationen wurden gehört. Eine Flottille verlor eins ihrer Boote durch schwere Treffer. Ein feindlicher Zerstörer wurde, durch einen Torpedo getroffen, sinkend gesehen.

Nach diesem heftigen Stoße mitten in den überlegenen Feind hinein verloren die Gegner einander in Rauch und Pulverqualm aus Sicht. Als das Artilleriegefecht dabei kurze Zeit vollkommen verstummte, setzte der Flottenchef alle zur Verfügung stehenden Kräfte zu einem neuen Stoß an.

Den Panzerkreuzern, die mit Flottillen=Geleitkreuzern und Torpedobooten wieder an der Spitze standen, schlug bald nach 9 Uhr aus dem Dunstschleier erneut heftiges Feuer entgegen, das sich kurz darauf auch wieder auf die vorderste Division des Spitzengeschwaders legte. Die Panzerkreuzer, die während der Umschiffung des Admirals Hipper vorübergehend vom Kommandanten des „Derfflinger" geführt wurden, warfen sich jetzt mit rücksichtslosem Einsatze, höchste Fahrt laufend, zum Heranbringen der Torpedoboote auf die feindliche Linie. Ein dichter Geschoßhagel überschüttete sie auf ihrem ganzen Wege vorwärts.

Der Sturm wurde bis auf 6000 Meter herangetragen. Mehrere Flottillen brachen zum Torpedoangriff vor und verschwanden bald in dichtem Qualm. Sie kamen zu Schuß und kehrten, trotz schwerster Gegenwirkung, mit dem Verluste nur eines Bootes zu ihrem Geleitkreuzer zurück. Nach diesem zweiten wuchtigen Stoße riß in der von Geschützqualm und Rauchqualm erfüllten Luft der erbitterte Feuerkampf abermals ab.

Der ersten Angriffswelle unserer Torpedoboote folgte wenig später eine zweite. Sie durchbrach die Qualmwolke und — fand das feindliche Gros nicht mehr vor. Nur in nordöstlicher Richtung wurden noch eine große Zahl kleiner Kreuzer und Zerstörer bemerkt. Auch als der Flottenchef die Kampflinie etwa in gleicher Ordnung auf südlichem und südwestlichem Kurs, auf dem der Feind zuletzt gesehen worden war, entwickelte und heranführte, wurde der Gegner nicht mehr angetroffen. Wohin er vor dem vorbereiteten dritten Stoß ausgewichen war, konnte nicht festgestellt werden.

Mit dem Verstummen der Geschütze um 9 Uhr 30 Minuten abends konnte man die Tagschlacht als beendet ansehen. Das materielle Ergebnis des dritten Abschnittes war auf seiten des Gegners der Verlust eines seiner neuesten Linienschiffe der „Queen-Elizabeth"-Klasse, eines Schlachtkreuzers vom „Invincible"-Typ, dreier Panzerkreuzer — „Defence", „Black Prince" und „Warrior" — eines kleinen Kreuzers und von wenigstens zwei Zerstörern. Andere Schiffe, darunter eins der „Queen-Elizabeth"-Klasse und das Schlachtschiff „Malborough", zwei kleine Kreuzer und mehrere Zerstörer hatten erhebliche Beschädigungen erlitten. Auf unserer Seite wurden 2 Torpedoboote versenkt. „Wiesbaden" blieb auf dem Kampfplatze liegen und sank später. Der Panzerkreuzer „Lützow" wurde gefechtsunfähig. Schon nach dem lediglich materiellen Maßstabe gemessen, schloß dieser Hauptgefechtsabschnitt der Tagschlacht mit einem vollen Erfolg unserer Waffen.

Nur noch einmal, von 10 Uhr 30 Minuten abends lebte in der späteren Dämmerung der Kampf für kurze Zeit wieder auf. Unsere Panzerkreuzer sichteten in südlicher Richtung 4 feindliche Großkampfschiffe, auf die sie sofort das Feuer eröffneten. Als zwei unserer Linienschiffsgeschwader in das Artilleriegefecht eingriffen, drehte der Feind ab und verschwand im Dunkel. Unsere älteren kleinen Kreuzer der vierten Aufklärungsgruppe gerieten mit älteren feindlichen Panzerkreuzern in ein kurzes Feuergefecht, das im Dunkel abriß.

Den Verlauf der nun folgenden N a c h t kämpfe eingehend zu schildern, ist wegen der Fülle der Einzelheiten im Rahmen dieser gedrängten Darstellung unmöglich. Das Bestreben unserer Flottenführung ging vor allem dahin, den abziehenden Feind durch Nachtangriffe unserer leichten Streitkräfte zu schädigen. Gleiche Versuche mußten vom Gegner erwartet werden. Die Verhältnisse der Nacht waren nach Örtlichkeit und Wetterlage für uns denkbar ungünstig. Unsere allgemeine Marschrichtung nach beendeter Schlacht war für den Feind gegeben. Überdies ist das Seegebiet südlich des Schlachtfeldes in seiner ganzen Ausdehnung nach Osten durch die jütische Küste beschränkt. Dem Gegner boten sich verschiedene Rückmarschrichtungen. Nördlich des Schlachtfeldes öffnet sich die See über Nord nach Osten und läßt nach allen Seiten freien Raum bis zur norwegischen Küste. Die feindlichen, leichten Streitkräfte, die erheblich in der Überzahl waren, konnten uns aber gewissermaßen in fester Stellung erwarten, während die unseren den Gegner suchen mußten. Dazu war die nordische Nacht kurz, das Wetter neblig und unsichtig.

Kurz nach 12 Uhr hatten „Hamburg" und „Elbing" ein Gefecht mit einem kleinen Kreuzer der „Arethusa"=Klasse, der schwer beschädigt wurde. Etwa 12 Uhr 30 Minuten stießen unsere älteren kleinen Kreuzer der vierten Aufklärungsgruppe auf überlegene feindliche Streitkräfte, die von ihnen unter sehr wirksames Feuer genommen wurden. Auf unserer Seite erhielt der kleine Kreuzer „Frauenlob" eine Beschädigung, die ihn in der Gefechtsfähigkeit herabsetzte. Er kam aus Sicht und wurde von da ab vermißt. Zwischen 1 Uhr und 3 Uhr vormittags folgten zahlreiche Zerstörerangriffe gegen das erste

Geschwader. Immer von neuem flammte der Horizont von Schüssen und suchenden Scheinwerfern. Das Zerstörerschiff „G 60" — die Bezeichnungen waren in der Nacht nur undeutlich zu erkennen und daher nicht durchaus sicher —, die Zerstörer „G 3" (oder 93), „G 78", „G 06" und „G 27" wurden durch Feuer, zum Teil im Zeitraume von Sekunden, vernichtet. Ein Zerstörer, dessen Bezeichnung nicht zu erkennen war, wurde von einem Linienschiffe durch Rammstoß in zwei Teile geschnitten. Ferner wurden 7 Zerstörer, darunter „G 30", getroffen und schwer beschädigt. Mitten in diesen Gefechten tauchte plötzlich ein Panzerkreuzer der „Cressy"=Klasse dicht neben unseren Linienschiffen, darunter das Flottenflaggschiff, auf, die ihn mit Feuer überschütteten. Nach 40 Sekunden brannte das ganze Schiff und sank nach 4 Minuten. Zahllose Torpedolaufbahnen wurden während dieser Angriffe von unseren Schiffen gesichtet, aber nur unser kleiner Kreuzer „Rostock" erhielt einen Torpedotreffer. „Elbing" wurde bei einem unvermeidlichen Manöver beschädigt. Beide Schiffe mußten später verlassen werden. Die Besatzungen wurden bis zum letzten Mann von unseren Torpedobooten an Bord genommen. In den Morgenstunden fiel unser älteres Linienschiff „Pommern" einem Torpedoschuß zum Opfer. Von den beschädigten feindlichen Zerstörern blieben aus den Gefechten mehrere, wie lohende Fackeln brennend, liegen. Unter ihnen wurden die neuesten Zerstörerschiffe „Tipperary" und „Turbulent" festgestellt. Die Überlebenden der Besatzungen wurden von uns gerettet, die Schiffe in sinkendem Zustande zurück= gelassen. Auch unsere Torpedoboote fanden Gelegenheit, sich während der Nacht mit den englischen Zerstörern zu messen. Nur ein Boot ging verloren, es war auf eine vom Feinde gelegte Mine gelaufen. Unsere tapfere „Lützow", die den Nachtmarsch noch mit mittlerer Geschwindigkeit angetreten hatte, hielt sich noch lange manövrierfähig.

Als das Frührot des historischen 1. Juni am östlichen Himmel aufdämmerte, erwartete jeder, daß die erwachende Sonne die zu neuer Schlacht aufmarschierte englische Linie beleuchten würde. Diese Erwartung wurde getäuscht. Der Horizont ringsum war leer, soweit das Auge reichte. Erst am Vormittage wurde durch eines unserer mittlerweile aufgestiegenen Luftschiffe ein aus 12 Schiffen bestehendes Linienschiffsgeschwader, das, aus der südlichen Nordsee kommend, mit hoher Fahrt nordwärts steuerte, gemeldet. Zum größten Bedauern aller Beteiligten war es für unsere Flotte zu spät, um es noch einzuholen und anzugreifen.

Insgesamt waren in der Seeschlacht vor dem Skagerrak an englischen Kräften versammelt:

Großkampflinienschiffe	wenigstens	30
Schlachtkreuzer		9
Ältere Panzerkreuzer	wenigstens	6
Kleine Kreuzer	„	20
Zerstörerführerschiffe und Zerstörer	weit über	100

An schweren Geschützen waren auf diesen Schiffen:

38-cm-Geschütze	über	60
34,3-cm-Geschütze	„	150
30,5-cm-Geschütze	„	130

Eine Zusammenstellung der beiderseitigen Verluste ergab folgendes Bild:

Der Feind hat bei vorsichtiger Bewertung der von uns gemachten Beobachtung verloren:

1 Großkampfschiff der „Queen-Elizabeth"-Klasse . .	28 500 t
3 Schlachtkreuzer („Queen Mary", „Indefatigable", „Invincible")	63 000 t
4 Panzerkreuzer („Black Prince", „Defence", „Warrior" und einer der „Cressy"-Klasse) . . .	53 700 t
2 kleine Kreuzer	9 000 t
13 Zerstörer (darunter Zerstörerführerschiffe)	15 000 t
Im ganzen	169 200 t

Wir haben verloren:

1 Schlachtkreuzer („Lützow")	26 700 t
1 älteres Linienschiff („Pommern")	13 200 t
4 kleine Kreuzer („Wiesbaden", „Elbing", „Rostock", „Frauenlob")	17 150 t
5 Torpedoboote	3 670 t
Im ganzen	60 720 t

Die Verluste des Feindes sind fast durchweg Totalverluste, während wir die Hälfte der 5 Torpedobootsbesatzungen und die Besatzungen von „Lützow", „Elbing", „Rostock" vollzählig bergen konnten. Die „Lützow" und die „Rostock" sind auf dem Wege zu ihren Reparaturhäfen verlorengegangen, nachdem die Versuche fehlgeschlagen waren, die schwerverletzten Schiffe schwimmend zu erhalten. Die Besatzungen beider Schiffe einschließlich sämtlicher Schwerverletzten sind geborgen worden.

Als Gefangene wurden eingebracht: Von „Queen Mary" 1 Fähnrich, 1 Mann, von „Indefatigable" 2 Mann, von „Tipperary" 7 Mann, davon 2 verwundet, von „Nestor" 3 Offiziere, 2 Deckoffiziere, 75 Mann, davon 6 Mann verwundet, von „Nomad" 4 Offiziere, 68 Mann, davon 1 Offizier und 10 Mann verwundet, von „Turbulent" 14 Mann, alle verwundet. Diese insgesamt 177 Engländer wurden von unseren kleinen Kreuzern und unseren Torpedobooten gerettet. Der englische Verlust an Menschenleben wurde zuerst auf über 7000 geschätzt, ist aber nach neueren Angaben noch um mehrere Tausend höher. Der Materialverlust soll ferner rund 100 000 Tonnen größer sein.

Selbstverständlich sind auch auf deutscher Seite zahlreiche brave Kämpfer den Heldentod gestorben und manche ehrenvolle Wunden erworben worden. Wie die deutsche Admiralität in vornehmer Weise anerkannte, daß die Engländer einen bemerkenswerten Schneid an den Tag legten, so hat sich die Kampfesfreudigkeit unserer Marine über jedes Lob erhaben gezeigt. Nach dem ehrlichen Soldatenkampfe setzte leider alsbald die unehrliche englische Berichterstattung ein. Die Herren Asquith, Grey und Churchill sahen ein, daß etwas getan werden müsse, um der ungeheuren Wucht der Tatsachen, die in den vorstehend wiedergegebenen Berichten und Ziffern enthalten sind, entgegenzutreten — sollte nicht das Ansehen Englands als angebliche Beherrscherin der Meere ein unheilbares Leck erhalten. Deshalb veröffentlichte die britische Admiralität eine Darstellung der Seeschlacht, die den Verlust einzelner Großkampfschiffe abstritt, dagegen die Verluste der Deutschen ins Maßlose übertrieb. Besonders wurde behauptet, daß die deutsche Flotte das Schlachtfeld geräumt, die englische Flotte es dagegen behauptet habe. Tatsächlich ist das englische Gros während der Schlacht am Abend des 31. Mai durch die wiederholten wirkungsvollen Angriffe unserer Torpedobootsflottillen zum

Abdrehen gezwungen worden und seitdem unseren Streitkräften nicht wieder in Sicht gekommen. Es hat trotz seiner überlegenen Geschwindigkeit und trotz des Anmarsches eines englischen Linienschiffsgeschwaders von zwölf Schiffen aus der südlichen Nordsee weder den Versuch gemacht, die Fühlung mit unseren Streitkräften wiederzugewinnen, um die Schlacht fortzusetzen, noch eine Vereinigung mit dem vorgenannten Geschwader zu der angestrebten Vernichtung der deutschen Flotte herbeizuführen.

Mit der weiteren englischen Behauptung, daß die englische Flotte vergeblich versucht habe, die fliehende deutsche Flotte einzuholen, um sie vor Erreichung der heimischen Stützpunkte zu schlagen, steht die englische Erklärung, nach der Admiral Jellicoe mit seiner großen Flotte bereits am 2. Juni in den über 300 Meilen von dem Kampfplatz entfernten Stützpunkt Scapa Flow (Orkneyinseln) eingelaufen sei, in Widerspruch. So hatten denn auch unsere nach der Schlacht zum Nachtangriffe nach Norden über den Schauplatz der Tagschlacht hinaus entsandten zahlreichen deutschen Torpedobootsflottillen von dem englischen Gros trotz eifrigen Suchens nichts mehr angetroffen, vielmehr hatten unsere Torpedoboote hierbei Gelegenheit, eine große Anzahl Engländer von verschiedenen gesunkenen Schiffen und Fahrzeugen zu retten.

Als Beweis für die von den Engländern bestrittene Tatsache der Beteiligung der gesamten englischen Kampfflotte an der Schlacht wird darauf hingewiesen, daß der englische Admiralitätsbericht selber die „Marlborough" als gefechtsunfähig bezeichnet hat. Des weiteren wurde am 1. Juni von einem unserer U-Boote ein anderes Schiff der „Jron-Duke"-Klasse in schwerbeschädigtem Zustande der englischen Küste zusteuernd gesichtet. Beide vorgenannten Schiffe gehörten dem englischen Gros an.

Um die Größe des deutschen Erfolges herabzumindern, wurde ferner von der englischen Presse der Verlust der zahlreichen englischen Schiffe zum großen Teil auf die Wirkung deutscher Minen, Unterseeboote und Luftschiffe zurückgeführt. Demgegenüber wurde amtlich festgestellt, daß weder Minen, welche, nebenbei bemerkt, der eigenen Flotte ebenso gefährlich hätten werden müssen wie der feindlichen, noch Unterseeboote von unserer Hochseeflotte verwendet worden sind.

Deutsche Luftschiffe sind lediglich am 1. Juni, und zwar ausschließlich zur Aufklärung benutzt worden.

Der deutsche Sieg ist durch geschickte Führung und durch die Wirkung unserer Artillerie und Torpedowaffe errungen worden.

Dem Danke des deutschen Volkes gab am 5. Juni der Kaiser beredten Ausdruck in einer Ansprache, die der oberste Kriegsherr in Wilhelmshaven von Bord des Flottenflaggschiffes an die an Land angetretenen Abordnungen sämtlicher an der Seeschlacht beim Skagerrak beteiligt gewesenen Schiffe und Fahrzeuge hielt.

„So oft ich," so sagte der Kaiser, „in den vergangenen Jahren meine Marine in Wilhelmshaven besucht habe, jedesmal habe ich mich in tiefster Seele gefreut über den Anblick der sich entwickelnden Flotte, des sich erweiternden Hafens. Mit Wohlgefallen ruhte mein Auge auf der jungen Mannschaft, die im Exerzierschuppen aufgestellt war, bereit, den Fahneneid zu leisten. Viele Tausende von Euch haben dem Obersten Kriegsherrn ins Auge geschaut, als sie den Eid leisteten. Er hat Euch aufmerksam gemacht auf Eure Pflicht, auf Eure Aufgabe. Vor allen Dingen darauf, daß die deutsche Flotte, wenn es einmal zum Kriege kommen sollte, gegen eine gewaltige Übermacht zu kämpfen haben würde. Dieses Bewußtsein ist in der Flotte zur Tradition geworden, ebenso wie es im Heere gewesen ist schon von Friedrichs des Großen Zeiten an: Preußen wie Deutschland sind stets umgeben gewesen von übermächtigen Feinden. Darum hat sich unser Volk zu einem Block zusammenschweißen lassen müssen, der unendliche Kräfte in sich aufgespeichert hat, bereit, sie loszulassen, wenn Not an den Mann käme. Aber so gehobenen Herzens wie am heutigen Tage habe ich noch nie eine Fahrt zu Euch gemacht. Jahrzehntelang hat sich die Mannschaft der deutschen Flotte aus allen deutschen Gauen zusammengesetzt und zusammengeschweißt in mühevoller Friedensarbeit — immer mit dem einen Gedanken, wenn es losgeht, dann wollen wir zeigen, was wir können.

Und es kam das große Jahr des Krieges. Neidische Feinde überfielen unser Vaterland. Heer und Flotte waren bereit. Aber für die Flotte kam nun eine schwere Zeit der Entsagung. Während das Heer in heißen Kämpfen gegen übermächtige Feinde allmählich die Gegner niederringen konnte einen nach dem anderen — wartete und harrte die Flotte vergeblich auf den Kampf. Die vielfachen einzelnen Taten, die ihr beschieden waren, sprachen deutlich von dem Heldengeiste, der sie beseelte. Aber so wie sie es ersehnte, konnte sie sich doch nicht betätigen. Monate um Monate verstrichen, große Erfolge auf dem Lande wurden errungen, und noch immer hatte die Stunde für die Flotte nicht geschlagen. Vergebens wurde ein Vorschlag nach dem anderen gemacht, wie man es anfangen könne, den Gegner herauszubringen.

Da endlich kam der Tag. Eine gewaltige Flotte des meerbeherrschenden Albion, das seit Trafalgar hundert Jahre lang über die ganze Welt den Bann der Seetyrannei gelegt hatte, den Nimbus trug der Unüberwindbarkeit und Unbesiegbarkeit — da kam sie heraus. Ihr Admiral war wie kaum ein anderer ein begeisterter Verehrer der deutschen Flotte gewesen. Ein tapferer Führer an der Spitze einer Flotte, die über ein vorzügliches Material und tapfere alte Seeleute verfügte — so kam die übermächtige englische Armada heran, und die unsere stellte sie zum Kampf.

Und was geschah? Die englische Flotte wurde geschlagen! Der erste gewaltige Hammerschlag ist getan, der Nimbus der englischen Weltherrschaft geschwunden. Wie ein elektrischer Funke ist die Nachricht durch die Welt geeilt und hat überall, wo deutsche Herzen schlagen, und auch in den Reihen unserer tapferen Verbündeten beispiellosen Jubel ausgelöst. Das ist der Erfolg der Schlacht in der Nordsee. Ein neues Kapitel der Weltgeschichte ist von Euch aufgeschlagen. Die deutsche Flotte ist imstande gewesen, die übermächtige englische Flotte zu schlagen. Der Herr der Heerscharen hat Eure Arme gestählt, hat Euch die Augen klar gehalten.

Ich aber stehe heute hier als Euer Oberster Kriegsherr, um tiefbewegten Herzens Euch meinen Dank auszusprechen. Ich stehe hier als Vertreter und im Namen des Vaterlandes, um Euch seinen Dank, und im Auftrage und im Namen meines Heeres, um Euch den Gruß der Schwesterwaffe zu überbringen.

Jeder von Euch hat seine Pflicht getan, am Geschütz, am Kessel, in der Funkenbude. Jeder hatte nur das große Ganze im Auge, niemand dachte an sich, nur ein Gedanke beseelte die ganze Flotte. Es muß gelingen: Der Feind muß geschlagen werden.

So spreche ich den Führern, dem Offizierkorps und den Mannschaften vollste Anerkennung und Dank aus. Gerade in diesen Tagen, wo der Feind vor Verdun anfängt, langsam zusammenzubrechen, und wo unsere Verbündeten die Italiener von Berg zu Berg verjagt haben und immer noch weiter zurückwerfen, — habt Ihr diese herrliche große Tat vollbracht. Auf alles war die Welt gefaßt, auf einen Sieg der deutschen Flotte über die englische nie und nimmermehr. Der Anfang ist gemacht. Dem Feinde wird der Schreck in die Glieder fahren!

Kinder! Was Ihr getan habt, das habt Ihr getan für unser Vaterland, damit es in alle Zukunft auf allen Meeren freie Bahn habe für seine Arbeit und seine Tatkraft. So ruft denn mit mir aus: Unser teures, geliebtes, herrliches Vaterland — Hurra, hurra, hurra!"

Es versteht sich von selbst, daß in England nur allmählich die Wahrheit über den Verlauf und das Ergebnis der Schlacht durchsickerte. Bemerkenswert waren immerhin die über Holland eintreffenden Meldungen, daß sich in der englischen Bevölkerung mehr und mehr die Erkenntnis verbreitete, daß der deutsche Bericht über die Seeschlacht vor dem Skagerrak richtig, der Jellicoesche Bericht dagegen zurechtgemacht war. Zu dieser Erkenntnis trug besonders bei die Anweisung an die englische Presse, die Antwort der deutschen Admiralität auf den Bericht Jellicoes weder zu besprechen, noch zu veröffentlichen sowie das kürzlich erlassene Regierungsverbot einer vom englischen Volke beabsichtigten Dankadresse (!) an die Admirale Jellicoe und Beatty. In diesem Hinblick ist der Bericht über die Sitzung des englischen Oberhauses vom 20. Juli sehr lehrreich.

Der Herzog von Rutland fragte an, ob die Regierung beabsichtige, sofort eine Vorlage einzubringen, die dem Admiral John Jellicoe und den Offizieren und Mannschaften der großen Flotte für den Sieg bei Jütland den Dank des Parlaments ausspräche. Redner sagte, viele verwundete Seeleute, die bei Queensferry und in anderen Seehäfen gelandet wurden, seien von dem Publikum ausgezischt und ausgepfiffen worden, und Offizieren, die in Queensferry und anderen schottischen Häfen landeten, hätten die Droschkenkutscher, die sie nach Hause fuhren, zu ihrer Niederlage ihr Beileid ausgesprochen. Das Parlament sollte jetzt der Flotte seine Anerkennung aussprechen.

Lord Crewe antwortete im Namen der Regierung, niemand zweifle jetzt, daß die Schlacht nichts anderes als ein Erfolg für England gewesen sei, aber die Regierung halte es für richtig, eine förmliche Danksagung des Parlaments aufzuschieben.

Geflissentlich wurde vom feindlichen Ausland aus immer wieder die Nachricht verbreitet, daß nach der Seeschlacht vor dem Skagerrak die deutschen Kriegshäfen, insbesondere Wilhelmshaven, gegen jeden Verkehr gesperrt worden seien. Diese vollends unwahre Behauptung sollte neben anderen Versuchen nur dazu dienen, der deutschen Flotte Verluste anzudichten, welche sie nicht erlitten hat. Dagegen hatten die Engländer Yarmouth seit dem 1. Juni für die neutrale Schiffahrt gesperrt, die inneren Liegeplätze des Hafens von New Castle am 1. Juni von allen Handelsschiffen geräumt und den Hafen von Hull völlig auch für englische Schiffe gesperrt, da dort mit allen Mitteln an der Reparatur von englischen Kriegsschiffen gearbeitet wurde. —

Am 6. Juni aber lief eine weitere Hiobspost in England ein.

Der Oberkommandierende der Großen Flotte meldete, daß der Panzerkreuzer „Hampshire", der sich mit Lord Kitchener und seinem Stab an Bord auf dem Wege nach Rußland befand, in der Nacht vom 5. zum 6. Juni westlich der Orkneyinseln durch eine Mine oder vielleicht durch einen Torpedo versenkt wurde. Die See war sehr stürmisch, und obwohl sofort alle möglichen Schritte unternommen wurden, um rasche Hilfe zu leisten, bestehe, wie man fürchte, wenig Hoffnung, daß irgend jemand mit dem Leben davongekommen sei.

Diese Nachricht machte einen niederschmetternden Eindruck. In der Londoner City stürzten die Menschen aus Restaurants und Bureaus und umringten die Zeitungsverkäufer, denen die Blätter buchstäblich aus der Hand gerissen wurden. Die Sensation in den Klubs war unbeschreiblich. Auf vielen Gebäuden wurden die Fahnen auf Halbmast gehißt. Die Vorhänge im Kriegsamt wurden niedergelassen. Die Blätter bezeichneten den Tod Kitcheners als eine nationale Katastrophe.

Der Kreuzer „Hampshire" hatte von Beginn seiner Reise an mit schweren Seen zu kämpfen. Es ging ein heftiger Nordwind, der die Rettungsboote wahrscheinlich zum Sinken brachte. Ein tapferer Soldat, ein schlachtenkundiger Feldherr und ein glühender Feind

Deutschlands war mit Lord Kitchener dahingegangen. Er war einer der wenigen, wirklich hervorragenden Erscheinungen in der englischen Armee, und sein unaufgeklärter Tod, an den sich manche geheimnisvollen Gerüchte knüpften, schien der Welt ein Menetekel, das gleich nach der für Deutschlands junge Flotte so ruhmreichen Schlacht in der Nordsee dem stolzen aber morschen Albion Unheil verkündete. —

Unaufhörlich arbeitete die wunderbolle Maschine der deutschen Flotte weiter an der Schwächung des Feindes. In derselben Nacht, in der die Schlacht am Skagerrak tobte, vernichtete eins unserer Unterseeboote vor dem Humber einen modernen großen englischen Torpedobootszerstörer. Am 21. Juni wurde die Welt durch die Mitteilung überrascht, daß das deutsche Unterseeboot „U 35" in Cartagena angekommen sei. Der Kapitän hatte ein Handschreiben des Kaisers an König Alfons mit, das den Dank für die Behandlung der Deutschen aus Kamerun aussprach, und ferner Arzneimittel für die in Spanien internierten Deutschen. Am 4. Juli kehrte das U-Boot nach erfolgreicher Lösung seiner Aufgabe in den Heimathafen zurück. Das Boot versenkte auf dieser Fahrt u. a. den bewaffneten französischen Dampfer „Hérault" und erbeutete ein Geschütz. Am gleichen Tage versenkte eins unserer Unterseeboote in der südlichen Nordsee einen feindlichen Unterseebootzerstörer.

In der folgenden Woche vernichtete ein U-Boot in der Nordsee einen englischen Hilfskreuzer von etwa 7000 Tonnen. An demselben Tage wurden an der englischen Ostküste durch U-Bootsangriffe drei bewaffnete englische Bewachungsfahrzeuge versenkt. Die Besatzungen derselben wurden gefangengenommen und ein Geschütz erbeutet. Am 11. Juli beschoß ferner eins unserer U-Boote die Eisenwerke von Seaham an der englischen Ostküste. In der Nacht vom 22. zum 23. Juli unternahmen deutsche Torpedoboote von Flandern aus einen Vorstoß bis nahe der Themsemündung, ohne dort feindliche Seestreitkräfte anzutreffen. Bei der Rückkehr stießen sie am 23. Juli morgens auf mehrere englische kleine Kreuzer der „Aurora"-Klasse und Torpedobotszerstörer. Es entspann sich ein kurzes Artilleriegefecht, im Verlaufe dessen Trefferwirkung auf den Gegner erzielt wurde. Am 24. Juli wurde nördlich Zeebrügge ein englischer Doppeldecker von einem unserer Unterseeboote abgeschossen und zum Niedergehen auf das Wasser gezwungen. Die Insassen, zwei Offiziere, wurden von einem unserer Flugzeuge gefangengenommen, hierauf mitsamt ihrem Flugzeug an Bord eines Torpedoboots befördert und nach Zeebrügge eingebracht.

XXIV.

Am 10. Juli 1916 wurde den Zeitungen ein Telegramm aus London mit einer Reutermeldung folgenden Inhalts übermittelt:

Die Blätter veröffentlichen ein Telegramm aus Neuyork, in dem gemeldet wird, daß ein **deutsches Unterseeboot** mit einer wertvollen Ladung Farbstoffe **in Baltimore angekommen** ist. 20 Meilen von der Küste wurde das Unterseeboot von britischen und französischen Kreuzern verfolgt, wodurch seine Ankunft um 4 Tage verzögert wurde.

Gleichzeitig lief aus Baltimore ein Drahtbericht ein, der mitteilte, daß das Unterseeboot den Namen „**Deutschland**" trage. „U=Deutschland", Kapitän Paul Koenig, wurde als ein Unterseelliniendampfer geschildert. Das Schiff warf am 9. Juli unterhalb von Baltimore nach einer Reise von 4000 Meilen quer über den Ozean Anker. Das U=Boot kam an einem Sonntage früh unter dem Schutze der Dunkelheit zwischen den Kaps Charles und Henry durch und ließ dann eine Sirene spielen, um die Aufmerksamkeit der Lotsen auf sich zu lenken. Es wurde von dem Schlepper „Timmins" bemerkt, der während der letzten zwei Wochen unaufhörlich auf der Wacht gelegen hatte, um das U=Boot nach dem Hafen zu geleiten. Die „Deutschland" führte, als sie zwischen den beiden Kaps auftauchte, keine Flagge, hißte aber dann, als sie mit eigener Kraft in die Bucht einfuhr, die deutsche Flagge. Der Lotse, der das U=Boot hinauf begleitete, erzählte, daß Offiziere und Besatzung, zusammen 30 Mann, alle die Uniform der deutschen Handelsmarine trügen. Der Lotse erzählte, daß der Kapitän des U=Bootes mitgeteilt habe, der Zweck der Reise der „Deutschland" sei, mit den Vereinigten Staaten Handel zu treiben. Sobald die Ladung gelöscht sei, werde Nickel und Rohgummi geladen werden. Während das U=Boot selbst an die Agenten des Norddeutschen Lloyd konsigniert war, war die Ladung für die Eastern Forwarding Co. bestimmt, die vor kurzem ausschließlich für die unterseeische Fracht begründet wurde. Von seiten der Schumacher=Co. wurde versichert, daß die „Deutschland" ausschließlich zu Handelszwecken ausgeschickt worden sei.

Diese Meldung erregte in der ganzen Welt das außerordentlichste Aufsehen, zumal als hinzugefügt wurde, daß der Kapitän der „Deutschland" bestimmt erklärt habe, die „Deutschland" sei das erste einer Reihe von gleichartigen Schiffen, die erbaut wurden, um einen regelmäßigen Handel mit überseeischen Ländern einzurichten und somit die angebliche Blockade Deutschlands durch die Entente tatsächlich unwirksam und rechtsunbeständig zu machen.

Von Berlin aus wurde jetzt halbamtlich die zuerst nur zögernd geglaubte Meldung bestätigt.

„Zu dem Erfolg unserer U=Boote als Waffe, so hieß es in der Mitteilung, ist ein neuer auf einem anderen Gebiete hinzugetreten: Eine Ladung wertvoller Güter ist von dem Handelsunterseeboote „Deutschland" nach Baltimore gebracht worden. Der Gedanke, diesen Schiffstyp auch für nichtmilitärische Zwecke nutzbar zu machen, lag für Laien wie Fachleute zwar auf der Hand, wurde aber auf der Germaniawerft in Kiel, die als älteste U=Bootwerft in Deutschland über die weitest gehenden Erfahrungen auf dem Gebiete des U=Bootbaues verfügt, von Anfang an nicht nur ins Auge gefaßt, sondern man schritt hier sofort zu seiner Verwirklichung. Die von ihr entworfenen Pläne wurden der Deutschen Ozean=Reederei Gesellschaft m. b. H. in Bremen zur Verfügung gestellt. Das Boot wurde auf Grund der mit dieser Reederei gepflogenen Unterhandlungen von der Germaniawerft mit größter Beschleunigung für die Deutsche Ozean=Reederei G. m. b. H. gebaut. Es handelt sich um ein U=Boot, das ohne jede Bewaffnung geeignet war, Leicht= und Schwergut in Unter= und Überwasserfahrt auf weite Strecken zu befördern. An Größe übertrifft es die bis jetzt für militärische Zwecke gebauten Boote. Dabei konnte der sonst für Armierungszwecke beanspruchte Raum zur Stauung von Gütern verwendet werden."

Jetzt erinnerte man sich, daß am 8. November 1915 in das Handelsregister von Bremen als neugegründete Firma die Deutsche Ozean-Reederei G. m. b. H. mit einem Kapital von zwei Millionen Mark eingetragen worden war.

Dem Aufsichtsrate der Gesellschaft gehörten an Herr Alfred Lohmann als Vorsitzender, Herr Generaldirektor Philipp Heineken vom Norddeutschen Lloyd, Herr Kommerzienrat Paul Millington Herrmann von der Deutschen Bank in Berlin, als Geschäftsführer wurde Herr Direktor Carl Stapelfeldt bestellt.

Alfred Lohmann, der Sohn des früheren Generaldirektors Lohmann vom Norddeutschen Lloyd, hatte die geschäftliche Idee gehabt, an der Konstruktion war die Firma Krupp als Eigentümerin der Germaniawerft in Kiel hervorragend beteiligt.

Die Entente, England voran, übersah sofort die weittragenden Folgen dieser neuesten Großleistung deutschen Unternehmertums, deutscher Technik und deutscher seemännischer Tüchtigkeit. Es wurden deshalb Himmel und Hölle in Bewegung gesetzt, um, da die Hinfahrt nun einmal nicht mehr ungeschehen gemacht werden konnte, die Rückfahrt, auf der, wie inzwischen verlautete, eine Reihe hochwertiger, für Deutschland sehr wichtiger Waren verfrachtet werden sollten, unmöglich zu machen.

Zunächst wurde gegen den Aufenthalt der „Deutschland" in amerikanischen Gewässern beim Staatsdepartement Protest eingelegt, falls sich herausstellen sollte, daß das Schiff in irgendwelcher Hinsicht als deutsches Marinefahrzeug betrachtet werden könne, das im Auftrage des deutschen Marineamts handelte. Demgemäß wurde das Schiff von allen möglichen Sachverständigen besichtigt. Es konnte aber nicht der Schatten eines Beweises für die Behauptung beigebracht werden, daß die „Umwandlung in ein Kriegsunterseeboot" möglich sei — jedenfalls verschlossen die öffentliche Meinung und demnächst die amerikanischen Behörden sich nicht der Logik, daß ein Handelsschiff deshalb noch kein Kriegsschiff sei, weil es durch Aufstellen von Geschützen zu einem bewaffneten Schiffe gemacht werden könne. Deshalb verlautete denn auch alsbald, daß der Vortragende Rat im amerikanischen Staatsdepartement, Polk, im Ministerrate für die „U-Deutschland" eine gleiche Behandlung wie für Handelsschiffe vorschlage.

Jetzt kam ein anderer Kniff:

Ein Vertreter der Lake Torpedo Boat Co. in Bridgeport (V. St. v. N. A.) behauptete, Einrichtungen des Handelstauchbootes „Deutschland" griffen in Patente der genannten Gesellschaft ein, und diese wolle deshalb eine Klage anstrengen. Im Anschlusse hieran gaben Pressestimmen des feindlichen Auslandes der Hoffnung Ausdruck, daß auf Grund der angeblichen Patentverletzungen eine Beschlagnahme der „Deutschland" in Amerika erfolgen werde.

Auch dieser Versuch erwies sich als ein Versuch mit untauglichen Mitteln: Es ist ein im Patentrecht allgemein anerkannter Grundsatz, daß ein Patent in irgendeinem Lande gegen solche Einrichtungen nicht geltend gemacht werden kann, die sich an Bord von Schiffen befinden oder Teile von Schiffen bilden, die nur vorübergehend in das betreffende Land gelangen. Der Sinn dieses Grundsatzes ist der, den internationalen Verkehr gegen Belästigungen, die mit seinen Bedürfnissen unverträglich sind, zu schützen. Das deutsche Patentgesetz enthält denn auch eine entsprechende Bestimmung in 3. Absatze seines § 5. In der amerikanischen Patent-Rechtsprechung ist derselbe Grundsatz, lange bevor es ein deutsches Patentgesetz gab, und zwar schon im Jahre 1856 aufgestellt worden und ist seitdem anerkanntes Recht.

Hiernach erschien es ausgeschlossen, daß der „Deutschland" auf Grund von amerikanischen Patenten irgendwelche Schwierigkeiten gemacht werden konnten. Im übrigen blieb es unklar, woher der Vertreter der Lake Torpedo Boat Co., wenn er überhaupt die ihm von Reuter in den Mund gelegten Äußerungen getan hat, wissen wollte, daß die „Deutschland" Patente seiner Gesellschaft verletzt, da ihm doch die Einzelheiten der Bauart dieses Frachttauchbootes unmöglich bekannt sein konnten.

Tatsächlich hat der Vertreter der Lake Torpedo Boat Co. denn auch nichts wieder von sich hören lassen. Bei der eigenartigen amerikanischen Prozeßordnung, der zufolge die Beschlagnahme des Bootes an dem Mast des Schiffes selbst hätte angeschlagen werden müssen, wäre es auch nicht abzusehen gewesen, wie der Gerichts-

beamte das Betreten der „Deutschland", die mit allen Vorsichts=
maßregeln im Hafen von Baltimore abgeschlossen lag, hätte ermög=
lichen wollen. Es blieb also nur die Erklärung, daß es sich nur um
einen Versuch handelte, mit der aus der Luft gegriffenen Behauptung
der Patentverletzung das alle Welt überraschende Erzeugnis des
deutschen Gewerbefleißes zugunsten der amerikanischen Industrie
herabzusetzen.

England griff nun zu dem verzweifelten Mittel, die amerikanische
Regierung wissen zu lassen, daß es sie für etwaige Verluste verant=
wortlich machen werde, die seinem Handel durch das Unterseehandels=
schiff „Deutschland" verursacht werden sollten.

Aber die Vereinigten Staaten erklärten kühl, daß sie die Ver=
antwortung dafür übernehmen würden. Die amtlichen amerikanischen
Stellen erblickten in der englischen Ankündigung nur einen neuen
Versuch, auf dem Standpunkte zu beharren, daß die „Deutschland"
ihrem Wesen nach ein Kriegsschiff sei und Geschütze gegen den
britischen Handel zu verwenden imstande sei, zweitens daß Amerika
bestimmen solle, daß der „Deutschland" nicht erlaubt werde, die
Dreimeilengrenze unter Wasser zu passieren.

In diesen Hauptfragen blieb die Ansicht der Vereinigten Staaten
der der Alliierten entgegengesetzt. Man nahm an, daß vor der Aus=
fahrt der „Deutschland" den Alliierten mitgeteilt werden würde, daß
Amerika sich nicht für berechtigt halte, sich darin einzumischen, wie
die „Deuschland" die Dreimeilengrenze passiere.

Inzwischen waren Kapitän, Offiziere und Besatzung der
„Deutschland" in Amerika Gegenstand der lebhaftesten Bewunderung,
die sich oft in urwüchsiger Weise äußerte. Selbstverständlich fehlte
auch das echte Yankee-Angebot nicht, Kapitän König solle gegen
3000 Dollar Tagesgage jeden Abend fünf Minuten in einem Theater
auftreten. Es unterliegt keinem Zweifel, daß die Stimmung der
Amerikaner gegen die Deutschen durch die prächtige Leistung der
„Deutschland" günstig beeinflußt worden ist. Die Behörden haben
sich außerordentlich korrekt erwiesen und bei der Behandlung der
vielen auftauchenden Fragen sich strenger Objektivität und Neutralität
befleißigt. Man geht wohl in der Annahme nicht fehl, daß die maß=
gebenden Stellen sich über den Wert einer Handelsverbindung mit

Deutschland durch die behauptete englische Blockade hindurch völlig im klaren waren. War doch durch die Handels-U-Boote nicht nur die Verschiffung von Waren, sondern auch die Überbringung der geschäftlichen, insbesondere der Bankpost und der brieflichen diplomatischen Noten ermöglicht — ein Vorteil, der um so schwerer ins Gewicht fiel, als, je länger der Krieg dauerte, der englische Postraub an den neutralen Schiffen sich immer unverschämter und unverblümter betätigte.

So wurde denn entschieden, daß die „Deutschland" ein Handelsschiff sei, das zu der Kriegsmarine in keinerlei Beziehungen stehe, und dem Kapitän Koenig wurde mitgeteilt, daß er abfahren könne, wann es ihm beliebe.

Inzwischen war durch die Firma H. Schumacher, der Vertreterin des Norddeutschen Lloyd, die Rückbefrachtung der „Deutschland" mit Nickel und Kautschuk in die Wege geleitet. Noch einmal versuchte England, auf dem Umweg über Kanada, das einzige Nickelexportland, Einspruch zu erheben, aber die Vereinigten Staaten schienen nicht geneigt, sich in ihre Handelsinterne hineinreden zu lassen. Somit mußte die Entente zu anderen Mitteln greifen, um die Erfolge der „Deutschland" zu vereiteln. Einmal versuchte ein englisches Kriegsschiff, in die 150 Seemeilen lange Chesapeake-Bucht, also in amerikanische Gewässer einzudringen, um die „Deutschland" abzufangen oder zu vernichten. Ein anderes Mal legte sich ein italienischer Frachtdampfer unmittelbar neben die „Deutschland", um alle ihre Bewegungen zu bewachen. Ein drittes Mal versuchte ein Engländer, das deutsche Schiff — scheinbar versehentlich — zu rammen, aber der brave Schlepper „Thomas Timmins", dessen Kapitän Hinsch bei der Einfahrt der „Deutschland" so gute Dienste geleistet hatte, legte sich im letzten Augenblicke schützend vor das Boot. Zuletzt umgab sich die „Deutschland" mit großen Leinwandhüllen, um sich allen zudringlichen Blicken Unberufener zu entziehen.

Am 1. August meldete ein Telegramm aus Baltimore lakonisch der Welt, daß die „Deutschland" ihre Rückreise angetreten habe. Vor der Bucht von Chesapeake, zwischen den beiden äußersten Vorgebirgen, dem Kap Charles und dem Kap Martin, lagen seit Wochen ein Dutzend englischer und französischer Kriegsschiffe: Die Entente hatte in ihrer Presse mit zynischer Offenherzigkeit verkündet, daß ihre Schiffe auf jedes Periskop schießen würden. Aber Kapitän Koenig hatte erklärt: „Wir kommen durch." Und er kam durch.

Wie er durchkam, das freilich bleibt bis auf weiteres das Geheimnis einiger weniger Eingeweihter. Vor der Abreise erklärte Kapitän Koenig, daß er, und wenn auch nur 20 Fuß Wasser unter den englischen Schiffen wären, unter diesen glatt hindurchtauchen würde, so aber habe er keine andere Wahl, als sich zwischen ihnen hindurchzuschleichen und die Bewachungskette der englischen Schiffe zu durchbrechen. Das konnte natürlich nur bei Nacht und Nebel geschehen. Am 2. August abends erreichte die „Deutschland" bei dichtem Nebel die Virginia=Vorgebirge — ein amerikanischer Polizei= dampfer und eine Flottille deutscher Schiffe, unter ihnen der „Thomas Timmins", gaben ihr das Geleite. Plötzlich war sie verschwunden! Diese Ausreise erregte in Baltimore und in den ganzen Vereinigten Staaten wieder eine ungeheure Begeisterung. Zahlreiche Wetten waren auf das Gelingen oder Mißlingen des Ankommens geschlossen worden. In der Entente herrschte eine bitter wütende Verstimmung, und ein englisches Provinzblatt, eine der wenigen englischen Zeitungen, die eine eigene Meinung zu haben sich gestattete, der „Manchester Guardian", schrieb: „Es wird uns schwer, nicht mit einzustimmen in das Hohngelächter der Welt, das uns und unserer Ohnmacht gilt. Ein Schiff, wie eine Nußschale groß, hat genügt, um die Unfähigkeit unserer Flotte zu erweisen."

Es vergingen erwartungsvolle drei Wochen. In den Kreisen der Beteiligten herrschte die größte Zuversicht, die öffentliche Meinung in Deutschland verhehlte sich aber nicht die Größe des Wagestückes und die angesichts der unendlichen Vielheit der Gefahr so große Mög= lichkeit eines schlimmen Ausganges des Unternehmens. Welch Freudenrausch ging da durch das deutsche Volk, als am 23. August die Deutsche Ozean=Reederei telegraphisch der Welt verkündete:

„Das erste Handelsunterseeboot „Deutsch= land" hat heute nachmittag vor der Weser= mündung geankert. An Bord alles wohl."

Der erste Glückwunsch war der des Deutschen Kaisers, der dem Bremer Senat telegraphierte:

„Hocherfreut über die glückliche Heimkehr des ersten Handels=
unterseebootes „Deutschland" von seiner erfolgreichen Fahrt über den
Ozean spreche Ich dem Senat Meinen wärmsten Glückwunsch aus
zu dem neuen Ruhmesblatt in der glanzvollen Geschichte der ehr=
würdigen Hansestadt. Vivant sequentes!

Eine ungeheure Menschenmenge wohnte der Einholung der
„Deutschland" bei, als das Schiff von der Unterweser nach dem
Bremer Freihafen geleitet wurde. Je mehr die „Deutschland", deren
Masten zwei prächtige Rosensträuße schmückten, sich der Stadt Bremen
näherte, desto höher schwoll die Begeisterung der Menschenmassen
an. Auf dem Flusse waren Hunderte von Ruderbooten, die die
„Deutschland" umschwärmten. „Wir sind von Amerika schon etwas
verwöhnt worden, aber der Empfang, der uns dort bereitet wurde, ist
nichts gegen den hiesigen", äußerte ein Mitglied der Besatzung.

Punkt 12 Uhr am 25. August fuhr die „Deutschland" in den
Hafen ein. Der Jubel der Menge folgte ihr. Fast feierlich wirkte die
Ruhe am Eingang des Freihafens, wo eine Reihe beflaggter Dampfer
die „Deutschland" begrüßte. Bald setzten die Militärkapellen mit
ihren Weisen ein. Die auf Dampfern untergebrachten Festgäste
sangen begeistert das Lied „Deutschland, Deutschland über alles".

An einem mit den bremischen und oldenburgischen Farben und
frischem Grün geschmückten Liegepram machte die „Deutschland" fest,
auf dem die Bürgermeister der Stadt, Vertreter der Reederei und der
Militärbehörden und zahlreiche Gäste, darunter der Großherzog von
Oldenburg, Staatssekretär Helfferich und Graf Zeppelin, die Be=
satzung und ihren Führer erwarteten. Erst wurde das Unterseeboot
richtig festgemacht; dann senkte sich der Anlegesteg auf das Deck der
„Deutschland", wo die Offiziere auf der Back, die Mannschaft auf
dem Hinterdeck Aufstellung genommen hatten. Kapitän Koenig
salutierte, entledigte sich seiner mächtigen Lederhandschuhe, verließ die
Brücke und betrat den schwankenden Landungssteg. Mit herzlichen
Worten hieß der Vorsitzende des Aufsichtsrates der Ozean=Reederei,
Lohmann, ihn und seine Mannschaft willkommen. Kapitän Koenig
antwortete mit einem kurzen Hoch auf Senat und Bürgerschaft
Bremens. Dann winkte der Bürgermeister den Offizieren und der
Mannschaft. Auch sie gingen an Land, und nun gab es ein Bewill=

kommnen und Händeschütteln. Es war ein feierlicher Moment, als der alte Graf Zeppelin Kapitän Koenig die Hand gab. Tief blickten sich die beiden Männer ins Auge, die unserem Volke die Waffen geschärft haben, mit denen wir Englands Macht allein zu brechen vermögen.

Nicht minder eindrucksvoll war die Begrüßung in der alten Hansestadt selbst. Die sonst so kühlen und zurückhaltenden Bremer waren wie ausgewechselt. Eine Menschenmenge von zehntausend Köpfen drängte sich auf dem Marktplatze, da, wo das steinerne Rolandbild zu dem altehrwürdigen Rathaus aufblickt und die Börse und der Schütting die Bedeutung des Sitzes eines bis zu dem Kriege weltumspannenden Handels künden. Auf dem Balkon des Rathauses aber standen wiederum Kapitän Koenig und Graf Zeppelin, umbraust von den Jubelrufen der Volksmassen. Ihren Höhepunkt aber erreichte die Begeisterung, als Graf Zeppelin auf zwei Seeoffiziere zeigte: "**Diese beiden Herren sind heute nacht über London gewesen!**"

Da erkannte das deutsche Volk, welchen Dank es seinen Helden schuldet, die zu Wasser, zu Lande und in der Luft unter steter Preisgabe ihres Lebens so Großes leisten für des Vaterlandes Wohlergehen, für die Freiheit seiner wirtschaftlichen Betätigung und für die Ehre des deutschen Namens.

Die "U=Deutschland" ist am 1. November zum zweitenmal in Amerika eingetroffen.

XXV.

Die wundervolle Leistung der "U=Deutschland" wurde bald darauf von einem deutschen Kriegstauchboot noch überboten. Anfang Oktober kam von der amerikanischen Küste die schier unglaubliche Nachricht, daß deutsche U=Boote dort an der Arbeit seien. Binnen zwei Tagen wurden neun englische Dampfer als versenkt gemeldet, deren Besatzungen und Passagiere in nordamerikanische Häfen eingebracht wurden. In diesen Häfen liefen unaufhörlich drahtlose Hilferufe ein.

Siebzehn amerikanische Zerstörerboote gingen zur Hilfeleistung ab. Die Aufregung war ungeheuer, in Schiffahrtskreisen herrschte

Panik. Ausreisende Schiffe wurden zurückgehalten, Schiffe auf See gemahnt, ihren Weg zu ändern.

Am 8. Oktober wurde aus Newport (Rhode-Island) amtlich gemeldet, daß dort das deutsche Unterseeboot „U 53" aus Wilhelmshaven eingetroffen sei. Es hatte den Ozean in 17 Tagen durchquert. „U 53" wurde von dem amerikanischen Unterseeboot 2 in den Hafen geleitet. Der Kommandant Rose tauschte Besuche mit Rearadmiral Knight, dem Kommandanten der Marinestation, aus, wobei er ihm mitteilte, er bereite sich für die Abfahrt am Abend vor. Zwei Stunden nach seiner Ankunft verließ „U 53" wieder den Hafen. Am folgenden Tage sprach der deutsche Botschafter Graf Bernstorff bei Wilson vor und überreichte ihm einen Brief vom Kaiser, der eine Antwort auf Wilsons persönliches Schreiben über die Frage der amerikanischen Hilfe für die notleidende Bevölkerung in Polen war.

Die deutsche Regierung fand sich veranlaßt, gegenüber den irreführenden Pressemeldungen über die Tätigkeit unserer U-Boote an der amerikanischen Küste festzustellen, daß deutsche Seestreitkräfte das Recht haben, Kreuzerkrieg im offenen Meer überall zu führen und daß die Hoheitsgrenzen neutraler Staaten dabei peinlich geachtet werden. Von einer Blockade könne keine Rede sein, da nur feindliche oder mit Bannware beladene neutrale Schiffe aufgebracht würden, das Wesen der Blockade aber in der Aufbringung aller Schiffe liege, die die blockierte feindliche Küste ansteuern oder verlassen ohne Rücksicht auf Flagge und Ladung. Festzustellen sei auch, daß beim Anlaufen von Newport durch „U 53" von dem allen Kriegsschiffen zustehenden Rechte der Ergänzung von Brennstoff, Lebensmitteln usw. nicht einmal Gebrauch gemacht worden sei. Daß an der Küste der Vereinigten Staaten von Amerika heimliche Versorgungsstellen für deutsche Unterseeboote eingerichtet werden könnten, würde kein einsichtiger amerikanischer Staatsbürger glauben.

In auffallendem Gegensatze zu diesen vielen Klagen steht die Tatsache, daß seit Kriegsbeginn englische Kreuzer amerikanische Häfen bewachen und vor Neuyork z. B. so nahe an die Küste herankommen, daß man sie von den Dächern der hohen Häuser der Stadt mit unbewaffnetem Auge sehen kann.

Am 30. Oktober lief „U 53" wieder in den Heimathafen ein. Seine Leistung kann nicht hoch genug bewertet werden. —

Die stets wachsende Kraft unserer U=Boot=Waffe wurde ferner durch die Erfolge im Eismeere bewiesen. Ende September wurden an der Grenze der norwegischen Territorialgewässer mehrere deutsche Tauchboote der neuesten und größten Art festgestellt, die sich mit großem Erfolge der Aufgabe widmeten, den Verkehr über Archangelsk unmöglich zu machen. Norwegische und englische Schiffe wurden dabei in gleicher Weise bedacht, wenn ihre Ladung als Bannware erkannt war. Die norwegische Kriegsversicherung beschloß daraufhin, die Prämien zum Teile bis um 100 v. H. zu erhöhen und einige der gefährdeten Strecken vollständig von der Versicherung auszuschließen. Die Aufforderung der Versicherung an die Reeder, überhaupt nicht mit Konterbande zu fahren, bezeichnete die öffentliche Meinung in den wirklich neutralen Ländern als größten Erfolg des deutschen Tauchbootkrieges. Jegliche Fahrt nach dem Weißen Meer und damit jegliche Bannwarezufuhr durch norwegische Schiffe nach Rußland wurde eingestellt.

Die norwegische Regierung gab gleichzeitig einen traurigen Beweis ihrer Unterwürfigkeit vor England. Sie erklärte in einem Memorandum, daß sie sich für berechtigt halte, U=Booten, die zum Kriegsgebrauch eingerichtet sind und den kriegführenden Mächten angehören, jeden Verkehr und Aufenthalt auf norwegischem Seegebiete zu verbieten. Handels= U=Booten gegenüber stellen die neuen norwegischen Bestimmungen kein Verbot auf, insofern Ankunft solcher Boote oder ihr Verkehr im Seegebiete bei hellem Tage und sichtbarem Wetter in Überwasserfahrt und mit gehißter Nationalflagge geschehe. Es werde darauf geachtet werden, daß Handels=U=Boote, die in norwegischem Seegebiet ankommen, wirklich den unzweifelhaften Charakter von Handelsfahrzeugen haben. Dieses Vorgehen der norwegischen Regierung stand in charakteristischem Gegensatze zu den Erklärungen Dänemarks und selbst der Vereinigten Staaten, die kurzerhand das Verlangen des Vierverbandes ablehnten, daß die Neutralen die Benutzung ihrer Häfen allen Unterseebooten, ob Handelsschiffe oder Kriegsschiffe, verweigern sollten.

Deutschland richtete alsbald einen kalten Wasserstrahl nach Kristiania in Gestalt einer Note, deren Veröffentlichung bisher nicht erfolgt ist. Bekannt wurde nur eine gewundene Einlenkung der halbamtlichen norwegischen Presse, des Inhalts, daß das Aufenthaltsverbot für fremde Tauchboote sich gegen alle kriegführenden Mächte richte. Daß Norwegen mit seinem Nachgeben gegen Englands und seiner Alliierten Befehle endgültig aus der Reihe der selbständigen Staaten ausgeschieden ist, bedarf keiner weiteren Ausführung. —

In der Nordsee, im Kanal und im Mittelmeere hatten unsere U-Boote im Anschluß an die alten Erfolge neue Lorbeeren gewonnen. Im englischen Kanale hatten Ende Oktober drei deutsche Tauchboote in wenigen Tagen 21 Schiffe versenkt. Im Mittelmeere fiel am 4. Oktober ein vollbesetzter feindlicher Truppendampfer einem deutschen U-Boote zum Opfer, der französische Hilfskreuzer „Gallia", mit dem 1700 Mann ertranken. Dasselbe U-Boot vernichtete den französischen kleinen Kreuzer „Rigel". Unmittelbar darauf wurde der von der englischen Regierung erworbene Cunard-Dampfer „Franconia" (18 150 Tonnen) von einem deutschen Unterseeboote versenkt. Der Dampfer hatte zur Zeit keine Truppen an Bord. Am 11. Oktober folgte der bewaffnete englische Transportdampfer „Croßhill" (5002 Brutto-Register-Tonnen) mit Pferden und serbischen Begleitmannschaften; am 12. Oktober der bewaffnete englische, tief beladene Truppentransportdampfer „Sebek" (4600 Brutto-Register-Tonnen). „Croßhill" und „Sebek" befanden sich auf dem Wege nach Saloniki.

Auch ein italienischer geschützter Kreuzer, die „Libia", wurde durch einen deutschen Torpedotreffer schwer beschädigt.

Die Angriffe unserer Flugzeuge und Zeppeline wiederholten sich im September und Oktober mit bestem Erfolg. Ein sehr bemerkenswertes Eingeständnis dieser Erfolge war die Tatsache, daß Anfang September die englische Regierung auf Drängen der Arbeiterpartei bestimmte, daß die Munitionsfabriken von Chatham, Hull, Dundee und Brighton geschlossen und die Betriebe nach der Westküste Schottlands verlegt wurden.

In der Nacht zum 24. September belegten mehrere Marineluftschiffgeschwader London und militärisch wichtige Plätze am Humber und in den mittleren Grafschaften Englands, darunter

Nottingham und Sheffield, ausgiebig mit Bomben. Der Erfolg konnte überall in starken Bränden beobachtet werden, die noch lange nach Ablauf sichtbar waren. Die Luftschiffe wurden auf dem Anmarsche vor dem Überschreiten der englischen Küste von Bewachungsfahrzeugen und beim Angriffe selbst von zahlreichen Abwehrbatterien außerordentlich stark mit Brandgeschossen unter Feuer genommen und brachten einige der Batterien durch gutliegende Salven zum Schweigen. Leider fielen zwei Luftschiffe dem feindlichen Abwehrfeuer über London zum Opfer, alle übrigen kehrten unbeschädigt zurück.

In der folgenden Nacht belegte ein Teil unserer Marineluftschiffe den englischen Kriegshafen Portsmouth, befestigte Plätze an der Themsemündung sowie militärisch wichtige Industrie- und Bahnanlagen Mittelenglands, darunter York, Leeds, Lincoln und Derby ausgiebig und mit sichtbarem Erfolge mit Spreng- und Brandbomben.

Der Angriff wiederholte sich in der Nacht zum 2. Oktober; auch diesmal stürzte ein Zeppelin brennend über London ab. Am 21. Oktober griff ein Geschwader unserer Seeflugzeuge englische Seestreitkräfte vor der flandrischen Küste erfolgreich mit Bomben an. Drei Tage später warf ein deutsches Marineflugzeug Bomben auf Margate an der Themsemündung ab.

Über die verheerende Wirkung dieser Luftangriffe ist durch die Aussagen einwandfreier Augenzeugen folgendes festgestellt worden:

Beim Angriffe vom 23. September wurden mehr als 100 Gebäude schwer beschädigt, die zum Teile nur noch Trümmerhaufen sind. Der Schaden wird auf über 40 Millionen Mark geschätzt. In der Nähe der Eisenbahnstation London — Brighton wurden durch drei schwere Bomben 10 Einfamilienhäuser völlig zerstört. Regent Street, die Hauptgeschäftsstraße in London, wurde zum größten Teile niedergelegt. In einer südlichen Vorstadt Londons wurde eine Munitionsfabrik vernichtet. Die Eisenbahnstation Liverpool-Street sowie Brücke und Bahngleise wurden derart verwüstet, daß die Benutzung unmöglich wurde und die Wiederherstellung längere Zeit erfordern wird. Zwei Konservenfabriken im südlichen Stadtteile wurden vernichtet. Eine Untergrundbahnlinie, die zum Piccadilly-Circus führt, war 3 Tage gesperrt.

Bei Thameshaven wurde an den Benzoltanks großer Schaden angerichtet. In Maple Street ist eine Reihe von 20 Häusern vernichtet.

In Grimsby wurde eine Kaserne getroffen und über 400 Soldaten getötet. Auf dem Humber wurde ein dort ankernder großer Kreuzer mit 4 Schornsteinen durch eine Bombe getroffen. Der Menschenverlust beträgt ungefähr 60 Mann. Ebendaselbst wurden zwei englische Kriegsschiffe mit 1 bzw. 2 Schornsteinen schwer beschädigt. In Hull wurden schwerste Verwüstungen angerichtet. In einigen Stadtteilen stehen nur die Häuserwände, alles übrige ist ein Schutthaufen. In Leads wurde großer Schaden an Munitionsfabriken und Eisenbahnstationen angerichtet. Im Hafen von Portsmouth wurden zwei Jachten zerstört und ein Wachlokal vernichtet. Ein Dock wurde schwer beschädigt, mehrere Eisenbahnwagen explodierten. Die Spritbrennerei der Firma Pink und Sons und die Frucht- und Lagerspeicher der Firma Elders und Fyffe daselbst wurden gleichfalls getroffen. Ein Güterzug von 12 Wagen voll Pferden wurde vernichtet.

Ein ganz besonderer Erfolg war Ende Oktober unseren Torpedostreitkräften beschieden. In der Nacht vom 26. zum 27. Oktober stießen unsere Torpedoboote aus der deutschen Bucht durch die Straße Dover—Calais bis zur Linie Folkestone—Boulogne in den englischen Kanal vor. Nach Meldung des Führers der Torpedoboote, Kommodore Michelsen, wurden zum Teil **unmittelbar vor den feindlichen Häfen versenkt**: mindestens 11 Vorpostendampfer und 2 bis 3 Zerstörer; einzelne Leute der Besatzungen konnten gerettet und als Gefangene eingebracht werden. Mehrere andere Wachtfahrzeuge und mindestens 2 Zerstörer wurden durch Torpedotreffer und Artilleriefeuer schwer beschädigt. Ferner wurde der englische Postdampfer „Queen" südlich Folkestone versenkt, nachdem der Besatzung Zeit zum Aussteigen gegeben war. Im Kanal bei Varne-Feuerschiff herrschte ein auffallend reger Verkehr von Lazarettschiffen. Unsere Torpedoboote sind wohlbehalten und ohne jeden Verlust in die deutschen Gewässer zurückgekehrt. Damit ist festgestellt, daß die deutschen Seestreitkräfte den britischen Feind an der gefährlichsten Teil des Kanals, unmittelbar unter den Kanonen von Dover und Calais unbehelligt beunruhigen konnte, ohne daß sie dabei gestört wurden. Der Erfolg ist um so höher einzuschätzen, als die deutschen Torpedoboote ein großes Stück über die angeblich von den Engländern „beherrschte" Nordsee zurücklegen mußten, um in den Kanal zu gelangen. Die englische Presse, so sehr sie bemüht war, den deutschen Angriff als belanglos hinzustellen, hielt dennoch mit ihrem unwilligen Erstaunen über die Untätigkeit der Flotte nicht zurück.

Diesem erfolgreichen Vorstoße folgte bald ein ähnlicher, von der flandrischen Küste aus unternommener, bei dem neutrale Dampfer aufgebracht wurden, die auf der wichtigen Haupthandelsstraße zwischen der Mündung der Themse und Holland in Fahrt waren. —

Unvergänglichen Ruhm hat die deutsche Flotte in dem Weltkriege zur See an ihre Flagge geheftet. Die festgewurzelte Meinung von der Unbesiegbarkeit der englischen Marine ist als eine Irrlehre erwiesen. Die Flotten der Alliierten sind, soweit sie überhaupt in erwähnenswertem Maß auf den Kampfplätzen auftraten, mit empfindlichen Verlusten heimgeschickt worden. Die österreichisch-ungarischen und die türkischen Seestreitkräfte haben sich auf das glänzendste bewährt. Überall aber, in der Nord- und Ostsee, im englischen Kanal, in der Irischen See, im Atlantischen Ozean und im nördlichen Eismeer, im Mittelmeer, in der Adria wie vor den Dardanellen, ja an der Küste Amerikas sind deutsche Seehelden auf der Wacht, den Feinden nicht minder furchtbar als zu der Zeit, da noch die deutschen Auslandskreuzer den Schrecken der Meere bildeten.

Das deutsche Volk aber erneuert den Schwur nie verlöschender Dankbarkeit gegen die Männer, die das Schwert deutschen Heldentums zur See schufen und die es in so schneidiger Weise zu gebrauchen verstehen!